Cinzas do espólio

Ivan Junqueira

Cinzas do espólio

EDITORA RECORD
RIO DE JANEIRO • SÃO PAULO
2009

CIP-Brasil. Catalogação-na-fonte
Sindicato Nacional dos Editores de Livros, RJ

J94c   Junqueira, Ivan, 1934-
        Cinzas do espólio: ensaios / Ivan Junqueira. – Rio de Janeiro:
        Record, 2009.

        Inclui bibliografia
        ISBN 978-85-01-08522-1

        1. Literatura – História e crítica – Discursos, ensaios, conferências.
        I. Título.

                                CDD: 809
09-0328   CDU: 82.09

Copyright © Ivan Junqueira, 2009

Capa: Victor Burton

Todos os direitos reservados. Proibida a reprodução,
armazenamento ou transmissão de partes deste livro, através de
quaisquer meios, sem prévia autorização por escrito.

Direitos desta edição adquiridos pela
EDITORA RECORD LTDA.
Rua Argentina 171 – 20921-380 – Rio de Janeiro, RJ – Tel.: 2585-2000

Impresso no Brasil

ISBN 978-85-01-08522-1

PEDIDOS PELO REEMBOLSO POSTAL
Caixa Postal 23.052
Rio de Janeiro, RJ – 20922-970

SUMÁRIO

Ao leitor   7

Cervantes e a literatura brasileira   9
Mestre Carpeaux   33
Quem tem medo de Lêdo Ivo?   81
A criação literária   105
Ernesto Sabato: 90 anos   123
A poesia brasileira no fim do milênio   133
Drummond e Machado   151
As raízes da "vaga música" ceciliana   159
Ostinato rigore   165
A melancolia em Joaquim Cardozo   171
A melhor poesia de Fagundes Varela   175
Viagem rumo a si mesmo   179
Suicídios virtuais   185

Ritmos do fogo	189
Leve como a brisa	193
Uma ópera de escárnio e maldizer	197
In memoriam de Hélcio Martins	201
Viagem com Dante	207
Francisco Alves e a Academia	213
Eterna maldição	217
Em terra de cego...	221
Bilac e Schmidt	225
José Veríssimo e a crítica	229
As vozes de Ricardo Thomé	245
Machado de Assis cronista	253
A poesia é traduzível?	271
A paixão segundo Dora	283
Quatro faces de Jorge de Lima	291
O lugar do colibri	299
Arte do piano: sabedoria e opulência	311
Índice onomástico	317

AO LEITOR

Muito ao contrário dos nove volumes de ensaios que anteriormente publiquei — e que se organizaram a partir de um critério de mínima ordem estrutural —, este pode ser entendido como um tecido algo fragmentário e descontínuo cujas partes necessariamente não se articulam segundo nenhum princípio de coesão ou reciprocidade. Os textos que o compõem são, como sugere o título que lhes aponho, as cinzas de um espólio, na qual se reúnem prefácios, apresentações, alguns ensaios inéditos e conferências que proferi nestes últimos anos no país e no exterior. Lembram, se me permitem confessá-lo, um *récueil* de restos e reflexões sobre a poesia, a prosa de ficção, o ensaísmo e a tradução literária. Dou-os à estampa como quem colhe as miudezas que jazem no fundo das gavetas e que, por estarem lá, aborrecem e se queixam do esquecimento que lhes impus por julgá-las sem grande interesse, com o que, agastadas, não concordam. Enfim, dou-lhes voz. Se alguns poucos se dispuserem a escutá-la, são estas ralas páginas, e não eu, que agradecem ao paciente e eventual leitor que porventura lhes deite os olhos.

Ivan Junqueira

CERVANTES E A LITERATURA BRASILEIRA[1]

> A José Mário Pereira, de cujos textos sobre a fortuna crítica de Cervantes em nosso país muito me servi ao escrever esta conferência.

Toda vez que relemos *El ingenioso hidalgo Don Quijote de la Mancha*, ou sempre que lemos este ou aquele ensaio pertencente à inumerável plêiade de textos críticos que se escreveram sobre a obra-prima de Miguel de Cervantes Saavedra, assalta-nos a renovada sensação do que nela existe não apenas de revolucionário ou de fundador, mas também de eterno, de universal, de contemporâneo e, às vezes, de misteriosamente indecifrável, como seria o caso, entre outros, daquele episódio em que Dom Quixote desce à cova de Montesinos. Tudo já se disse sobre o *Quijote*. E tudo já se escreveu sobre as peregrinações e desventuras do engenho-

---

[1]Conferência pronunciada na Sala Valle-Inclán, do Círculo de Belas-Artes, em Madri, em 20 de junho de 2005, por ocasião das comemorações do quarto centenário de publicação da primeira parte do *Don Quijote de la Mancha*, de Cervantes.

so fidalgo manchego. Não caberia aqui enumerar, como tampouco interpretar, uma fortuna crítica que supera hoje a casa dos cinco mil títulos em todas as línguas de cultura do mundo moderno, mas não posso me furtar a umas tantas observações que talvez ajudem a compreender melhor as influências que exerceu Cervantes sobre a literatura brasileira já a partir do século XVII, em pleno florescimento do período barroco de nossas letras.

Uma das razões pelas quais a influência de Cervantes se tornou avassaladora no mundo ocidental é a de que ele ocupa um papel crucial entre o crepúsculo da Idade Média e a aurora da Renascença. A obra de Cervantes, muito mais do que as de Chaucer e de Rabelais, situa-se numa encruzilhada, e sua decisiva contribuição à gênese do espírito moderno somente se compara àquela que nos deu o teatro shakespeariano. Já se disse até, como o fez Carlos Fuentes em lucidíssimo ensaio acerca dos múltiplos níveis de leitura que se justapõem no *Quijote*, que, "embora não tenham sido a mesma *pessoa*, talvez Miguel de Cervantes Saavedra e William Shakespeare tenham sido o mesmo escritor, o mesmo autor de todos os livros",[2] suposição que, não fossem distintos na época os calendários da Espanha e da Inglaterra, encontraria apoio na coincidência de serem os mesmos o dia e o ano em que ambos faleceram: 23 de abril de 1616. Assim como Shakespeare, Cervantes está acuado entre a maré montante da Renascença e o refluxo da Contra-Refor-

---

[2] Carlos Fuentes, "Cervantes, ou a crítica da literatura", em *Eu e outros — ensaios escolhidos*, Rio de Janeiro, Rocco, 1989.

ma, e só lhe restava uma única tábua que conseguiria mantê-lo à tona: Erasmo de Rotterdam, cuja vasta influência na Espanha do século XVII não é fortuita, cabendo lembrar aqui, como o faz Carlos Fuentes, que a educação formal de Cervantes deve muito a Juan López de Hoyos, um dos maiores erasmianos da época. E a influência de Erasmo sobre Cervantes pode ser percebida em três temas comuns ao filósofo e ao romancista: a dualidade da verdade, a ilusão das aparências e o elogio da loucura.

O período de transição histórico-filosófica e cultural em que se situa a obra de Cervantes corresponde, portanto, àquele ponto de tangência entre a baixa Idade Média e as primeiras luzes da Renascença. E o que significa isto? Significa, como pretenderam depois Turgueniev e Unamuno, que a derrota de Dom Quixote é a derrota da fé num mundo já sem fé, ou o protesto da vida contra a razão, o que caracterizaria a personagem cervantina como um herói da fé idealista contra o racionalismo utilitário. Apesar desse idealismo platônico, que tem suas raízes no neoplatonismo de Leone Hebreo, Cervantes é realista, o que deu origem à possibilidade de uma outra interpretação do mito cervantino: a de Menéndez y Pelayo, para quem o autor do *Quijote* teria restabelecido os direitos da realidade, e o seu caso literário teria sido assim análogo ao do romance picaresco. E aqui se abririam as portas à tese de Américo Castro, segundo quem o otimismo de Cervantes, embora melancólico, resultaria da superposição do idealismo platônico, que ele deve à sua formação renascentista, sobre o realismo picaresco, que resulta de sua origem plebéia.

Cervantes é um idealista cuja consciência lhe ensina que a sua fé é pura ilusão diante da realidade, e esta convicção chegará à profundidade do idealismo filosófico de um Descartes ou de um Kant, quando Dom Quixote diz a Sancho Pança que a bacia de um barbeiro é o elmo de Mambrino. Essa é a base sobre a qual Cervantes foi capaz de transformar o seu protesto, que era o protesto de um humanista plebeu contra o Barroco aristocrático, numa visão humorística da vida, e foi esse humor que lhe permitiu resolver a contradição entre a prosa e a poesia, entre a ficção e a verdade, entre a realidade e a ilusão, ou seja, o problema que levaria à loucura o autor da maior obra da cavalaria cristã, o *Torquato Tasso*, talvez o modelo daquele fidalgo enlouquecido pela leitura das novelas de cavalaria e que só recobra a razão às vésperas da morte, quando a fé o abandona. E aqui se pode dizer que, para um homem da estirpe de Dom Quixote, recuperar a razão equivaleria à suprema loucura. No momento em que sucumbe à "realidade convencional", Dom Quixote, assim como Hamlet, é condenado à morte, embora continue a viver para sempre em seu livro, e apenas em seu livro, onde as palavras são sempre idênticas à realidade, e a realidade apenas um prolongamento das palavras que ele antes havia lido, e agora transforma em feitos e ações.

O fenômeno Cervantes é muito mais complexo do que se imaginava. Entendê-lo apenas como um realista, e assim o fizeram vários de seus intérpretes, é compreender de forma leviana esse realismo, que nele não é o resultado de uma operação do espírito, mas antes um método para corrigir o falso idealismo, para resgatar a verdadeira cavalaria, a do *milles christianus* de que nos fala Erasmo. Cervantes é realista quando descreve as paisagens, os costumes, os hábitos e o comportamento das personagens que povoam os itinerários do fidalgo manchego, e realista é também a sua linguagem, toda ela calcada na língua do povo, como se pode ver sobretudo nos contumazes adágios populares de que se vale Sancho em seus diálogos com Dom Quixote, que a todo instante os recrimina, como a nos dizer que o estilo de Cervantes é, do começo ao fim, o estilo idealista da Renascença, e esse estilo revela a tendência de acentuar-se cada vez mais. Não foi assim sem razão que a crítica apontou na obra do escritor diversos elementos platônicos e renascentistas. E é também com razão que Joaquim Casalduero destaca visíveis indícios de um Barroco idealizado no pensamento de Cervantes, em especial nas *Novelas exemplares*, que são todas, sem exceção, a expressão de um elevado idealismo moral, estritamente conforme à moral severa e aristocrática da Contra-Reforma. E esse Barroco está presente na atmosfera fantástica e algo sombria da última obra do autor, *Persiles y Sigismunda*, cuja importância histórica é imediata, pois o pícaro se nutre do elemento realista do Barroco. A vertente idealista irá prolongar-se no intelectualismo rebelde de Gracián, enquanto o elemento realista culminará em Quevedo. A síntese, porém, é estritamente cervantina, ou seja, a conseqüência da derrota vital do homem antibarroco em plena vigência do Barroco.

Ninguém ignora a profunda e duradoura influência que o *Dom Quixote* exerceu na literatura ocidental. Afinal de contas, Cervantes é o criador do romance moderno, e já se disse, como o fez o escritor norte-americano Lionel Trilling, que "toda prosa de ficção é uma variação sobre o tema de *Dom Quixote*", ou seja, o problema da aparência e da realidade. Vamos encontrar semelhante opinião no crítico norte-americano Harry Levin, segundo quem o *Dom Quixote* é o "protótipo de todos os romances realistas" porque trata da "técnica literária da desilusão sistemática". E para o ensaísta francês Michel Foucault o *Dom Quixote* seria o sintoma de um divórcio moderno entre as palavras e as coisas, uma vez que Cervantes procura desesperadamente por uma nova identidade, uma nova semelhança num mundo em que aparentemente nada se parece com o que antes parecia.

A influência de Cervantes começa a manifestar-se ainda durante o século XVII, na Inglaterra, particularmente no *Hudibras*, do poeta satírico Samuel Butler, e, no século seguinte, em *The History of the Adventures of Joseph Andrews and His Friend Abraham* e *The History of Tom Jones*, de Henry Fielding. Essa influência se cristaliza ao longo dos séculos XVIII e XIX, sendo visível especialmente em August Wilhelm Schlegel, Heine, Turgueniev, Gogol, Goethe, Stendhal, Flaubert e Dostoievski, que consideravam como tema principal do *Dom Quixote* aquele conflito entre a ilusão e a realidade, a poesia e o prosaísmo da vida, a sanidade e a loucura, o erótico e o ridículo, o visionário e o escatológico, mas nenhum deles conseguiu chegar à suprema conciliação desses pólos antitéticos, que na obra de Cervantes somente se dá através do humor, pois outra coisa não é senão o humor o recurso que harmoniza o diálogo entre o tom elevado e idealista do pensamento de Dom Quixote e o registro prosaico e utilitário das ponderações de Sancho Pança, que "corrige" a loucura livresca a que foi induzido o seu amo pela leitura das novelas de cavalaria.

O *Dom Quixote* chega ao Brasil, como de resto em toda a América Latina, durante o florescimento do Barroco, cujos conceitos e práticas foram trazidos pelos colonizadores portugueses e espanhóis. Na época da Conquista, o Brasil só conhece a Idade Média e a Renascença graças aos seus desdobramentos espirituais e artísticos, como o foram o Barroco tardio, o Maneirismo e o Iluminismo. E o Cervantes que nos alcança é o da vertente realista do Barroco, ou seja, aquela de que, como já dissemos, se alimenta a literatura picaresca e a sátira dos costumes. Não surpreende assim que a primeira manifestação da influência do *Dom Quixote* entre nós possa ser percebida no poeta satírico Gregório de Matos, que domina toda a literatura barroca produzida no Brasil durante o século XVII.

Em um poema escrito entre 1684 e 1687, Gregório de Matos, ao referir-se à presença do Conde do Prado na platéia que assistia às festas em louvor das onze mil virgens, observa:

> *Uma aguilhada por lança*
> *Trabalhava a meio trote,*
> *Qual o moço de Dom Quixote*
> *A que chamam Sancho Pança.*

Ainda neste mesmo poeta há outra referência a Cervantes no soneto que ele dedicou ao "Tabelião Manuel Marques", cujo verso final diz que este "manhas tem de Dom Quixote".

E no século XVIII o dramaturgo Antônio José da Silva, cognominado "O Judeu", condenado à fogueira pela Inquisição, escreveu a ópera jocosa *Vida de Dom Quixote de la Mancha*, composta em duas partes e estreada em outubro de 1733 no Teatro Beira Alta, em Lisboa.

Mas o século XVIII, sobretudo em sua segunda metade, está dominado pela Ilustração francesa e o Iluminismo racionalista, que exerceram forte influência sobre a literatura brasileira, em particular sobre os representantes do Arcadismo e da chamada Escola Mineira, tendo à frente Cláudio Manuel da Costa e Tomás Antônio Gonzaga, cujas matrizes e modelos pertencem à estética clássica de Anacreonte, Píndaro, Virgílio, Horácio, Ovídio, Sannazaro, Petrarca e Camões. O Arcadismo bebe também em fontes espanholas, mas todas posteriores a Cervantes, como as do cultismo de Góngora e do conceptismo de Quevedo e Gracián, embora conceptista haja sido também Lope de Vega, que é contemporâneo do autor de *Dom Quixote*. E ao Arcadismo segue-se entre nós o Romantismo, escola literária que, como todos sabemos, se opôs ao neoclassicismo do século XVIII. Durante esse período, arrefeceu o interesse por Cervantes na literatura brasileira, mas lembre-se aqui que para isso também colabora uma tragédia que é apenas nossa, e não da América Latina. Refiro-me ao triste fato de que somente a partir de 1808, com a criação da Imprensa Régia, é que teve início a edição de livros no Brasil, enquanto diversos outros países hispano-americanos já dispunham de gráficas e impressoras desde o século XVI. Até então, o leitor brasileiro só tinha acesso aos livros importados, o que vale dizer que deles apenas fruíam as pessoas das classes mais abastadas.

A influência de Cervantes retorna à literatura brasileira com o advento do Realismo e do Naturalismo. Assíduo e atento leitor do *Dom Quixote* foi Machado de Assis, o maior dentre os nossos escritores e que o lia com freqüência numa edição anotada por Dom Eugenio de Ochoa, publicada em Paris pela Livraria Garnier. E mesmo antes da consolidação da estética realista, mais exatamente durante o período de produção da terceira e última geração romântica, era visível o interesse do escritor pela obra-prima cervantina, como se pode observar num poema de exaltação ao conhaque publicado na *Marmota Fluminense* em 12 de abril de 1856, no qual se lê:

> Cognac *inspirador de ledos sonhos,*
> *Excitante licor do amor ardente,*
> *Uma tua garrafa e o* Dom Quixote
> *É passatempo amável.*

Machado de Assis alude a Cervantes e ao *Dom Quixote* inúmeras vezes em sua obra ficcional, particularmente no romance *Memórias póstumas de Brás Cubas*, de 1881, nos contos "Teoria do medalhão", incluído em *Papéis avulsos*, de 1882, e "Elogio da vaidade", pertencente ao volume *Páginas recolhidas*, de 1889, e em diversas crônicas de jornal publicadas na segunda metade do século XIX. Numa delas, datada de 1876, Machado de Assis propôs "a organização de uma companhia literária, no Rio de Janeiro, somente para editar *Dom Quixote* com as famosas ilustrações de Gustave Doré".

No início do século XX, esse interesse por Cervantes vê-se renovado graças a uma famosa palestra do poeta parnasiano Olavo Bilac, depois publicada em espanhol e coligida no volume *Conferências literárias*, editado pelo autor em 1906. E Dom Quixote está também presente na poesia do simbolista Alphonsus de Guimaraens. Em 1936, outro notável leitor de Cervantes, Monteiro Lobato, publica o seu *Dom Quixote das crianças*, adaptação da obra para o público infantil e que alcançou extraordinário sucesso de livraria. É de 1951 o ensaio "Com Dom Quixote no folclore do Brasil", da autoria de Luís da Câmara Cascudo e que foi incluído na primeira edição integral da obra de Cervantes entre nós, a cargo da Editora José Olympio, a mais poderosa e prestigiada do país naquela época. Nesse ensaio, Câmara Cascudo afirma, com base nas informações de Rodríguez Marín, que, em princípios de 1606, havia em terras americanas cerca de 1.500 exemplares da edição da primeira parte do *Dom Quixote*, seguramente nenhum deles no Brasil.

O fascínio pelos temas cervantinos pode ser ainda rastreado em três ensaios de Augusto Meyer, a saber: "Aventuras de um mito", em *A chave e a máscara*, de 1964, e "Un Cerbantes" e "Cervantes e a América", em *Preto & branco*, de 1956; em Pinto do Carmo, autor de "Rui Barbosa e Dom Quixote"; em Oliveira e Silva, que escreveu "Dom Quixote e Carlitos"; em Osvaldo Orico, que nos deixou um belo estudo de literatura comparada sobre as similitudes e dessemelhanças na vida e na obra de Camões e Cervantes; em Francisco Campos, autor de "Atualidade de *Dom Quixote*", de 1951, demonstração de uma aguda e surpreendente sensibilidade poética da parte de um jurista tido como autoritário; em Josué Montello, que se ocupou do *Dom Quixote* em alguns de seus volumes de ensaios; e Otto Maria Carpeaux, a cuja pena se deve o ensaio "*Dom Quixote* de Miguel de Cervantes", escrito em 1973 e incluído em 2005 no primeiro volume de *As obras-primas que poucos leram*, bem como as memoráveis páginas que nos deixou sobre o autor no segundo volume de sua monumental *História da literatura ocidental*, publicada entre 1958 e 1966. Além destes, foram muitos os ensaístas brasileiros que se debruçaram sobre a obra de Cervantes, mas seria fastidioso relacioná-los aqui, pois esta conferência não se propõe à condição de uma fortuna crítica exaustiva sobre tudo o que se escreveu no Brasil sobre o *Dom Quixote*. E penso que o que citei seja o suficiente para que se tenha uma dimensão do imenso interesse que Cervantes sempre despertou no leitor brasileiro.

Também a prosa de ficção que se escreveu durante o século passado no Brasil revela, em alguns casos, uma inequívoca influência do *Dom Quixote*. Prova disso é o romance *Fogo morto*, de José Lins do Rego, publicado em 1943 e no qual a personagem do capitão Vitorino Carneiro da Cunha é uma espécie de Dom Quixote do sertão nordestino. Além deste, quatro outros ficcionistas deixaram-se embeber pelos temas cervantinos: Lima Barreto, Dalton Trevisan, Autran Dourado e Ariano Suassuna, particularmente no *Romance da Pedra do Reino*, de 1971, e na *História do rei degolado nas caatingas do sertão*, de 1976. Entre os poetas brasileiros contemporâneos que pagam algum tributo ao mito de Cervantes, lembrem-se Alphonsus de Guimaraens, Manuel Bandeira, Augusto Frederico Schmidt, autor de "A visita", obra-prima de prosa evocativa em que o autor se imagina recebendo Dom Quixote em sua casa, onde lhe confessa as angústias pessoais e os temores sobre a vida do país; e, mais do que qualquer outro, Carlos Drummond de Andrade, talvez o maior dentre todos os poetas de nossa modernidade e que nos legou, sob o título de "Quixote e Sancho, de Portinari", um conjunto de 21 poemas originalmente escritos para um livro de arte com desenhos do grande pintor Cândido Portinari e depois recolhidos na coletânea poética *As impurezas do branco*, publicada em 1973.

Vimos assim como a obra de Cervantes povoa o imaginário dos poetas, dos ficcionistas, dos historiadores, dos sociólogos, dos juristas e dos críticos literários brasileiros. Mas foi em dois extensos e notáveis ensaios que a verdadeira dimensão romanesca e o mais profundo significado filosófico e literário do *Dom Quixote* encontraram sua mais cabal compreensão entre nós. O primeiro desses ensaios é o que escreveu Clodomir Vianna Moog,[3] sob o título de "Decadência do mundo medieval: Cervantes", incluído no volume *Heróis da decadência*, que se publicou em 1964 e no qual o autor do *Dom Quixote* é estudado ao lado de Petrônio e Machado de Assis. O outro ensaio, originalmente uma conferência pronunciada no Rio de Janeiro por ocasião das comemora-

---

[3]Clodomir Vianna Moog, "Decadência do mundo medieval: Cervantes", em *Heróis da decadência*, 2ª ed., Rio de Janeiro, Civilização Brasileira, 1964.

ções do quarto centenário do nascimento de Cervantes, é de autoria de San Tiago Dantas e foi publicado em 1948 sob o título de *Dom Quixote: um apólogo da alma ocidental*.[4]

Vianna Moog analisa Cervantes sobretudo dos pontos de vista do humor, do idealismo puro e do conflito entre o ideal e a realidade. Escreve o autor que o "riso de Rabelais fizera-se contagioso" naquele período de transição entre a Idade Média e a Renascença. E acrescenta: "Na Itália ria-se um riso inundado de sol. Ria-se até na metafísica alemã. Só a Espanha se conservava casmurra. A Inglaterra ria com Chaucer e um pouco com John Gower. A França com Marot, Ronsard e Villon. Só a Espanha se mantinha austera dentro do medievalismo." E neste passo Vianna Moog chama a atenção do leitor para o fato de que, na segunda metade do século XVI, a Renascença consegue transpor os Pireneus e convencer a pátria do Cid de que o mundo passara a viver em outra era. E comenta: "Enfim, tornara-se também madura a antiga Ibéria para a floração do humor. E é precisamente na cavalheiresca Espanha que, por uma singular fatalidade, há de aparecer um grande, um autêntico, um insuperável humorista, quiçá o maior de todos os tempos: Cervantes." E logo adiante: "Não, não há exagero. Cervantes é o maior de todos os humoristas. Com ele o humor se integra em todos os caracteres com que ainda hoje se apresenta."

Observa ainda o ensaísta que no humor de Rabelais, como no de Petrônio, "encontra-se apenas aquilo a que se

---

[4]Francisco San Tiago Dantas, *Dom Quixote: um apólogo da alma ocidental*, Rio de Janeiro, Agir, 1948.

chama o *senso do contrário*", enquanto no de Cervantes "há mais do que isso: há o que Pirandello denomina o *sentimento do contrário*". É bem de ver que, diante de um cavaleiro munido de lança, viseira erguida, tendo por elmo uma bacia de barbeiro e percorrendo o mundo a doutrinar sobre a necessidade de restabeler os ideais da cavalaria andante, Rabelais, como pondera Vianna Moog, "não seria capaz de conter aquela gargalhada estentórica que o celebrizou. Cervantes é diferente: adivinha a alma do cavaleiro e sente-se que no seu riso há um sentimento de imensa compaixão pelo ridículo de Dom Quixote". Segundo Vianna Moog, Rabelais esgrima aquela comicidade gritante ao gosto *de la vieille gaieté française*, ao passo que o "humor de Cervantes é sensibilidade extrema, individualismo requintado e subjetividade infinita", elementos que, conjugados sob a égide do sentimento, vão até à piedade e à própria mortificação.

Vianna Moog conclui por dizer que, como ocorre em todas as obras-primas do humor, não se chega a perceber no *Dom Quixote* "nenhuma intenção positiva passível de definição", pois, se perguntarmos a qualquer humorista de gênio qual a finalidade de seus livros de humor, ele não terá o que responder, ou responderá por evasivas. Anatole France, que percorreu toda a obra de Rabelais em busca de intenções definidas, acabou por admitir: "*Entre nous, je crois qu'il ne croit à rien.*" As intenções de Cervantes, como as intenções de quase todos os humoristas, assegura-nos o ensaísta brasileiro, "constituem um capítulo que há de ser relegado para o domínio dos problemas indecifráveis", não havendo até os dias de hoje ninguém que "pudesse penetrar-lhes os propósitos finalísticos no sentido de qualquer realização positiva", pois o humor "é um resultado, não uma intenção". E prossegue Vianna Moog: "Os românticos se cansaram de explicar ao que vinham. Os realistas da mesma forma. Do mesmo modo os parnasianos e simbolistas. Só os humoristas ainda não se definiram." É por isso, talvez, que Carlos Fuentes nos diga que Dom Quixote está no pólo oposto ao do pragmatismo capitalista de Robinson Crusoe: "seu fracasso em questões práticas é o mais gloriosamente ridículo da história",[5] e talvez só tenha paralelo nos grandes palhaços do cinema mudo, como Chaplin, Keaton, Laurel e Hardy.

É a esse humor que Vianna Moog vincula a descoberta, por parte de Cervantes, de um elemento inteiramente novo na literatura: o conflito entre o ideal e a realidade. Não resta dúvida de que esse conflito sempre existiu, como sempre existiram a circulação do sangue ou a esfericidade da Terra, mas era preciso que dele se tivesse uma clara e definitiva noção. E foi Cervantes, como nos ensina o ensaísta, "que a trouxe da profundidade subconsciente dos espíritos para a realidade da filosofia e da história". E essa descoberta só poderia surgir graças a uma circunstância profundamente adversa, ou seja, os tempos de sofrimento e miséria por que passou Cervantes no cárcere. Segundo Oscar Wilde, "a vida no cárcere deixa-nos ver os homens e as coisas como realmente são. É por isso que ela endurece o coração. Quem está lá fora é que vive enganado pelas ilusões de uma vida em constante movimento. Agita-se com a vida e contribui para

---
[5]Carlos Fuentes, op. cit.

a sua irrealidade".⁶ E foi no cárcere da Casa de Argamasilla de Alba que a consciência implacável de Cervantes lhe terá revelado esta verdade denunciadora do equívoco de toda a sua existência: andara de olhos postos no céu numa época em que todos caminhavam de pés bem firmes pela terra. Como nos diz Vianna Moog, "estava descoberta a origem de seus males" e, "nessa viagem de circunavegação em torno da própria vida", o escritor "parou junto à fonte perene do humor: a antítese entre o real e o ideal". Em suma: "Cervantes descobrira Cervantes. Daí o Dom Quixote."

O outro grande ensaio a que aqui me referi é o que escreveu San Tiago Dantas sob o título de *Dom Quixote: um apólogo da alma ocidental*, no qual o herói cervantino é tratado como símbolo do sentido que o próprio Quixote adquiriu ao refletir-se na consciência ocidental, nela se tornando uma "fábula construtiva" e um "episódio exemplar". Aludindo às conversas de Goethe com Eckermann, San Tiago Dantas sugere que todo o Quixote não passa "de uma lenta e incessante polêmica, em torno da insólita aventura, com que Alonso Quijano assombrou os seus vizinhos, os seus amigos e o seu autor: ele próprio — desde a primeira *salida*, que o leva pelos campos de Montiel, até o pobre quarto onde abandona seu imortal personagem para recuperar o seu nome no tempo e morrer — outra coisa não faz senão argumentar e refletir". E assim é que se desenrolam os intermináveis diálogos entre Dom Quixote e Sancho Pança, o cura e o barbeiro, o bacharel e o canônico, os duques e o

---
⁶Oscar Wilde, *apud* Vianna Moog, op. cit.

Cavaleiro do Verde Gabão, a ama e a sobrinha, o vendeiro, Dorotéia, Lucinda, Cardênio e Dom Fernando. E sobre a meditação destes ainda se estende, decomposta em duas vozes, a meditação do autor — de Cide Hamete Benengeli e de Cervantes. Mas, para compreender o sentido mais profundo de tudo o que nesses diálogos se diz e que plasma o espírito ocidental, o leitor terá que distinguir, em primeiro lugar, "onde a virtude e a loucura se separam, onde o ridículo acaba e começa o sublime, e onde a cavalaria deixa de ser uma inspiração pura para merecer o anátema".

Sublinha ainda San Tiago Dantas que ficamos igualmente perplexos diante "da irresistível comicidade do Quixote", esse "homem sem sorriso, esse modelo de gravidade, essa regra de comedimento e de pudor, cujas ações jamais deixaram de ser um móvel justo, ainda que ilusório, em um ser que pacientemente sofreu e testemunhou por tudo que se impôs a si mesmo, é uma fonte indiscutível, permanente, irresistível de riso". Cabe talvez a Ortega y Gasset, como salienta San Tiago Dantas, ter dito a palavra que nos decifra a explicação da comicidade do Quixote quando escreve, em suas *Meditaciones del Quijote*, que "do querer ser ao crer que já se é vai a distância do trágico ao cômico. Esse é o pacto entre o sublime e o ridículo". Ou, em outras palavras, querer salvar é sublime, mas julgar-se um salvador é ridículo. "Eis por que", ensina o ensaísta brasileiro, "nos servimos da expressão quixotismo, ora para exaltar uma virtude, ora para denunciar uma fraqueza". De certo modo, esse quixotismo ironiza uma literatura que estava morta e superada na Espanha pelo extremo refinamento dos autores do *Siglo de Oro*, e disso ninguém mais tinha dúvidas na época em que Cervantes compunha sua obra-prima. Segundo San Tiago Dantas, o que fez Cervantes foi extrair o sentido de um tema literário que já se encontrava esgotado, transformando-o em mitologia e, assim, reencontrando o tempo perdido.

Diz adiante o ensaísta brasileiro que, "sem o Quixote, o espírito ocidental, especialmente o ibérico e o ibérico-americano, teria tido outros caminhos" e, "se hoje o perdêssemos, e o apagássemos da memória, muito do que existe em nós se tornaria indecifrável". E isso porque há na contribuição de Cervantes, como em nenhum outro exemplo literário, "o contraste interno essencial da natureza humana, ali dissociada em dois personagens", pois com Dom Quixote e Sancho Pança ele "proporcionou ao homem, no domínio do conhecimento de si mesmo, um avanço que, se considerarmos tanto o mérito da criação quanto a sua absorção pelo público, até a sua época só tem paralelo no teatro de Shakespeare". E esse autoconhecimento está indissoluvelmente associado àquilo que conhecemos como heroísmo quixotesco, ou seja, o daquele homem que, não tanto por seus grandes feitos, mas antes por sua pureza e determinação, "dá testemunho de mártir cujas ações frutificam pelo exemplo e pela força espiritual que irradiam". Claro está que o quixotismo não é a forma perene do heroísmo espanhol, mas é sem dúvida, sustenta o ensaísta, "a mais pura e original, e a que, em certo sentido, representa a síntese da tradição heróica com o cristianismo".

Com base nessa tradição, pode-se dizer que a técnica do *Dom Quixote* é "o dom de si mesmo", uma técnica que "seria mais a do martírio que a do heroísmo, mas que se tornou para nós o heroísmo por excelência". Observa San Tiago Dantas que não foi Cervantes que inventou as qualidades do herói quixotesco: "ele apenas as recolheu, purificou e cristalizou para sempre no seu personagem". Assim como Goethe recolheu no Fausto um dos temas constantes do imaginário europeu — o tema do mágico que tenta exercer o seu poder sobre a própria alma —, "assim Cervantes recolheu o tema geral do cavaleiro andante nas páginas do *Quixote*". E desde logo se percebe que "o heroísmo do cavaleiro não está nos seus feitos, está nas suas disposições de alma". Como aqui já dissemos, a criação cervantina liberta o heroísmo da concepção aristocrática, que se transmitira aos romances medievais, e deita suas raízes no solo mais nobre do cristianismo. O heroísmo quixotesco é, portanto, "um concerto de atributos, que se fundem num todo moral", mas a agilização desse espectro de excelências depende daquele "dom de si mesmo" a que acima aludimos. Escreve San Tiago Dantas: "Entregar-se a si mesmo, fazer do próprio ser um simples mediador da obra que tem diante dos olhos, desaparecer nessa obra, consumir-se e enterrar-se nela como a semente no solo, eis o *savoir-faire* do cavaleiro, eis o que o Quixote nos ensina, do primeiro ao último dos seus instantes". Numa paráfrase à sabedoria cristã, escreveu Gide: "*Qui se renonce, se trouve.*" Foi esse compromisso que liberta, em vez de prender, que levou Dom Quixote a descobrir o amor, o último tema da obra analisado por San Tiago Dantas.

O amor de Dulcinea del Toboso — símbolo e síntese do amor cavalheiresco — é, de acordo com o ensaísta brasileiro, "um dos pontos de partida para a compreensão do amor, tal como o tem entendido o espírito moderno". Para que se compreenda o que isto significa, conviria recorrermos, como faz San Tiago Dantas, a uma observação do filósofo alemão Max Scheller em seu estudo sobre o ressentimento na moral. Diz ele que o amor antigo é sempre o amor de baixo para cima, isto é, em que o amante aspira a algo que se encontra situado acima dele e que lhe parece maior. Sob qualquer aspecto que seja, ao seu próprio ser. Coube ao cristianismo operar a primeira revolução na essência e na existência do amor, concebendo-o como uma manifestação de cima para baixo, como o amor do criador pela criatura, de Deus pelo homem, do forte pelo fraco, do maior pelo menor. Como nos diz San Tiago Dantas, o primeiro poema antigo em que se esboça um drama de amor de estilo ocidental e moderno é, como observou Theodor Haecker, a *Eneida*: "Enéias, abandonando o amor de Dido para não deixar de cumprir o seu destino, é o primeiro herói que exprime o conflito entre o anseio do destino no homem e as satisfações do amor." Caberia também lembrar aqui, como algo que antecede ao conceito moderno do amor, o episódio medieval da paixão entre Abelardo e Heloísa, pois não há talvez um "drama em que melhor se exprima a dupla natureza do homem medieval, dividido entre um espírito e um corpo, do que a do mestre da Escola de Paris e a da culta e discretíssima abadessa do Paracleto".

Segundo San Tiago Dantas, o amor moderno se revela, sobretudo, em duas vertentes fundamentais: "o amor do Dr. Fausto por Margarida, ou o amor titânico; e o amor de D.

Quixote por Dulcinéia, ou o *enamoramiento*". Ainda de acordo com o ensaísta brasileiro, "o amor do Quixote traduz no grau mais alto, e em sua manifestação mais radical, a paixão amorosa em que o amante faz a entrega do seu próprio ser". Sustenta o ensaísta brasileiro que "ao amor fáustico se contrapõe o amor quixotesco, tão radicalmente que nos custa reconhecer entre eles uma essência comum". Não se constata no amor de Dom Quixote o concurso da tragédia, e "sobre ele não pesam contradições, nem receios, nem remorsos, nem desejos". Pode-se dizer que o amor de Dulcinéia é, sobretudo, uma vocação amorosa: "Entregando-se espiritualmente à sua dama, nesse ato do dom de si mesmo, que é a outra aparência do amor moderno, D. Quixote se liberta, por assim dizer, do próprio amor, pelo menos daquilo que no amor é a necessidade de nos satisfazermos a nós mesmos." E releve-se que D. Quixote, após consignar a Dulcinéia todo o seu amor, nada mais tem a dar de si a quem quer que seja, ensurdecendo aos apelos da aventura amorosa, mesmo quando esta se lhe oferece, como nos episódios de Maritornes ou de Altisidora. É que, como assinala San Tiago Dantas, a "entrega amorosa, sobretudo a entrega que ainda não logrou satisfazer-se, isto é, ser recebida pela pessoa amada, assume um sentido unilateral que acaba por assemelhá-la ao amor pelo ser divino".

Diz ainda o ensaísta brasileiro: "A fidelidade — o pólo para onde tende o ideal do amor — é o apanágio do amor do Quixote. O amor de Fausto, o amor titânico, é infiel, pois em meio às satisfações perfeitas do amor, no peito do homem titânico medra o desejo de libertar-se." Para San Tiago

Dantas, o que o Quixote nos transmite é "uma lição de purificação do mundo pelo heroísmo, não por um heroísmo de tipo hercúleo, mas por um outro feito de fé inatingível, de pureza perfeita, e por um atributo que a todos resume — o dom de si mesmo". E é esse dom que salva o Quixote, levando-o a triunfar de seus fracassos e enganos pelo exemplo que semeou na consciência dos tempos futuros. Mas o Quixote — herói ocidental em tudo — nesse dom de si mesmo pressupõe um mediador de cuja eficácia depende a plenitude de seu êxito: o amor de Dulcinéia. E é ele que nos diz: "*Ella pelea en mi, y vence en mi, y yo vivo y respiro en ella, y tengo vida y ser.*"

Deixei muito claro desde o início que jamais foi minha pretensão acrescentar o que quer que fosse à miliardária e multilíngüe bibliografia sobre Cervantes, mas apenas rastrear os inequívocos vestígios de sua influência em alguns escritores brasileiros do passado e do presente. Numa das passagens de *East Coker*, o segundo de seus *Four Quartets*, T. S. Eliot nos adverte de que "o que há por conquistar/ (...) Já foi descoberto/ Uma, ou duas, ou várias vezes, por homens com os quais não se pode/ Pretender rivalizar (...)". Não se trata, portanto, de uma competição com os ilustres intérpretes cervantinos que nos antecederam, e não caberia aqui, por isso mesmo, enriquecermos a fortuna crítica do que já foi dito ou anotado em língua espanhola por ensaístas da estirpe de Clemencín, García Soriano, Menéndez y Pelayo, Pellicer, Rodríguez Marín, Covarrubias, Correas, Cejador y Frauca, García Morales, Landeira Yrago, Menéndez Pidal, Unamuno, Ortega y Gasset, Casalduero, Navarro y Ledesma, Bonilla, Díaz Benjumea, Icaza, Máinez, Millé Jiménez, Azaña,

Azorín, Rojas, Asin Palacios, Hurtado, Gómez de la Serna, González Palencía, Marías, Astrana Marín, Castro, Guillén, Villanova, Madariaga, Rulfo, Fuentes, Borges, Reyes, Benavente e Rico, entre muitíssimos outros.

Como ociosamente já disse aqui, é com o *Dom Quixote* que nasce o romance moderno, ou o embrião de todos os romances realistas, já que André Malraux o pretere nessa condição de primazia a *La Princesse de Clèves*, de madame de Lafayette, pois teria sido este o primeiro romance moderno na medida em que se lhe reconhece como o primeiro romance psicológico, interior, constituído em torno das razões do coração. Mas o *Dom Quixote* dá início a algo de muito maior. E aqui recorro, pela última vez, a Carlos Fuentes, que um dia nos deslumbrou com o "esplendor da Espanha". Logo no início de seu modelar e agudíssimo ensaio sobre os múltiplos níveis de leitura do *Dom Quixote*, Fuentes se pergunta: "Será que a Idade Moderna começou com a queda de Constantinopla para os turcos em 1453, a descoberta do Novo Mundo em 1492, ou a publicação por Corpérnico de seu *Das revoluções das esferas celestes* em 1543?" E em seguida responde: "De qualquer maneira, todas as vezes que eu tive de escolher, sempre respondi que, para mim, o mundo moderno começa quando Dom Quixote de la Mancha, em 1605, deixa a sua aldeia e parte para o mundo, e descobre que o mundo não é parecido com o mundo sobre o qual ele andara lendo."

2005

Mestre Carpeaux[7]

Não me lembro com exatidão do dia do mês de outubro de 1962 em que conheci Otto Maria Carpeaux. Recordo-me apenas de que era uma dessas manhãs ensolaradas de primavera quando ouvi, pela primeira vez, a voz tonitruante daquele homem tomado de cólera diante da tradução inexata, ou mesmo estapafúrdia, que fizera um dos colaboradores da *Enciclopédia Barsa* do título de um dos livros de poesia de Elizabeth Barrett Browning: *Sonnets from the Portuguese*. O colaborador havia traduzido, entre parênteses, como preconiza a boa norma enciclopédica, *Sonetos da portuguesa*, em vez de *Sonetos do português* (ou seja, da língua portuguesa), muito provavelmente porque ouvira contar a história de que o marido da autora, o poeta Robert Browning, costumava chamá-la carinhosamente de "minha portuguesinha" por causa do amor que devotava ao idioma

---

[7]Prefácio à edição dos *Ensaios reunidos*, vol. II (1948-1971), de Otto Maria Carpeaux, Rio de Janeiro, Topbooks, 2005.

de Camões. E mais indignado se mostrara ainda Carpeaux quando, alguns dias depois, deparou com a afirmação, feita por outro colaborador da mesma enciclopédia — cujo nome prefiro aqui omitir porque se tratava de um renomado crítico literário daqueles tempos —, de que *Le cimetière marin* era a "peça íntima" de Paul Valéry. Aos gritos, o meu então mais recente amigo vociferava: "Ivan, são as cuecas de Valéry!"

Carpeaux exercia na época, a convite de Antonio Callado, então editor-chefe da *Enciclopédia Barsa*, a função de consultor das áreas de literatura e de filosofia daquela publicação, que se revelaria mais tarde uma iniciativa malsucedida e, sob certos aspectos, até mesmo desastrada, talvez porque, como fosse a primeira obra do gênero produzida no país, não dispuséssemos da experiência necessária para levá-la a bom termo. Eu era então, aos 28 anos, um dos redatores de verbetes e monografias da enciclopédia, ao lado de Bolívar Costa, Mauro Vilar, Mauro Gama, Sérgio Pachá, Álvaro Mendes, Milton José Pinto e José Louzeiro, entre alguns outros. Ocupara o lugar deixado vago por Hélcio Martins, que recebera um convite para lecionar língua e literatura espanholas na Universidade da Flórida, em Gainsville, de onde voltaria pouco depois para falecer. No início de 1963, irritado com as sucessivas e descabeladas ingerências do gerente norte-americano da publicação, Callado deixou a Barsa, e com ele nos deixou Carpeaux, a quem só voltaria a encontrar três anos depois, quando, a convite de Antônio Houaiss, transferi-me para a *Enciclopédia Delta Larousse*, cujos trabalhos estavam então se iniciando sob a batuta daquele notável filólogo e enciclopedista, do qual me tornaria amigo fraterno por mais de quarenta anos.

    Carpeaux era ali o braço direito de Houaiss e comandava praticamente toda a redação com sua exuberante personalidade e sua cultura por assim dizer "enciclopédica", palavra que detestava quando dela nos servíamos para definir seu vasto conhecimento humanístico. É desse tempo que data o aprofundamento de minha amizade com Otto Maria Carpeaux, de quem fui dileto e tenaz discípulo até o dia de sua morte, numa sexta-feira da semana do carnaval de 1978. A bem da verdade, fui seu discípulo pelo resto da vida, e vezes sem conta ainda recorro às suas obras em busca de um conhecimento que jamais alcançarei. É desse tempo, também, que data o meu aprendizado com ele no que toca a certas questões literárias, musicais e filosóficas das quais até então eu tinha uma compreensão talvez inorgânica ou mesmo distorcida. Era assombroso, e assombrosamente metabolizado, o conhecimento que possuía mestre Carpeaux acerca dos problemas da arte, da religião, da literatura, da filosofia, da história e da política. E esse metabolismo vinha de longe, ou seja, daqueles tormentosos e difíceis anos de sua formação européia, sobre os quais, a propósito, ele sistematicamente se calava, sob a alegação de que tudo aquilo "estava superado". Mas não era bem assim. Carpeaux jamais seria o que foi no Brasil sem aqueles anos que viveu em Viena, Berlim, Roma e Amsterdam.

    Com ele convivi quase diuturnamente de 1966 a 1969, quando a leitura final dos verbetes se avizinhava do fim. Foi durante esses três anos na *Enciclopédia Delta Larousse* que pude avaliar melhor a verdadeira dimensão intelectual e humana daquela criatura polivalente, polêmica, irrequieta, a um só tempo dura e generosa, e sempre insatisfeita consigo mesma e com tudo o que fazia. Além de dominar 15 idiomas (certa vez, de brincadeira, perguntei-lhe se não sabia o copta antigo), Carpeaux, sem jamais revelar nenhum vestígio de pedanteria erudita, nos iluminava com sua cultura titânica e sua prodigiosa familiaridade com incontáveis problemas do passado e do presente. Como Virgílio foi o guia de Dante na selva escura dos infernos, Carpeaux exercia um papel semelhante junto àquela heteróclita e turbulenta redação da *Delta Larousse*, pela qual passaram intelectuais da estirpe de Francisco de Assis Barbosa, Alberto Passos Guimarães, Geir Campos, Carlos Casanova, José Américo Peçanha da Mota, Maria Nazareth Lins Soares, Sebastião Uchoa Leite, Luiz Costa Lima e tantos outros.

Embora viesse de uma geração bem mais recuada no tempo do que a nossa e de uma cultura em tudo distinta daquela a que pertencíamos, Carpeaux se ambientou rapidamente ao nosso meio e, apenas três anos depois de chegar ao país, já falava e escrevia o português, tanto assim que, além de colaborar regularmente na imprensa do Rio de Janeiro, publicou em 1942 o primeiro de seus livros "brasileiros", o volume de ensaios *A cinza do purgatório,* a que se seguiu, no ano seguinte, *Origens e fins,* ambos editados pela Casa do Estudante do Brasil. Culto e refinado, Carpeaux era, apesar disso — ou talvez exatamente por isso —, um homem simples e de trato excepcionalmente lhano. Enfim, como diria Sérgio Buarque de Holanda, um "homem cordial", em que pesem suas freqüentes crises de fúria ou de radicalismo exaltado. Mas era, sobretudo, um homem transparente, leal, amigo de seus amigos, grave mas afetuoso, áspero e paradoxalmente emotivo, e penso que tudo isso acabou sendo decisivo para o íntimo convívio que com ele mantivemos ao longo daqueles quatro anos na *Enciclopédia Delta Larousse*.

Era sempre o primeiro a chegar à redação, antes mesmo de Antônio Houaiss, outro exemplar madrugador. Pontualmente às 8h, lá estava ele à sua mesa, ao lado de quatro maços de Hollywood, sem filtro, que seriam nervosa e diligentemente consumidos até o fim da tarde. Carpeaux controlava não apenas o ritmo de produção dos redatores, tradutores, revisores e datilógrafas, mas também a maior parte dos textos que chegavam dos colaboradores externos das diversas áreas disciplinares da enciclopédia. Tinha particular aversão pelo especialista em cinofilia, a quem tratava, com desprezo, de "cachorreiro". Irritavam-no, também, os textos de hagiologia, com aquela prodigalidade de datas comemorativas de santos sepultados nas catacumbas romanas dos quais ninguém jamais ouvira falar. Rasgava-os todos e deitava-os à cesta de lixo, rosnando entre dentes: "Ossos de cachorro". Certa vez, às gargalhadas, veio apontar-me um erro cometido por uma das datilógrafas (por sinal, a mais graciosa de todas), que naquela época tinham de lidar com textos manuscritos dos redatores. No verbete sobre Castro Alves, onde o redator escrevera "Espumas flutuantes", a moça datilografara "Espermas flutuantes".

Se recordo aqui essas pequenas curiosidades — e elas se contam às dezenas durante nossa convivência de quase quatro anos —, é para que o leitor não tenha de Carpeaux apenas aquela imagem do prodigioso erudito e ensaísta que ele foi, mas também a do excepcional ser humano que nos privilegiou com seu caráter, sua sabedoria e sua generosidade. A ele devemos sem dúvida não somente uma parte de nossa formação como intelectuais, mas também uma rica e inesquecível lição de vida — e de retidão diante da vida. Vivíamos então um dos piores períodos da ditadura militar. Antônio Houaiss tivera os direitos políticos cassados no dia seguinte ao do golpe de 31 de março de 1964, e os tempos que se seguiram passaram à história como os "anos de chumbo". O AI-5, promulgado em dezembro de 1968, atingiu vários de nossos companheiros de redação na Editora Delta, como, entre outros, José Américo Peçanha da Mota e Alcir Henriques da Costa, que chegaram a ser torturados pelos militares, enquanto um outro, de cujo nome agora não me recordo e cuja mulher pouco depois se exilou, foi metralhado nos degraus da Igreja Santa Margarida Maria, na Fonte da Saudade.

Não apenas entre nós, mas em âmbito público bem mais amplo, Carpeaux participava ostensivamente dessa resistência ao arbítrio e ao obscurantismo. E foi então que descobri algo de espantoso: aquele homem profundamente gago e às vezes ofegante, talvez por causa do excesso de fumo, toda vez que tomava a palavra diante de uma platéia o fazia de forma correta e fluente, sem um único tropeço ou sequer um descompasso, sem aquelas bruscas e penosas interrupções da fala que tanto o afligiam. Foi assim que o vi certa vez, em 1969, em frente à Assembléia Legislativa, na Cinelândia, quando, diante do corpo de um estudante assassinado pela polícia no restaurante do Calabouço, conclamou a multidão a acompanhar o cortejo fúnebre até o Cemitério S. João Batista e a reagir, se necessário fosse com armas na mão, contra a opressão instaurada pela ditadura militar. Na verdade, e de forma algo inexplicável, Carpeaux, apesar de sua atitude radical e agressiva, foi relativamente pouco molestado pelos militares, que se limitaram a mover-lhe um processo durante o qual, como viemos a saber depois e como nos conta Olavo de Carvalho, "foi polidamente interrogado por algumas horas e que terminou sendo suspenso pela própria promotoria". E observe-se que, em virtude dos violentos artigos que escreveu no *Correio da Manhã* contra o regime ditatorial a partir de 1964, Carpeaux ganhou a fama de inimigo público nº 1 dos militares, tornando-se na época um verdadeiro ídolo das esquerdas.

Em fins de 1968, o projeto da *Enciclopédia Delta Larousse*, publicada em 12 volumes no ano seguinte, encontrava-se praticamente concluído, faltando apenas a leitura final dos últimos verbetes. Terminada essa etapa, todos os redatores foram dispensados em maio de 1969, incluindo eu, que me vi desempregado. Mas valeram-me outra vez os préstimos de Otto Maria Carpeaux, que me indicou a Lago Burnett para um cargo de redator no *Jornal do Brasil*, a que renunciei no ano seguinte para assumir as funções de assessor de imprensa das Nações Unidas no Brasil. O fato é que, mais uma vez, as peripécias da vida interromperam o meu convívio com Carpeaux. Mas nem tanto, pois continuava a ler seus ensaios e, sobretudo, os capítulos de sua *História da li-*

teratura ocidental. Foi também durante esses anos que se publicou a 4ª edição de sua *Bibliografia crítica da literatura brasileira*, dedicada a mim, a Álvaro Mendes, a Luíz Costa Lima e a Sebastião Uchoa Leite, ali definidos como os seus "amigos novos".

Carpeaux voltaria a aparecer em minha vida em meados de 1972, quando, mais uma vez sob a direção de Antônio Houaiss, se organizou a equipe da *Enciclopédia Mirador Internacional*. Ele me telefonou e acertou comigo um encontro em minha casa, no Cosme Velho, para oferecer-me um cargo de redator nos quadros do novo projeto. Fiz-lhe ver nesse encontro que seria muito difícil para mim deixar a ONU, para a qual acabara de ser contratado. Ele insistiu com a promessa de que cobriria o valor do bom salário que então me pagava aquela organização internacional. Resisti à proposta e argumentei que, caso viesse a aceitá-la, me veria outra vez desempregado quando o novo projeto chegasse ao fim. Ele afinal entendeu, mas não abriria mão de minha colaboração nas monografias e verbetes da área disciplinar sob sua responsabilidade, que incluía, entre outros, os setores da literatura, da música e da filosofia. De 1972 a 1973 escrevi inúmeros e longos textos para a área de humanidades da *Enciclopédia Mirador*, tendo sido sempre regiamente remunerado pela tarefa.

Com o término dos trabalhos na *Mirador*, perdi-o mais uma vez de vista. E para sempre. Por essa época ele anunciara o fim de sua prodigiosa carreira literária, sob a alegação de que gostaria de consagrar o resto de seus dias à militância política. Seu último escrito é uma biografia de Alceu Amoroso Lima, pautada antes pelo louvor convencional do que pelo interesse de um biógrafo em nos desvendar a vida e a obra daquele destemido e mesmo temerário pensador e ensaísta católico. Restavam-lhe apenas mais cinco anos de vida, de sofrimento e de funda depressão, como o atestaria depois seu amigo de todas as horas, Franklin de Oliveira, a quem eu viria conhecer anos mais tarde. Vez por outra, durante esse período, chegavam-me notícias suas por intermédio de Álvaro Mendes e, sobretudo, de Sebastião Uchoa Leite, que testemunhou seus derradeiros instantes de vida, em fevereiro de 1978, três meses depois de eu me haver demitido das Nações Unidas, de onde um dia ele tentara me tirar.

Sempre me intrigou em Otto Maria Carpeaux sua radical e entusiástica adesão à causa da esquerda, muito embora, naquela época em que o arbítrio e o autoritarismo tomaram conta do país, todo homem considerado minimamente de bem o fizesse. Eu mesmo teria pago um preço bem maior caso não estivesse vagamente protegido pela condição de funcionário internacional, o que me obrigava, claro está, a um certo comedimento de conduta pública e política. Mas quase fui preso em 1973, quando organizei na Sala Cor e Som, do Museu de Arte Moderna do Rio de Janeiro, um ato comemorativo, talvez por demais veemente, do vigésimo quinto aniversário da Declaração Internacional dos Direitos Humanos, a que aderiram diversos artistas da MPB e do qual resultou, por iniciativa do compositor Jards Macalé, a produção de um disco intitulado O banquete dos mendigos, no qual eu lia alguns artigos daquele célebre documento promulgado pelas Nações

Unidas em 1948. Intrigava-me essa atitude de Carpeaux em razão de seu passado católico e de sua participação, como membro do Partido Social Cristão da Áustria, nas lutas contra o nacional-socialismo e o comunismo.

Como nos conta Mauro Ventura em seu admirável *De Karpfen a Carpeaux: formação política e interpretação literária na obra do crítico austríaco-brasileiro* (Rio de Janeiro, Topbooks, 2002), na biografia que acompanha seu pedido de naturalização ao governo Getúlio Vargas, em 1942, Carpeaux omite o fato de que fora colaborador da revista *Der christliche Ständestaat* de 1934 a 1936, bem como o de que redigiu diversos artigos para dois outros órgãos da imprensa católica de Viena: o *Neue Freie Presse* e o *Erfünllung*. Como pude atestar em várias ocasiões, essa formação católica estava presente na visão de mundo que Carpeaux desenvolveu e cristalizou para interpretar, de forma sempre magistral, as manifestações da arte, da política e da história de seu tempo. O que Carpeaux seria depois da época em que se chamou Otto Karpfen, seu verdadeiro nome de batismo, Otto Maria Fidelis e Leopold Wiessinger, pseudônimos sob os quais escreveu as obras de sua fase européia, está indissoluvelmente associado a essa formação vienense e aos compromissos espirituais que assumiu em defesa da cristandade em *Wege nach Rom. Abenteuer, Sturz und Sieg des Geistes* (1934) e da autonomia da Áustria em *Österreichs europäische Sendung* (1935), duas de suas obras européias somente em parte conhecidas no Brasil.

Não sei até onde a guerra e a fuga para o Brasil, onde Carpeaux chegou em 1939 sem falar uma única palavra de nosso idioma, terão abalado suas convicções religiosas. O homem que conheci em 1962 não deixava transparecer nenhum vestígio do catolicismo pelo qual pugnara durante a sua juventude vienense. Mas no segundo daqueles dois livros lê-se: "Assim, a Áustria é, com muito orgulho, um corpo que atua vivamente no organismo da *Romanitas*. Sim, nós austríacos vivemos no Império Romano. Todavia, não apenas no campo das relações culturais latinas, mas também no âmbito de nossa sagrada fé romano-católica." Não obstante, Carpeaux sempre se negava a comentar o que quer que fosse desse passado, incluindo a sua luta pela autonomia política da Áustria, então ameaçada pelo *Anschluss*. Embora considerasse a Áustria "um país alemão", Carpeaux afirma naquele livro: "A independência da Áustria, e precisamente sua independência do *Reich* alemão, é um fato da política européia, garantido através de tratados, alianças, pactos, obtidos por meio de tanques, canhões e aviões, protegido pela opinião pública mundial, tudo isso confrontado com o suspeito e tenso fortalecimento e ampliação do poder alemão." Escrever isto em 1935 era como uma sentença de morte proclamada contra si próprio, o que se via agravado pelo fato de que Carpeaux era de origem judaica. Mas por que teria ele escolhido para anfitrião um país que, às vésperas da Segunda Guerra Mundial, não escondia suas simpatias pelo regime nazista?

São perguntas difíceis de responder e que, provavelmente, nunca terão uma resposta satisfatória. A primeira (e distorcida) imagem que se guarda de Carpeaux em nosso país, mais precisamente durante a década de 1940, é a de um homem de direita, a de um exilado austríaco que foi acolhido pelo governo ditatorial de Getúlio Vargas. Ignoro até que ponto terá ele se sentido pouco à vontade ao longo desses primeiros anos de exílio, mas sua amargura e seu temor não podem ser comparados aos daquele outro grande exilado vienense, Stefan Zweig, que estava convicto da vitória final do Terceiro Reich. Enquanto Carpeaux adotou a firme e irrevogável decisão de apagar o seu passado europeu, Zweig mergulhou no desespero e na nostalgia que acometem os *derracinés*. Ambos foram obrigados a deixar para trás seus amigos, seus círculos literários, sua cultura, suas bibliotecas — enfim, suas próprias origens. Mas Carpeaux, bem ou mal, adotou o país que o hospedara e rapidamente aprendeu o idioma que nele se falava, ao passo que Zweig sucumbiu à depressão que o levou, afinal, ao suicídio. Zweig queria voltar, mas tinha a plena consciência de que talvez jamais pudesse fazê-lo. Carpeaux veio para ficar. E esqueceu o seu passado a ponto de recusar-se sistematicamente a comentar qualquer fato que se relacionasse com sua formação européia.

Durante esses primeiros anos de adoção de sua segunda pátria não foram poucos os comentários desairosos que ouvi da parte dos comunistas sobre Otto Maria Carpeaux, em particular de Valério Konder, a quem devo uma parte importantíssima de minha formação intelectual e com quem convivi toda a minha infância e adolescência, quando fiz uma de minhas mais decisivas e duradouras amizades, a de Leandro Konder, filho mais velho de Valério. Nessa época éramos todos comunistas exaltados e radicais, e esse credo político, no meu caso particular, só foi mitigado às vésperas do vestibular que prestei para a Faculdade de Medicina. Falo aqui do ano de 1953. Três anos depois, já tendo abandonado o curso médico e decidido que me consagraria de corpo e alma à literatura, caiu-me nas mãos *Origens e fins*, o primeiro dos livros de Carpeaux em que pus os olhos e que me foi presenteado por Aníbal Machado, cuja casa freqüentei por longos e profícuos anos e a cuja memória está dedicado o meu livro de estréia como poeta, *Os mortos*, publicado em 1964.

O fascínio pelo pensamento de Carpeaux estava obviamente vinculado a um processo de distensão e enriquecimento daquilo que cada um de nós viera acumulando ao longo dos anos do ponto de vista humanístico e cultural. Ele não alterou o rumo de nossas vidas, mas sua lição contribuiu de maneira notável para o nosso amadurecimento como intelectuais. Às vezes me surpreendia, como quando escreveu no suplemento "Idéias e Livros", do *Jornal do Brasil*, sobre a tradução que eu fizera dos *Four Quartets*, de T. S. Eliot. No parágrafo final de seu artigo, ele escreveu: "Não há que comparar. Se me obrigasse a comparar, eu cometeria a heresia de preferir a tradução, justamente porque ela não é o original." De início não cheguei a compreender o motivo da afirmação, mas logo me dei conta de que ele estava recorrendo ali ao conceito coleridgiano da *suspension of disbelief*, graças ao qual o crítico suspende a sua descrença para acreditar na possibilidade venturosa de uma realização literária. O que Carpeaux estava tentando dizer era que, em determinadas circunstâncias — no caso, a de um país cujos leitores são essencialmente monoglotas —, o papel da tradução pode tornar-se crucial, pois é por meio dela que o *homo ludens* (isto é, o tradutor) serve ao público leitor a poesia "alheia" que o *homo faber* (vale dizer: o autor) escreveu no original e que, nesse original, é inacessível àquele público.

Certa vez, em 1967, passei-lhe às mãos um poema longo que acabara de escrever, "Três meditações na corda lírica". E ele observou: "Não sei se é esta a poesia que deveria estar sendo escrita agora, mas estou certo de que é a poesia que deveria ser escrita em todas as épocas." Carpeaux gostava muito desse tipo de ambigüidade e quase sempre afirmava suas teses por meio de negações. Por esse tempo, ele se encontrava no ápice de sua militância política e passara a apostar, como grande humanista que era, na poesia de participação social, numa poesia que, na maior parte das vezes, era má (ou quase sempre má) e de caráter amiúde panfletário, mas que poderia contribuir, de alguma forma, para tornar o homem melhor do que era. Em suma, o poeta deveria estar moralmente comprometido com uma causa: a do povo brasileiro em sua luta contra o arbítrio, a tirania e o obscurantismo. E foram muitos os maus poetas que se engajaram nessa aventura e desencaminharam boa parte de nossa poesia durante aquele período difícil da vida nacional. Discutimos muitas vezes sobre esse assunto, mas Carpeaux não cedia, como não cedeu quando tentei fazer-lhe entender que a invasão soviética da Hungria ou a Primavera de Praga nada mais eram do que atos de arbítrio. Respondeu-me secamente: "É necessário reprimir!"

Carpeaux não pôde acompanhar o processo de redemocratização do país, a anistia ampla e irrestrita, que permitiu o regresso dos exilados políticos no fim da década de 1970, ou a campanha das "Diretas Já". Não pôde ver o desmoronamento da ditadura militar que durante longos vinte anos perseguiu, torturou e assassinou milhares de brasileiros, instaurando entre nós um regime discricionário que ceifou a arte, a cultura e as liberdades individuais pelas quais ele tanto pugnara. Já no fim do governo Médici, talvez o mais brutal da ditadura militar, Carpeaux estava muito doente e, a rigor, nada mais produzia em termos intelectuais. Sua vida e sua obra haviam entrado em agonia. Mas é ainda desse período a extraordinária monografia que escreveu sobre as edições críticas da Bíblia para a *Enciclopédia Mirador Internacional*. Anos mais tarde, já na década de 1990, recorri a esse texto para um ensaio que estava escrevendo sobre a herança católica na literatura brasileira do século XX. E fiquei pasmo com a erudição teológica de quem o redigira. Eram páginas e mais páginas de alguém que não apenas conhecia profundamente o assunto, mas que também seguramente o vivera em suas entranhas. Ao fim da leitura dessa monografia admirável, onde se fornecia ao leitor uma opulenta e refinada bibliografia sobre o tema, fui verificar as iniciais do autor. E lá estava: Carp. Ou seja: Otto Maria Carpeaux.

Se cabe aqui falar de um sistema de conhecimento, ou talvez de uma vertente doutrinária, na prosa ensaística e historiográfica que Carpeaux nos legou, conviria distinguir-lhe algumas matrizes das quais seu pensamento jamais se afastou. Sua visão inicial do mundo, com tudo o que depois se lhe acrescentou e que a tenha eventualmente modificado, é a de um herdeiro da Casa da Áustria, daquela tradição conservadora dos Habsburgos que estavam à testa do Império Austro-Húngaro, que, de tão perfeito e harmônico que era, jamais deveria ter acabado, como o sustenta o escritor Per Johns em seu esplêndido volume de ensaios *Dioniso crucificado* (Rio de Janeiro: Topbooks, 2005). E essa visão de mundo é, essencialmente, barroco-católica. Pode-se dizer ainda, como o faz Mauro Ventura no excepcional e astucioso estudo a que aludimos algumas páginas atrás, que o "conservadorismo político e clerical de Carpeaux em sua fase austríaca descende da concepção de mundo católica ligada à dinastia da Casa da Áustria". E o que era esse Barroco para Otto Maria Carpeaux? Recorro ainda uma vez a Mauro Ventura: "Em primeiro lugar, era sinônimo de universalismo e ecumenismo, duas palavras que remetem ao catolicismo enquanto sentimento integral da existência." E acrescenta o ensaísta: "Mas o Barroco era também um estilo de vida", o que confere com as próprias palavras de Carpeaux, quando observa que o Barroco foi "o último estilo que abrangeu ecumenicamente toda a Europa". Diz ele numa das passagens de *Origens e fins*: "Além das belas-artes, das letras, da filosofia, da religião, do pensamento e das realizações econômicas e políticas", o Barroco é "um estilo de vida".

Outro aspecto a ser evidenciado no pensamento barroco-católico de Carpeaux é o de sua tendência para o mistério e as vertigens abissais da alma humana, o que lhe vem, segundo penso, dos místicos espanhóis, entre os quais Santa Teresa de Ávila e São João da Cruz. É bem de ver que seus ensaios "estão impregnados dessa atmosfera de piedade barroca e de meditação religiosa, que faz com que sua argumentação se dirija a uma esfera quase sobre-humana ou sobrenatural", como sublinha Mauro Ventura. Tem-se amiúde a impressão de que Carpeaux submete seus leitores a um incessante exame de consciência, como se estes estivessem diante de um confessor. Por outro lado, esses abismos da alma humana parecem estar associados à vertente filosófica do estoicismo, mais exatamente ao de Sêneca, que, segundo o autor de *A cinza do purgatório*, "é o modelo do teatro barroco". É curioso observar ainda como ele exclui as matrizes italianas do substrato cultural austríaco, preterindo-as às do Barroco espanhol, sobretudo aquelas em que a concepção da vida é comparada a um sonho, como ocorre em Calderón, ou nos textos em que se manifesta aquele conceito conservador do prudencialismo cristão, tal como o vemos nas obras de Gracián.

Mas essa impregnação barroca é insuficiente para que possamos compreender a totalidade do pensamento de Otto Maria Carpeaux. Para tanto seria preciso meditar também naquilo que ele deve a Hegel e, mais do que a este, à ética de Benedetto Croce, segundo a qual a arte, como produto da intuição e porque revela uma natureza ilógica ou metalógica, transcende sua identificação com a religião, a filosofia, a ciência ou a história, como pretendia aquele filósofo alemão. Muito a propósito, Mauro Ventura sublinha que um "crítico é estético na medida em que suas interpretações transcendem os limites de determinada obra para se projetar como crítica da vida, da cultura e dos valores morais". E foi isto o que sempre fez Carpeaux, cujo leitor é sistematicamente conduzido do âmbito livresco ao mundo das idéias, de observações de conteúdo e forma a considerações morais e filosóficas. E aqui ele tangencia aquele conceito de Walter Benjamin segundo o qual a idéia de universalidade encontra correspondência na noção de conteúdo de verdade da obra. Tendo conhecido de perto — embora não tanto quanto o desejaria — o pensamento crítico de Carpeaux, não me resta senão concordar ainda uma vez com Mauro Ventura quando nos diz: "O tempo se encarrega de eliminar da obra os traços históricos, o ambiente em que nasceu; enfim, os traços mutáveis. Somente os valores permanentes continuam a existir depois que o contexto se apaga para a posteridade." Segundo Carpeaux, apenas o universal sobrevive, assim como o estético é aquilo que continua a comover ou impressionar o leitor.

Em muitas de nossas conversas, mestre Carpeaux chamava a minha atenção para a existência das "formas simbólicas" que permeiam a tessitura literária. Para ele, a arte é símbolo, e não alegoria. Escreve a respeito Mauro Ventura: "Quando uma determinada obra não consegue suplantar o nível da alegoria, torna-se inferior. Arte é símbolo, e não apenas um documento do real." É exatamente isto o que sustenta Carpeaux quando nos ensina: "Nasce uma obra de arte se o autor chega a transformar a emoção em símbolo; se não, ele só consegue uma alegoria. A alegoria é compreensível ao raciocínio do leitor, sem sugerir a emoção, essa emoção simbólica a que Croce chama o 'lirismo' da obra. A forma desse lirismo é o símbolo. O símbolo fala-nos, não ao nosso intelecto, mas a toda a nossa personalidade." Observe-se que, nesta passagem, ele se serve dos conceitos de símbolo e de alegoria com um sentido de antagonismo, o que o filia à tradição crítica do Romantismo alemão, já que este entendia o símbolo como uma forma de expressão oposta ao alegórico. Recorde-se aqui, a propósito, como o faz Mauro Ventura, que nas "tradições greco-latina, medieval e renascentista, por exemplo, não existia oposição entre símbolo e alegoria", tendo sido apenas "a partir do idealismo alemão que prevaleceu a visão do símbolo enquanto correspondente da verdadeira natureza da poesia, em detrimento da alegoria, que passou a ser vista como algo exterior ao pensamento, mecânico e imediato".

Para que se entenda melhor o sentido dessa oposição, cumpre lembrar que, segundo Carpeaux, enquanto a alegoria estabelece uma "relação exata entre um determinado sistema de idéias e um sistema de imagens", não ocorrendo assim a possibilidade senão de um único sentido, o símbolo, ao contrário, "não corresponde exatamente à idéia abstrata que exprime", o que permite, por isso mesmo, múltiplas interpretações. Sustenta Mauro Ventura que a alegoria só existe quando "uma determinada obra de arte permite ao intérprete a construção de analogias entre uma imagem e um pensamento conceitual", ao passo que no símbolo "não há correspondência exata entre os diversos planos da experiência ou comparação entre o mundo das imagens e o plano das idéias". Isso explica por que Carpeaux aderiu tão entusiasticamente ao simbolismo estético, considerando a alegoria "mera tradução poética de pensamentos racionais", como ocorre no caso das obras escritas durante a baixa Idade Média e as primeiras décadas da Renascença, incluindo-se aí a *Commedia* dantesca. Se arte é símbolo, e não apenas alegoria, as obras de arte simbólicas são férteis em significação, apresentando sempre maiores desafios para a crítica, como é o caso de Cervantes, cujo *Dom Quixote* é, de acordo com Carpeaux, um "símbolo eterno da humanidade".

Há também nos textos críticos de Carpeaux dois outros aspectos que desde sempre me chamaram a atenção e sobre os quais muito conversamos. O primeiro deles refere-se àquilo que eu denominaria aqui de uma sistemática da contradição. Sua maneira de pensar está infiltrada de um difuso e intenso sentimento dos contrários e do emprego de antinomias, como se vê, sobretudo, nas páginas da *História da literatura ocidental*. Teria esse vezo alguma relação com o fato de que Carpeaux entendia o Barroco como um "fenômeno espiritual" que englobava "todas as expressões da época", ou mesmo como um "fenômeno total"? Ou ele o deve à dialética hegeliana, que afirma o ser por meio da negação de si próprio e, opondo a tese à antítese, se encaminha para a conciliação dos contrários? Como já dissemos, há um certo Hegel no pensamento de Croce, muito embora o conceito de arte deste último nada tenha de propriamente hegeliano, já que a define como intuição, fantasia ou visão. E pode-se dizer que, além daquela tendência a considerar o símbolo como oposto à alegoria, a concepção de literatura em Carpeaux deriva da idéia croceana de arte como intuição, sendo esta a razão pela qual ele condena os romances "ensaísticos" de Thomas Mann, Albert Camus e Jean-Paul Sartre, acusando-os de escreverem uma ficção "fingida e sofisticada" que jamais leva em conta a realidade da experiência pessoal.

Outro aspecto — e que, sem dúvida, constitui um dos traços mais salientes do método crítico de Carpeaux — é, como sabiamente sublinha Mauro Ventura em seu modelar ensaio, "a presença de um ceticismo transcendente de raiz poético-religiosa, cuja síntese, ainda que um pouco vaga, pode ser expressa na rubrica filosófica do sentimento trágico do mundo". Foi sempre muito intensa, como aqui já observei, a polarização dos contrários no espírito de Carpeaux, de modo que sua compreensão da obra de arte se origina do afã de identificar em cada personagem ou enredo o que eles têm de trágico, de cômico ou de épico. A partir do século XIX, especialmente com Schopenhauer e Nietzsche, o conceito de tragédia assume a condição de um esquema de pensamento, de uma ideologia em que a matriz grega se converte em visão de mundo. E é daí que se esgalha a concepção crítica de Carpeaux, cuja ensaística, como pondera ainda Mauro Ventura, "muito mais do que pôr em destaque os elementos trágicos, cômicos ou épicos de determinadas obras", opera no sentido de transformar "o conceito de tragédia em verdadeiro critério de valor". Não surpreende assim que um dos hábitos de Carpeaux era o de ler, todos os anos, boa parte das peças de Shakespeare e dos grandes tragediógrafos gregos, como o faz também anualmente Carlos Fuentes, à época da Páscoa, com o *Dom Quixote*.

Vale a pena lembrar aqui, pois se trata de uma das características do método crítico de Carpeaux, o caráter agonístico da tragédia, pois toda a tensão e a ambigüidade de seus textos nos remetem a essa matriz do comportamento psicológico dos antigos gregos, ao qual ele vinculava, nos tempos modernos — como várias vezes me confessou —, o pensamento de Unamuno. Seria mais adequado, portanto, como sugere Mauro Ventura, "associar o procedimento crítico de Carpeaux a esse espírito agonístico do que relacioná-lo a uma matriz dialética, no sentido moderno da palavra". Quem lê com atenção a ensaística do autor de *Origens e fins* o percebe de imediato: Carpeaux afirma para negar e nega para afirmar, valendo-se de um movimento de sístole e diástole que às vezes confunde o leitor, mas este haverá de entender que está apenas sendo submetido a um conflito no qual se digladiam pontos de vista antagônicos, ainda que não necessariamente irreconciliáveis. E o que pretende Carpeaux ao valer-se dessa prática? Segundo penso, instigar seus leitores a admitir o conflito perpétuo em que se debate o ser humano e instaurar uma visão de mundo em que todos os valores possam ser confrontados, bem como questionadas todas as regras ou critérios de avaliação estética.

A esse sentimento do trágico se associava, em Carpeaux, o estoicismo de Sêneca e, como conseqüência, a visão moral que o inerva. Atesta-o a interpretação que ele nos dá da obra de Sófocles, que é analisado "a partir de um viés trágico cristão, em que o pessimismo leva à purificação da alma", como lucidamente assinala Mauro Ventura. Tudo isto torna-se muito claro quando se lêem os diversos textos que Carpeaux escreveu sobre Shakespeare em *A cinza do purgatório, Presenças, Livros na mesa* e *Retratos e leituras*, com ênfase no agudo e astucioso ensaio "Shakespeare e a condição humana". É na análise de uma das peças shakespearianas, *Medida por medida*, que o autor nos ensina que as contradições e inverossimilhanças da trama dramática estão na atmosfera barroca que impregna as peças da maturidade de Shakespeare, como *Macbeth*, *Otelo* ou *Romeu e Julieta*, as quais foram compostas sob a influência do Barroco inglês, ou seja, no período que corresponde ao reinado de Jaime I e que Carpeaux define como época jacobéia, e não mais elisabetana. Nela se encenavam situações e conflitos característicos do comportamento barroco. É o próprio Carpeaux quem escreve naquele ensaio acima citado: "Só existe uma civilização, uma mentalidade, uma arte que sabia reunir deste modo os pólos opostos da existência humana, a perdição e a graça: o Barroco." E nesse Barroco está implícito o conceito de condição humana, que é fundamental para compreendermos o método crítico do autor.

Não obstante suas posições políticas radicais a favor da esquerda, Carpeaux sempre me deu a impressão de que era, no fundo, um espírito religioso cuja saúde, como pretendia Chesterton, não dispensa o mistério. E penso que para isso contribuiu, como adverte ainda Mauro Ventura, aquela "confluência entre a visão de mundo barroca, que concebia o homem como naturalmente decaído, o dogma do pecado original, a doutrina pessimista da natureza humana e a negação da ordem cósmica estabelecida pelo Renascimento". Convém não esquecer, como aqui já dissemos, que o pensamento de Carpeaux se estrutura a partir de sua formação católico-barroca, como católica e barroca era a civilização da Casa da Áustria, da qual ele descende intelectualmente.

E mais: em Carpeaux, a culpa trágica deita suas raízes no dogma do pecado original, pelo qual o homem está condenado a responder eternamente. E são as relações entre a experiência religiosa e a essência da poesia que sustentam a terceira viga mestra do método crítico de Otto Maria Carpeaux.

Essa vertente religiosa remonta ao primeiro livro do autor, *Wege nach Rom* (literalmente, *Caminho para Roma*), publicado em Viena, em 1934, e até hoje pouquíssimo conhecido no Brasil. É neste volume que vamos encontrar os elementos religiosos e morais que embasam a concepção estética de Carpeaux durante esses primeiros anos de sua formação intelectual. Estão aí, também, as idéias que o levaram a abandonar o judaísmo e converter-se ao cristianismo. Suas análises de alguns ícones da literatura ocidental, entre os quais Kafka e Dostoievski, se processam à luz de considerações sobre problemas como os do mal, da fé, do pecado e da graça. Nesse sentido, pode-se até afirmar, como o faz Mauro Ventura, que "a própria fé católica de Carpeaux passou por um processo de secularização, cuja causa parece estar em sua trajetória pessoal". Não resta dúvida de que o Carpeaux que começa a publicar seus ensaios entre nós na década de 1940 já não é o mesmo, mas essa consciência da inquietação religiosa na literatura jamais o abandonou, e é ela que o leva a identificar elementos literários e artísticos que, provavelmente, não seriam vistos dessa maneira por alguém que nunca se houvesse envolvido com o problema da fé.

É por isso que, em sua análise de interpretação de Kafka e Dostoievski, ele desenvolve considerações de ordem moral e religiosa que derivam de sua visão de mundo católica.

Trata-se de uma atitude por assim dizer agostiniana porque, no centro da discussão, figuram o dogma do pecado original e a visão pessimista da natureza humana. Não surpreende assim que, ao vincular a atitude e o comportamento das personagens kafkianas a um mundo apóstata que já renunciou à graça e se declara pagão, Carpeaux escreve, em "Franz Kafka e o mundo invisível", ensaio pertencente a *A cinza do purgatório*: "O caminho de Damasco é a única saída desta prisão que é o nosso mundo envenenado." E logo adiante: "Sem a graça não se escapa deste mundo. Todas as seguranças exteriores são vãs." É muito oportuna aqui a observação que nos faz Mauro Ventura a propósito das raízes desse procedimento: "Enquanto o pensamento religioso dos séculos XVII e XVIII esforçou-se para atenuar o peso dessa visão, Carpeaux segue em direção contrária, ou seja, jamais conseguiu livrar-se da concepção agostiniana da natureza humana." Apesar disso, Carpeaux não pode (e não deve) ser incluído entre aqueles que em nosso país, durante os anos 30 e 40, tentaram colocar a literatura a serviço da religião, o que viria a constituir quase uma moda.

Como seria de esperar, todas as vertentes que afloram em suas obras éditas (a ensaística completa de Carpeaux foi coligida pela Topbooks em 1999, sob o título de *Ensaios reunidos 1942-1978*, vol. I, incluindo desde *A cinza do purgatório* até *Livros na mesa*, com um longo e sólido prefácio de Olavo de Carvalho) estão presentes nos textos que o autor escreveu para a imprensa naquele mesmo período e que, até o momento, não haviam sido publicados em volume. São esses textos dispersos que compõem o volume II de seus *En-*

saios reunidos, editados agora, e ainda uma vez, sob o selo da Topbooks, num total de quase mil páginas. Causa estranheza o fato de que Carpeaux nunca os tenha recolhido em volume, já que estes nada ficam a dever aos que se publicaram em livro, ostentando ainda a mesma organicidade estilística, a mesma unidade e coerência de pensamento, os mesmos procedimentos de análise e de método crítico. Isso talvez possa ser explicado pela assídua colaboração de Carpeaux nos jornais do Rio de Janeiro e de São Paulo, o que o teria levado a julgar como apressados ou inconclusos os numerosos textos que neles assinou. Mas os 205 ensaios agora reunidos parecem quase sempre desmenti-lo. Pode-se cogitar ainda da possibilidade de que o autor não tenha conseguido nenhuma editora que os publicasse, uma vez que, do ponto de vista temático, esses ensaios não obedeciam propriamente a um planejamento. Enfim, são apenas conjecturas.

A importância desses textos ainda inéditos em livro salta aos olhos mal se conclui a leitura do primeiro deles, "O testamento de Huizinga", no qual o ensaísta se debruça sobre a concepção daquele historiador holandês no que toca ao mistério do período histórico que ele próprio definiu como o "outono da Idade Média", sem o qual não se pode entender, no limiar do Renascimento, essa época contraditória, em que convivem, lado a lado, a mais violenta crueldade e os mais líricos idílios pastorais, a futilidade brutal dos torneios entre os cavaleiros andantes e os seus elevados sonhos de heroísmo. E o mesmo se diria dos dois ensaios que imediatamente se lhe seguem: aquele em que Carpeaux aproxima Pérez Galdós de Balzac e Zola, e o outro, em que louva a argúcia de Francisco Ayala ao identificar o pré-romantismo nas odes barrocas de Gaspar Melchior de Jovellanos. O que se vê nesses ensaios, e em diversos outros que integram a coletânea, é aquele astucioso procedimento de Carpeaux que consiste no entrelaçamento de determinada obra literária com os múltiplos contextos que lhe deram origem, estabelecendo assim um mosaico que nos lembra muito de perto aquele *continuum* que T. S. Eliot definia como um "fenômeno de cultura", ou seja, uma urdidura na qual tudo o que agora literariamente se produz nos remete sempre àquilo que já se criou no passado e que se acumula nos estratos da cultura ocidental desde o momento em que Homero escandiu o primeiro de seus hexâmetros dactílicos.

É bem de ver, por outro lado, que Carpeaux não se detém apenas na análise de temas literários. Seu olhar abarca amiúde as áreas correlatas da filosofia, da história, da religião, da sociologia, da crítica de idéias, das artes plásticas e da música (é dele, a propósito, uma esplêndida e concisa *Nova história da música*, publicada em 1958 e que hoje se encontra na 3ª edição, lançada em 2001 pela Ediouro). É profético, por exemplo, o seu ensaio sobre a "arte permanente" de Jan Vermeer van Delft, cujas obras (conhecem-se apenas 35 telas do artista) se tornaram disputadíssimas no mercado de arte a partir de 1980, bem como de extrema argúcia são seus textos críticos sobre Van Dyck, Van Gogh, Utrillo, El Greco e Kokoschka, todos incluídos na presente coletânea, à qual pertencem ainda valiosas observações sobre a produção de Goya, Giorgione, Mantegna, Bellini,

Dürer, Chardin, Rembrandt, Holbein, Degas, Liebermann e Cézanne, entre muitíssimos outros. E pode-se dizer o mesmo dos estudos fundadores sobre Bach, Mozart, Verdi, Beethoven, Schubert, Paganini, Offenbach, Haendel, Mahler, Wagner e Chopin, que não faziam parte daquela *Nova história da música*, como também não o fazia um opulento texto sobre Palestrina e os mestres da polifonia sacra.

Como acima dissemos, o olhar de Carpeaux, no afã de mergulhar mais fundo nos estratos do fenômeno literário, se esgalha em direção a outras áreas do conhecimento que lhe são contíguas. Assim, além da música e das artes plásticas, vêmo-lo espraiar-se pelas searas da filosofia ("A rebelião de outras massas", "Hefesto e Sísifo", "Meditação de Basiléia"), da religião ("Jeremias", "Assis", "Poesia na Bíblia"), da crítica de idéias ("Idéias", "A América do Sul do Norte", "Aspectos ideológicos do padre Vieira", "Contradições ideológicas"), da economia política ("Agonia do liberalismo", "Capitalismo e discussão", "Um centenário"), da sociologia ("*In memoriam* Karl Mannheim", "A lição de Gramsci", "Condições sociais", "Mito América", "Sociologia barroca", "Ernst Fischer e a sociologia da música"), da sociologia da literatura ("O romance e a sociologia", "O drama da revolução"), da história ("O fim da história", "Estudos históricos") e da política internacional ("O problema dos tchecos", "América Latina e Europa", "A traição do século XX"). É que, para ele, a literatura jamais constituiu uma expressão isolada ou circunscrita a si mesma. Infiltram-na todas as vertentes do espírito, e talvez por isso seja ela, segundo alguns, a mais alta e complexa manifestação do pensamento humano, em que pese ser a música, como sustenta Carpeaux, "a arte das artes". É inútil dissociá-la da filosofia, das artes plásticas, da música ou da poesia, pois a linguagem escrita de certa forma as pressupõe e metaboliza no âmbito de um sistema em que a palavra se vale de todos os recursos que são específicos daquelas áreas de atividade artística, como as idéias, o pensamento, o som, a cor, o ritmo e a forma. E em resposta à confusão de valores que atualmente ameaça destruir a literatura é o próprio Carpeaux, no último parágrafo do ensaio "O difícil caso Pound", quem adverte: "Mas esta é fenômeno anterior (e posterior) às evoluções sociais, simplesmente porque é a expressão completa do homem completo com todas as suas contradições que resistem à análise lógica."

Talvez por isso mesmo seja nos ensaios estritamente literários que Carpeaux nos dê a medida cabal de sua sensibilidade e de sua inteligência crítica. Claro está que não iremos analisar aqui todos esses textos votados às letras, mas alguns há, entre muitos outros, que exigem comentário à parte, a começar pelos dois que dedica a Benedetto Croce, Miguel de Cervantes Saavedra, William Shakespeare e Franz Kafka, ou os quatro em que analisa a poesia, a dramaturgia e a ensaística de T. S. Eliot, ou os que escreveu sobre Machado de Assis, Manuel Bandeira, Ezra Pound e Thomas Mann, ou, ainda, os que consagra, sob forma de prefácios ou introduções, a Wolfgang von Goethe e Ernest Hemingway. Vejamos, por exemplo, o caso de Croce, a quem Carpeaux, embora dele discorde em muitos aspectos, deve boa parte de sua formação literária e de seu método crítico. Em "Croce, o crítico de poesia", ele põe em dúvida a universalidade do grande ensaísta e historiador italiano como crítico, alegando que sua "atividade se exerceu dentro de uma literatura que no século XX já não está no primeiro plano", mas concorda com a conclusão de Croce "de que o critério para julgar os poetas contemporâneos não se pode nunca encontrar nos próprios contemporâneos". Carpeaux se refere nesse passo ao tempestuoso estudo em que o autor da *Filosofia dello spirito* demoliu a poesia de Giovanni Pascoli, quando este se encontrava no ápice de sua trajetória literária, aclamado como uma espécie de *poet laureate* da nação italiana. Com base no que Croce escreveu sobre Pascoli, diz Carpeaux acerca deste poeta italiano: "Em vão pretendeu apoio na realidade, tornando-se poeta descritivo de pormenores prosaicos. Começou com a pretensão de reconduzir a humanidade à inocência da infância; e acabou mesmo como poeta infantil, mas sem inocência."

No outro ensaio sobre o crítico italiano, "O velho Croce", afirma Carpeaux: "Embora Croce fosse, em vida, internacionalmente conhecido e admirado, ninguém fora da Itália pode ter a menor idéia da influência que exerceu durante meio século em seu país", onde se disse, a propósito, que com ele se instalara, nos círculos literários da época, uma "ditadura do idealismo". Entre 1900 e 1940, período em que chegou a dirigir sozinho a revista *La Critica*, Croce tornou-se o oráculo dos escritores italianos. Carpeaux considera a *Storia d'Italia dal 1871 al 1915*, daquele pensador italiano, "o maior repositório de sabedoria que conheço". E reconhece sua dívida para com ele quando escreve: "Tantas coisas aprendi em Croce: o materialismo histórico de Marx como indispensável cânone de interpretação histórica, sem que por isso seja necessário tornar-se marxista; a idéia da arte, de toda arte, como expressão não-discursiva e conseguinte abolição da velha teoria dos gêneros; a Croce devo a primeira leitura de Vico e De Sanctis, e a leitura permanente de Hegel." Mas dele dissente no que toca à sua violenta aversão ao Barroco. E conclui: "Eis o que se podia e devia aprender em Croce: pensar implacavelmente, sem consideração das conseqüências."

São muito astuciosos, também, os dois ensaios sobre Cervantes, "Cervantes e o leão" e "Vida de cachorro", sendo que, no primeiro deles, Carpeaux busca desfazer aquela confusão que se criou entre quixotismo e cervantismo. Ao analisar o humor que inerva aquele episódio do *Dom Quixote* em que o fidalgo desafia um leão a sair da jaula para dar-lhe combate (parte II, capítulo 17), Carpeaux sugere que se trata do ponto culminante da obra, porque aquele leão "não é bem o símbolo da realidade triunfadora; ao contrário, é um bicho covarde e banal que prefere à luta a vida cômoda". E aqui, segundo ele, enganam-se os comentadores do texto de Cervantes ao interpretá-lo "como expressão de humorismo doloroso em face da vitória da dura realidade prosaica dos tempos modernos sobre o romantismo poético e irreal dos tempos idos". Na verdade, a fera daquele capítulo 17, que Cervantes intitulou de "O último e extremo ponto a que chegou e pôde chegar o inaudito ânimo de Dom Quixote", não é "o grandioso leão da poesia e do *yelmo*, nem o leão razoável da prosa e da *bacia*, e sim o leão do *baciyelmo*: o símbolo do comodismo, da banalidade". No outro ensaio, "Vida de cachorro", Carpeaux alude à última das *Novelas exemplares* de Cervantes, "Colóquio dos cães", ou seja, a novela picaresca dos animais, na qual dois míseros vira-latas, Cipión e Berganza, conversam na soleira do Hospital da Ressurreição de Valladolid. Sustenta Carpeaux que essa conversa de cachorros representa "a última palavra da sabedoria de Cervantes, pois o cão, em sua cega lealdade ao homem, é vítima de seu próprio idealismo". Nesta novela, todos são enganados, mas Cervantes, grande humanista e ele próprio poeta fracassado, não os despreza, constatando apenas que há certos obstáculos à realização de cada um "neste mundo que é um grande hospital de idéias e ideais fracassados". Por outro lado, como observa Carpeaux, Cervantes não era pessimista, e sim humorista: "Em vez de escrever um libelo ou uma elegia, colocou a última palavra de sua sabedoria na boca daquela criatura que está sempre disposta a perdoar ao homem e à vida: fez falar o cachorro."

"Afinal, quem foi Shakespeare?" É esta a pergunta que serve de *leitmotiv* ao ensaio "Shakespeare como mito", em que Carpeaux coteja as duas vertentes opostas no que toca à existência real e à autoria das peças atribuídas a William Shakespeare: a dos "stratfordianos", que as reconhecem, e a dos que as negam, como a dos "baconianos" ou "deverianos". Estes últimos, por exemplo, sustentam que "um ator (profissão então bastante desprezada) de muito talento comercial e sem formação universitária não pode ter possuído o imenso saber que as peças ditas shakespearianas ostentam". Embora reconhecendo que é enorme o saber acumulado nessas peças, Carpeaux contra-argumenta e pondera: "Há uma diferença grande entre saber e erudição. O saber de

Shakespeare parece acumulado pela observação do gênio que sabe assimilar tudo." Diz ainda o autor que estranho não é a nossa ignorância no que se refere à biografia de Shakespeare, mas justamente o fato de sabermos tanto dela, numa época, a elisabetana, de que nada ou muito pouco sabemos de dramaturgos tão importantes como Chapman, Middleton, Marston, Kyd, Heywood, Webster e Tourneur. E conclui a sua defesa da autoria shakespeariana com esta irônica e bem-humorada observação: se esses textos "não foram escritos por Shakespeare, foram escritos por um outro que se assinava William Shakespeare". No outro ensaio sobre o dramaturgo inglês, "Condição humana", Carpeaux tenta destrinçar o sentido mais profundo da peça *Medida por medida*, na qual Shakespeare põe em cena caftens e cafetinas que se manifestam abertamente sobre a utilidade pública de sua profissão numa época em que as relações sexuais extramatrimoniais eram punidas com a pena de morte. Carpeaux defende aqui a tese do crítico norte-americano Frances Fergunson, segundo a qual *Medida por medida* explora uma "situação experimental" que se destina a provocar as reações psicológicas das personagens em condições extremas. E quais são essas condições? Responde o ensaísta: "Os dois problemas fundamentais da existência humana, o problema sexual e o da morte." Diante de uma lei que às vezes é inflexível e outras vezes não, Carpeaux argumenta que ambígua é essa lei, e não a peça, que, como *Dom Quixote, Ulisses, O processo* ou *A condição humana*, é "uma fábula dos homens deste tempo, e de todos os tempos".

Entre os ensaios inéditos em livro que se coligem na presente coletânea, Carpeaux dedica nada menos que quatro à análise da obra de T. S. Eliot: "O teatro de Eliot", "Posição de Eliot", "Eliot *versus* Milton" e "Eliot em quatro tempos", o que diz bem do interesse do autor por esse polimórfico poeta anglo-americano. Carpeaux sublinha nestes textos o papel que representou o esforço de Eliot no sentido de resgatar os valores espirituais da civilização européia, duramente golpeados por duas guerras mundiais. Argumenta o ensaísta: "É preciso dizer que os europeus merecem isso; e que ao professor não faltava competência. Eliot, o grande poeta moderno da Inglaterra, é um dos maiores artistas da língua inglesa de todos os tempos." Para ele, que nos deu uma nova consciência literária, "a poesia dos velhos poetas confunde-se com a religião dos velhos poetas". Ao comentar a primeira peça de Eliot, *Crime na catedral*, afirma Carpeaux que ela constitui "a expressão estética de um critério moral", o que, segundo o ensaísta, "está certo", porque a "verdadeira tragédia, embora sendo estrutura estética, baseia-se sempre em convicções morais". Como se sabe, Eliot denunciava a fraqueza do teatro elisabetano e do teatro de Ibsen porque eram "expressões do individualismo que se opõem, por definição, aos critérios morais da comunidade, considerando-os como convenções obsoletas". Grande tragédia, diz Carpeaux, "foi a dos gregos que acreditavam nos deuses, foi a dos franceses que acreditavam em Deus e El-Rei. Eis a teoria dramatúrgica de Eliot", que "escreverá uma tragédia classicista de fundo moral", tomando como assunto o da *Oréstia*, de Ésquilo, ou seja, a culpa que pesa sobre uma família cujos membros clamam por expiação. E assim nasce *A reunião em família*, uma peça em que, do ponto de vista dramático, nada acontece, pois é Eliot que fala pela boca de suas criaturas, "vagas sombras do pensamento poético do autor". E remata Carpeaux: "Eis mais um motivo da impressão de irrealidade que *A reunião em família* sugere: peça irreal como o sonho, em vez de ser dramática como a vida."

Mais importante ainda para a compreensão do pensamento crítico do poeta é o ensaio "Posição de Eliot". Como crítico, assegura Carpeaux, "é o maior que o século ouviu depois de Croce", e, onde este e Sainte-Beuve falharam ao julgar os contemporâneos, Eliot revelou a capacidade de descobrir nas grandes obras do passado valores que nos passaram despercebidos, pois "sabia dizer algo de novo sobre Dante, sobre Baudelaire. Ensinou-nos a ler os dramaturgos companheiros de Shakespeare, os Webster, Tourneur e Middleton. Desvalorizando o sentimentalismo da poesia vitoriana, redescobriu os valores poéticos na sátira de Dryden. Redescobriu, antes de tudo, a 'poesia metafísica' do século XVII — o seu capítulo sobre Donne, Herbert, Marvell e outros é a maior revelação crítica de nosso tempo". E sentencia: "Pelo menos nas épocas de transição dialética como foi a de Donne e como é a nossa, a poesia não chega além de organizar equilíbrios de estrutura rítmica, expressões perfeitas, imutáveis, das contradições temporais. Eliot criou-as para o nosso tempo. É o Donne do nosso tempo." Só não teve boa vontade para com Milton, como demonstra Carpeaux no ensaio "Eliot *versus* Milton", pois, como anglo-católico e monarquista, "não pode simpatizar com o republicano regicida e calvinista herético Milton", a quem acusava ainda pela nociva influência que exerceu em virtude da "criação da famosa *diction*, de uma linguagem poética meio latinizada, artificial", além de criticá-lo também pela visão "de espaços infinitos e escuros, por assim dizer não-organizados". Mas defendeu aquela mesma *diction* elevada que poderia, no futuro, contribuir "para limitar os excessos do coloquialismo".

É com rara argúcia que Carpeaux analisa também "O difícil caso Pound", poeta que, "vivendo em exílio voluntário na Itália, convertera-se ao fascismo, chegando a desempenhar as funções de locutor da emissora oficial de Roma, apregoando os benefícios do regime de Mussolini, lançando os insultos mais pesados contra a democracia e contra o seu próprio país". Mas qual era, afinal, a filosofia de Pound? "*Un chaos d'idées chaotiques*", para lembrar uma frase de Émile Faguet. "Uma confusão tremenda de conceitos históricos e econômicos maldigeridos, enquadrados num 'sistema' a que Pound chamava 'totalitário', mas que é, na verdade, a sistematização de uma paranóia, de uma grave mania de perseguição", opina Carpeaux. Ao comentar um longo artigo de Robert M. Adams em defesa de Pound, no qual diz este que "ninguém ousa negar à sua obra a enorme importância", retruca Carpeaux: "Então eu gostaria de dizer: esse alguém sou eu." E pouco adiante: "Admite-se a importância histórica de Pound, mas não o valor absoluto de sua obra." No que toca aos 84 *Cantos* de Pound, afirma Carpeaux que "seria um alívio se tirassem mais e mais dos inúmeros versos, acumulados de propósito sem coerência lógica, mas sim conforme as associações literárias do poeta, todas elas livrescas". Ainda segundo o ensaísta, sua poesia "lembra a do último Baixo Império e de Bizâncio; um Claudiano, um Psellos construíram longos poemas compostos inteiramente de versos de Homero e Virgílio, escolhidos com engenhosidade". Como estes, Pound seria, afinal, "um fragmentarista, um colecionador de migalhas, um diletante de habilidade vertiginosa".

É ainda hoje atual e pertinente a questão que Carpeaux aborda no ensaio "Razão de ser da poesia", cujo texto gravita em torno da observação de Heine de que aquilo que pode ser dito em boa prosa não vale a pena ser dito em poesia. Logo de saída, o ensaísta descarta aqueles tradicionais elementos de ritmo, de rima, de imagens e de metáforas a partir dos quais os críticos tentam distinguir a poesia da prosa, alegando que tais elementos ditos "poéticos" pertenceriam antes à língua do que propriamente à poesia. E pondera: "A própria língua já é poética." Mas Carpeaux acolhe, com toda razão, a tese de Richards e Empson de que a ambigüidade é pelo menos uma das razões de ser da poesia, lembrando a propósito a obra fundamental daquele último, *Sete tipos de ambigüidade*, indispensável para a compreensão do fenômeno poético. Carpeaux refere-se nesse passo à "ambigüidade integrativa", ou seja, aquela em que os dois sentidos da expressão poética se provocam reciprocamente, constituindo um complexo contraditório. Daí resulta que o poema "vibra pela tensão interna, sendo no entanto indissoluvelmente ligado aos membros opostos da antítese, produzindo-se uma estrutura coerente que apóia o poema". E a conclusão a que se chega é irrefutável: "A freqüência desse caso na grande poesia inglesa (e espanhola) do século XVII e na poesia contemporânea levou muitos críticos a considerá-lo como um caso poético por excelência; é isso o que não se pode dizer em prosa; é isso o que constitui a razão de ser da poesia." Embora recuse o dogmatismo dessa tese e lembre que em outras épocas houve altíssima poesia que não se valeu dessa "ambigüidade integrativa", Carpeaux insiste em que esse conceito é um excelente instrumento "para eliminar falsos valores consagrados e para redescobrir grandes valores mal conhecidos e até caluniados (como era o caso de Donne e Góngora)".

É dessa ambigüidade que se utiliza Carpeaux para interpretar os processos de "mutação" nas obras de Machado de Assis e Manuel Bandeira, dois casos típicos de *twice-borns* na literatura brasileira. Para tentar decifrar o que ocorreu com aquele primeiro, o autor recorre à tese que sustenta Augusto Meyer em seu decisivo *De Machadinho a Brás Cubas*, onde este ensaísta defende a teoria de uma crise inexplicada em Machado de Assis entre 1878 e 1881, de modo que as obras da segunda fase (e só estas é que importam) não seriam fruto de uma evolução coerente, mas de uma "mutação brusca", contrariando assim aquela crítica genética que não pode admitir saltos repentinos na formação de um escritor. É claro que a teoria genético-evolucionista pode ser comprovada em muitos casos, mas, como adverte Carpeaux, "quando é considerada como dogma, de validade geral e exclusiva, leva a contradições inextricáveis". Com base no que escreveram William James e o próprio Augusto Meyer, conclui-se que há certas pessoas, excepcionais neste ou naquele sentido, que passam por um "segundo nascimento". Carpeaux lembra até o que foi dito a Nicodemus no Evangelho de São João: "Quem não chegou a nascer outra vez não poderá ver o reino de Deus." E este seria o caso de Machado de Assis, o mais flagrante *twice-born* de nossa literatura, como o foi também o de Manuel Bandeira, cujo simbolismo da primeira fase de sua produção não sobrevive na poesia madura do autor como pós-simbolismo, e sim como afinação do instrumento técnico-poético. E remata Carpeaux: "Eis a grandeza do poeta, que quase morreu fisicamente para renascer no espírito. Não é possível explicar deterministicamente essa 'mutação', tão misteriosa como aquela pela qual Machado de Assis passou entre 1878 e 1881." Enfim, "Manuel Bandeira também é um *twice-born*".

A coletânea desses ensaios inéditos em livro inclui ainda dois textos admiráveis sobre poetas: "Meu Dante" e o longo prefácio que o autor escreveu para a edição brasileira do *Fausto*, de Goethe. Há no início daquele primeiro uma observação que jamais me ocorrera e que nos remete ao caráter emblemático e seminal da poesia de Dante Alighieri: "É, ao que se saiba, a única grande figura da história humana que nunca um desenhista ousou caricaturar." Isso diz bem do respeito quase venerando com que ainda hoje (e eu diria para todo o sempre) lemos os versos da *Commedia*, essa trama cerrada e coesa de terzinas concebida a partir de um esquema de rimas tão ferrenho "para que ninguém pudesse tirar nem acrescentar um único verso". Dante é "numinoso", escreve Carpeaux, e tornou-se, "em todos os séculos, o único leigo, e não canonizado como santo, ao qual foi dedicada uma encíclica papal: em 1921, no seiscentésimo aniversário de sua morte". Confessa-nos ainda o ensaísta que, quando de sua primeira visita a Florença, foram os pequenos ladrilhos de mármore com dizeres relativos a acontecimentos ou personagens históricas relacionados com as ruas e os prédios daquela cidade, os quais reproduzem versos da *Commedia*, que lhe "ensinaram o realismo histórico de Dante: a identidade do Inferno com a vida turbulenta, odiosa e vingativa do *Trecento* em Florença, a identidade da vida de Dante com o Purgatório e, em sua fé católica e filosofia escolástica, a realidade do Paraíso". Carpeaux nos diz também de seu pasmo diante da perfeição formal do poema e da compreensão existencial que deve ser a base da interpretação estrutural dessa obra: "É o reconhecimento do impiedoso realismo dantesco, mas sem esquecer que se trata de poesia, de 'fantástico' no sentido de Croce: não *fancy* — que Coleridge condenava — mas *imagination* estruturada como se fosse realidade. Este já não é *meu* Dante, mas meu *Dante*."

Como se sabe, Goethe trabalhou mais de sessenta anos na elaboração do *Fausto*, livro que reúne "todos os sentimentos, angústias, ideais, projetos, experiências do poeta, de modo que se trata, quase, de uma obra autobiográfica". É com estas palavras que Carpeaux inicia o seu longo prefácio à edição do *Fausto* publicada entre nós em 1948, com tradução de Antônio Feliciano de Castilho. E há ainda neste primeiro parágrafo um trecho que exige ser transcrito na íntegra para que possamos compreender o significado mais profundo da obra:

Ora, Goethe não pode ser modelo poético ou modelo humano para todos os indivíduos e para todos os tempos, porque nenhuma criatura humana é capaz de encarnar uma significação tão universal; mas é indubitavelmente o exemplo supremo de certa fase da civilização ocidental, entre o século XVIII e o século XIX — da época da ilustração, conquistando a liberdade absoluta do pensamento e sentimento humanos; do romantismo que encontrou o sentido da literatura na expressão completa da personalidade livre, até o realismo que estabeleceu como fim desse individualismo a volta à sociedade de homens livres, a ação social — fase que ainda não acabou.

E conclui: "Com efeito, o *Fausto* é a *Divina comédia* dos tempos modernos. Goethe é o Dante moderno."

Escreve ainda Carpeaux: "É a obra mais complexa do mundo, mistura incrível de todos os estilos, e isso se explica só pela maneira como foi escrita a obra", que, composta ao longo de mais de meio século, acompanha e exprime "todas as mudanças estilísticas e filosóficas dessa longa vida literária", de modo que seria preciso "acompanhar a história do *Fausto* através daqueles anos de estudo e trabalho, para esclarecer a coerência da obra". E quando esta foi afinal publicada na íntegra, em 1832, "eram na verdade quatro obras, penosamente ligadas: a tragédia filosófica de Fausto; a tragédia realista de Margarida; a tragédia grega de Helena; e uma tragédia barroca". A esse respeito, sublinha ainda Carpeaux: "Quatro estilos e quatro sentidos: a falta de homogeneidade de *Fausto* é o defeito do próprio plano. E é possível explicar e compreender toda cena e cada uma das partes integrantes sem compreender bem o sentido do conjunto. *Fausto*, apesar de parecer completo, é um torso." Não obstante, assegura-nos o ensaísta, Goethe "restituiu a Fausto a dignidade de grande filósofo, desejoso de revelar os mistérios do Universo", e o pacto com o diabo "só podia servir, evidentemente, como símbolo do titanismo que não recua ante a apostasia para satisfazer às suas angústias religiosas". Mas a obra é extensa demais, e caberia cortar cenas inteiras para que o texto alcançasse viabilidade dramática. Seria antes, portanto, uma bela obra para leitura. Mas a "impressão da leitura não é muito diferente", adverte Carpeaux, segundo quem o *Fausto* "tampouco é um drama para ser lido"; é, isto sim, "uma mistura singular de poesia dramática, poesia épica, poesia lírica, de desigualdade desconcertante: trechos que são dos maiores que a literatura universal possui alternam com outros, de inferioridade evidente".

No que concerne à atualidade do *Fausto*, há uma curiosa observação do ensaísta a propósito de uma passagem do Ato 1 da Segunda Parte do drama. Trata-se da festa na corte de Weimar, no fim da qual surge Pluto, o deus da riqueza, que distribui ouro e jóias em meio aos fogos de artifício. No dia seguinte, esses tesouros fantásticos já desapareceram, mas o milagre acontece: todos se tornaram ricos. Escreve Carpeaux: "Alguém inventou o uso cômodo daqueles tesouros, enterrados nas montanhas, sem o trabalho de desenterrá-los, emitindo o imperador pequenas folhas de papel que constituem dinheiro simbólico, garantido pela exploração futura das montanhas." Diz-se que Goethe aludiu aqui aos *assignats* da Revolução Francesa, mas a alegoria, esclarece o ensaísta, "é de significação muito mais geral, descrevendo-se com penetração admirável do assunto as conseqüências da inflação de papel-moeda — e desde aqueles dias o primeiro ato da segunda parte do Fausto não perdeu nada em atualidade". Outra notável antecipação ocorre no Ato 4, quando Goethe profetiza o advento do imperialismo e das guerras imperialistas. Pondera Carpeaux: "E da mesma maneira como aquela profecia foi inspirada por um acontecimento contemporâneo, a emissão dos *assignats*, assim a profecia do imperialismo inspirou-se nas guerras napoleônicas."

O diabo estará também presente nos ensaios que Carpeaux escreveu sobre Thomas Mann e Franz Kafka. No primeiro deles, "Antes e depois de Leverkühn", o autor nos remete às origens da personagem nuclear do *Doutor Fausto*. Calcado na vida e no atormentado temperamento do compositor Kreisler, gênio demoníaco e meio louco que causou funda impressão em Schumann, Berlioz, Wagner, Brahms, Hugo Wolf e Mahler, Thomas Mann modela o caráter do seu Adrian Leverkühn, um compositor diabólico e tipicamente alemão que, como Fausto, fará um pacto com Mefistófeles. Observa Carpeaux: "Esse Leverkühn é um Kreisler transcendental. Corrompe tudo, assim como a Alemanha nazista está corrompida", sustentando adiante que a "música, no romance de Mann, é a arte diabólica da nação diabólica, e juntamente com esta nação ela desaparecerá". Ao referir-se, em 1963, aos tempos da "guerra fria" que se seguiram ao fim do regime hitlerista, Carpeaux dizia temer a chegada de um dia em que uma partitura de Bach ou de Beethoven não passasse "de um farrapo de papel coberto de sinais cabalísticos e incompreensíveis". E, nesse dia, a vida, sem ter perdido a sua existência biológica, teria perdido o sentido. Nesse dia, remata o ensaísta, "o diabo teria conseguido o que não conseguiu enlouquecendo Leverkühn e sua nação. Já o sabia Gogol e já o sabiam, antes, os demonólogos medievais: aparecer no lugar mais inesperado e no disfarce mais inofensivo é a suprema astúcia do príncipe das trevas, das trevas sem música".

Esse mesmo diabo irrompe nas páginas dos dois ensaios em que Carpeaux analisa a obra de Franz Kafka: "Fragmentos sobre Kafka" e "O silêncio de Kafka". Naquele primeiro, escreve o ensaísta: "De Kafka tratava o meu primeiro artigo que publiquei no Brasil — e lembro-me, não sem certo orgulho, que foi o primeiro artigo que se publicou sobre Kafka no Brasil — e ele não me largou mais." Carpeaux nos garante que aquele aforismo de Pascal — "Jesus estará em agonia até o fim do mundo" — foi interpretado por Kafka "como desmentido à fé dos cristãos na ressurreição e que, para ele, a agonia do mundo foi um fenômeno eterno, excluindo não apenas a ressurreição, mas também a própria morte". E essa agonia perpétua do mundo é o tema de toda a obra de Kafka, "mistura de naturalismo exato e símbolos ameaçadores" que "sugere antes uma interpretação diabólica", pois que seu credo é o da "existência de um outro mundo atrás do nosso mundo, quer dizer, a ambigüidade de todos os fenômenos". Diz ainda Carpeaux que a "incomensurabilidade do mundo material e do mundo espiritual" é que caracteriza a atmosfera das novelas kafkianas, nas quais "só o mundo espiritual existe; o chamado mundo material é a encarnação do Demônio", ou seja, como pretende Carpeaux, "a ordem do Universo de Kafka está perturbada porque corpos e objetos materiais aparecem entre os espíritos". A justiça mais absurda, como em *O processo*, e a burocracia mais mesquinha, como em *O castelo*, "seriam transformações de executores da ira divina contra a humanidade culpada". De acordo com Carpeaux, entretanto, o próprio Deus de Kafka está "transformado" e poderia ser até o próprio diabo, mas, "no fundo, é só um gigantesco limpa-chaminés", tal como o escritor o via na infância, quase preto de fuligem, nas ruas encardidas e enlameadas de Praga.

A presente coletânea dos ensaios inéditos de Carpeaux termina com o monumental prefácio que ele escreveu em 1971, sob o título de "Vida, obra, morte e glória de Hemingway", para uma edição brasileira de textos sobre a vida e a obra daquele escritor norte-americano, cuja biografia remete o leitor às distintas e diversas paisagens por onde perambulou o autor e às muitas experiências pessoais por que passou: "o Middle East dos Estados Unidos e o Quartier Latin de Paris, as florestas virgens da África e as cidades antigas da Itália, os campos de batalha da França e da Bélgica, as *plazas de toros* da Espanha, o mar de Cuba e o mar da Grécia, duas guerras mundiais e a guerra civil espanhola, quatro casamentos e não se sabe quantos outros *affaires*; nem sequer falta um grave desastre de avião, nem, como remate, a morte trágica". Filho de um suicida, e ele próprio também suicida, Hemingway foi, como o define Carpeaux, alguém que confessou, "em todas as suas manifestações, o niilismo mais cínico, de desilusão total, de ironia cruel, de brutalidade violenta, de homem que não acredita em nada, nem na pátria, nem no amor, nem na amizade, e que só obedece a um único código de valores, ao da sua integridade de individualista, sozinho no mundo". Embora se possa vislumbrar atrás dessa máscara de homem rude um certo e esquivo romantismo sentimental, Hemingway revelará sempre o caráter de alguém que foi "cruelmente decepcionado".

Carpeaux transita com imensa desenvoltura por toda a obra ficcional e jornalística do autor, detendo-se mais enfaticamente em três de seus romances — *O sol também se levanta*, *Adeus às armas* e *Por quem os sinos dobram* —, admitindo ser este último, dentre todos os que escreveu, "aquele que é mais romance no sentido tradicional do gênero, aquele que mais prende e emociona o leitor", seja o leitor intelectual, que se reconhece no engenheiro norte-americano que abraçou a causa republicana durante a guerra civil espanhola, seja o leitor comum, que exige um enredo fascinante. E toda a história está temperada pelo sentimento de solidariedade que o escritor tomou de empréstimo ao poeta "metafísico" John Donne: "E por isso nunca queiras saber por quem os sinos dobram; eles dobram por ti." Carpeaux destaca também o talento de Hemingway para a *short story*, colocando-o ao lado dos maiores contistas da literatura universal, como Cervantes, Maupassant, Tchekhov e Pirandello. Em um desses contos, "O velho na ponte", o escritor parece nos dar um exemplo paradigmático daquele "conto sem enredo" que Tchekhov levou ao último estágio da perfeição literária, daquele conto que se nutre apenas de sua "atmosfera", mas ocorre que em "O velho na ponte" essa atmosfera "inclui toda a história que a precedeu, a vida calma do povo espanhol e a violência da guerra civil, inclui o fim trágico que se aproxima".

E trágico será também o fim do próprio Hemingway, cujo suicídio explica de certa forma a sua glória, pois ele nos deu, em *O velho e o mar*, "uma lição de como se deve viver (e morrer)", gozando todos os instantes de sua vida até o fim, "como um Fausto moderno", mas que nunca se esquece de que "sua meta é a morte e que a realidade inelutável da morte desvaloriza a vida". A esse propósito, escreve Carpeaux: "Hemingway, esse homem de vitalidade enorme, é especificamente o escritor, quase, eu diria, o poeta da morte." E assim é porque compreendeu agudamente que o nosso destino, em um mundo que não significa nada, é a solidão. E Hemingway, como salienta o ensaísta, descreveu como ninguém a solidão, que é elemento essencial de todas as suas obras e de sua vida: foi como jornalista, correspondente no estrangeiro, homem solitário entre gente estranha; descreveu a solidão do desertor, vendo-se de repente limitado ao seu esforço de homem que abandonou tudo e está abandonado; a solidão no amor, em que duas criaturas se fundem e ficam, no entanto, impenetráveis uma para a outra, separadas para sempre até no momento de união total; a solidão do pescador, nas montanhas ou em alto-mar; a solidão do matador que, na presença da inumerável massa humana, enfrenta sozinho o touro e a morte; enfim, a solidão em que cada um de nós terá de morrer, pois neste caminho para baixo ninguém nos acompanhará.

Carpeaux conclui seu esplêndido ensaio com a fina e astuciosa observação de que o "niilismo essencial de Hemingway é a base de seu estilo simples, lacônico, abrupto, coloquial, que inúmeros escritores do nosso tempo imitaram". Não se trata, acrescenta o autor de *Origens e fins*, da "rudeza de um repórter do Middle East norte-americano, mas antes uma alta virtude da prosa inglesa: o *understatement*, o esforço para sempre dizer o que se pensa com um mínimo de palavras, sem eloqüência e sem grandiloqüência, não deixando perceber a emoção íntima". Uma virtude e um esforço que talvez possamos creditar, também, à multiforme e gigantesca prosa doutrinária que nos legou Otto Maria Carpeaux.

2005

Quem tem medo de Lêdo Ivo?[8]

Para que se possa entender a poesia de Lêdo Ivo como ela deve (e urge) ser entendida, convém que a leiamos à luz de umas tantas considerações que me parecem cruciais e que se vinculam ao fato de que o autor não é apenas poeta, mas também ficcionista (bastaria lembrar aqui o romance *Ninho de cobras* ou alguns de seus contos para consagrá-lo como tal), ensaísta (*O preto no branco, O universo poético de Raul Pompéia* ou *Teoria e celebração* são, no mínimo, estudos exemplares) e memorialista (*Confissões de um poeta*, por exemplo, é obra fundamental e quase solitária em nossa literatura). E há que levar em conta, ainda, sua condição de arauto — ou mesmo de principal fundador e mais legítimo representante — da Geração de 45, que reagiu contra os desmandos e os equívocos do movimento modernista de 1922 e que não constitui, necessariamente, como a carac-

---
[8]Prefácio à edição da *Poesia completa* (1940-2004), de Lêdo Ivo, Rio de Janeiro, Topbooks/Braskem, 2004.

terizaram certos setores da crítica, uma espécie de terceiro tempo do Modernismo, e sim uma oposição a este. Se me refiro aqui a essa filiação, que de resto foi efêmera, faço-o apenas porque ela nos deixa alguns indícios no que toca a uma certa opção estética por parte do autor. E não se pode, afinal, entender a opulência e a diversidade da poesia de Lêdo Ivo se não levarmos em conta o homem vário, complexo e inquieto que se move sem cessar por detrás de cada um de seus versos.

Seria bom advertir, por outro lado, que a época em que Lêdo Ivo se forma como escritor coincide com o período imediatamente posterior àquele durante o qual emergiram os principais herdeiros do Modernismo — Carlos Drummond de Andrade, Murilo Mendes, Cecília Meireles, Vinicius de Moraes e Jorge de Lima —, ou seja, os que escaparam à datação literária da década de 1920. O desafio do poeta, como também o da geração a que pertenceu, era então o de buscar uma identidade pessoal que lhe permitisse afastar-se da área de influência daqueles grandes poetas dos anos 30, os quais, é bom que se diga, já encontraram um terreno limpo do hieratismo parnasiano e da evanescente música simbolista, que nada tinha a ver com aquela "*music of poetry*" de que nos fala T. S. Eliot.

Reconheça-se de pronto que a tarefa dos poetas que começaram a escrever e publicar na década de 1940 — como, entre outros, Lêdo Ivo, João Cabral de Melo Neto e Ferreira Gullar — era bem mais árdua do que aquela que realizaram seus antecessores. O que teria prevalecido nessa época — e o digo no condicional porque a ela não pertenci como autor — poderá até sugerir a terra desolada de um esgotamento de matrizes literárias. E a sensação que me assalta no que concerne ao papel desses poetas remete um pouco à situação em que se encontrava Baudelaire com relação aos seus antecessores e que assim foi definida por Valéry em célebre ensaio sobre o autor de *Les fleurs du mal*: "O problema de Baudelaire podia então — devia então — colocar-se assim: ser um grande poeta, mas não ser nem Lamartine, nem Hugo, nem Musset." *Mutatis mutandis*: não ser, para esses poetas da década de 1940, nem Drummond, nem Vinicius, nem Murilo...

No caso específico de Lêdo Ivo há algumas outras considerações que cabem ser feitas. Em primeiro lugar: a de que, como ocorre com Jorge de Lima, ele vem do Nordeste, mais precisamente de Alagoas, assim como o autor da *Invenção de Orfeu*. Ou seja, vem de uma região cujos autores, quando transplantados para os grandes centros urbanos do país, jamais se esquecem de suas origens, ou mesmo da ancestralidade histórica e cultural em que estão enraizados. Por isso mesmo, com raras exceções, suas obras têm muito de memorialismo e de regionalismo. E assim foi, entre outros, com Graciliano Ramos, José Lins do Rego, Rachel de Queiroz e João Cabral de Melo Neto. O nordestino não esquece a sua terra e, mais do que esta, a sua infância. E há ainda que se pensar no seguinte: foi no Nordeste, sobretudo graças ao romance que lá se escreveu durante os anos 30, que mais ferozmente se manifestou a reação ao ideário modernista cunhado pelos moços de São Paulo. Registre-se, pois, esta distinção seminal: enquanto os teóricos do movimento modernista estavam muito mais próximos daquilo que poderíamos entender como espírito, os escritores nordestinos eram, acima de tudo, alma, a começar por esse "humilde" *homo qualunque* que foi Manuel Bandeira, sombra tutelar de toda a nossa poesia moderna, e não exatamente modernista, como depois se veria.

Lêdo Ivo é fruto desse ambiente nordestino, desse *melting pot* cujas mais remotas raízes nos remetem ao sangue que corria nas veias dos índios caetés. É por isso que ele escreve em *Confissões de um poeta*: "E por um momento me sinto vivo e completo, fruto consumado do arcadismo português com a antropofagia dos caetés alagoanos que, ao comer o bispo Dom Pero Fernandes Sardinha, na verdade queriam assimilar toda a Europa." E isso nos leva a compreender um pouco melhor a nostalgia telúrica que perpassa boa parte de sua poesia, como também ocorre com a que escreveu João Cabral de Melo Neto, embora sob enfoque inteiramente distinto, já que Lêdo Ivo é, acima de tudo, um lírico elegíaco, ao passo que o autor de *Morte e vida severina* seria um realista antilírico. E, se emparelho ambos, é porque estréiam como poetas quase ao mesmo tempo: Lêdo Ivo, em 1944, com *As imaginações*, e João Cabral, dois anos antes, com *Pedra do sono*. E também porque, cada qual ao seu modo, transcendem os limites escolásticos da geração na qual se encontram historicamente inseridos.

Tudo o que acima se afirmou nos conduz a uma outra questão seminal: a da formação intelectual e literária de Lêdo

Ivo, que, como no caso de João Cabral, pouco deve à pedanteria erudita dos círculos universitários. São ambos autodidatas e de constituição algo assimétrica. Boa parte dessa formação pode ser rastreada nas páginas das *Confissões de um poeta*, graças às quais se sabe que Lêdo Ivo foi um leitor voraz e obstinado, condição a que jamais renunciou pela vida afora e que lhe confere o *status* de um dos derradeiros e mais autênticos homens de letras deste país em que pouco se lê. E Lêdo Ivo lia tudo o que lhe caísse nas mãos, desde as histórias de piratas e tesouros escondidos de Emilio Salgari até os *Essais* de Montaigne. É claro que não se trata do caso de uma leitura orientada por nenhum mestre, e chego a pensar que antes assim do que se o fosse por alguém que lhe impusesse, talvez arbitrariamente, algo que contrariasse as vertentes mais profundas e irredutíveis de sua alma. Se me detenho um pouco sobre essa formação, é porque me aferro à convicção de que um verdadeiro poeta nasce poeta, mas não nasce pronto como tal. É longo o aprendizado de qualquer escritor, e longo foi o de Lêdo Ivo, muito embora sua estréia como poeta seja precoce, mais exatamente aos vinte anos, mas com uma obra que já prefigura a singular espécie de poeta em que se converteria. Um poeta que, embora nos diga: "Deus não perdoará os que escrevem mal — os que, na Terra, ofenderam a Linguagem", será capaz de afirmar, em seu último volume de versos, *Plenilúnio*, que nenhuma língua pode aspirar à condição de ser sua pátria, pois

> *Ela serve apenas para que eu celebre a minha grande e*
> *[pobre pátria muda,*
> *minha pátria desintérica e desdentada, sem gramática e*
> *[sem dicionário,*
> *minha pátria sem língua e sem palavras.*

Conquanto viesse a ser mais conhecido como um poeta da medida e de uma aguda consciência métrica, Lêdo Ivo estréia em 1944 com uma poesia desmedida, torrencial e de ritmos quase bíblicos. Estamos no reino das "imaginações", das fantasmagorias e iluminações rimbaudianas, do tributo à respiração elegíaca de Rilke, ao surrealismo de Murilo Mendes e ao lirismo coloquial daquelas esplêndidas *Cinco elegias* que Vinicius de Moraes escreveu em 1943. Mas as *Cinco elegias* são, a rigor, contemporâneas das duas primeiras obras de Lêdo Ivo, de modo que não caberia aqui situá-lo sob a influência direta da grande lamentação de Vinicius. Ocorre que a poesia que nelas se encontra em ato já está latente em *Forma e exegese* (1935) e *Ariana, a mulher* (1936), que decerto terão exercido certo fascínio sobre o autor de *As imaginações*, como o atestam os poemas "Adriana e a poesia", "Justificação do poeta" e "Descoberta de Adriana".

Mas este primeiro livro já traz, bem ou mal, o timbre personalíssimo da dicção de Lêdo Ivo, visível em dois poemas de funda emoção: "Poema em memória de Éber Ivo" e, mais do que este, o admirável "Valsa fúnebre de Hermengarda". E aqui já seria o caso, pois se trata de um prenúncio que o correr do tempo iria confirmar, de alertarmos o leitor para um outro procedimento característico do poeta: Lêdo Ivo deve ser compreendido, também, à luz do excesso, de uma prestidigitação retórica e de uma linguagem encantatória que são apenas e singularmente suas. Se não o fizermos, consideráveis segmentos de sua vasta e polifônica produção poética correm o risco de permanecer indecifrados e, o que é mais grave, distantes da estima de que são merecedores.

A amplitude do sopro lírico, ainda sob a influência da solenidade celebratória de Rilke e mesmo do coloquialismo de Vinicius, acentua-se ainda mais em *Ode e elegia* (1945). O poeta parece conter-se nos decassílabos brancos da "Ode", mas logo em seguida se distende nos versos desmedidos da "Elegia" e dos demais poemas do volume. É funda a preocupação metafísica que impregna o tecido de quase todas essas composições, nas quais, a par daquele lirismo cotidiano, aflora o anelo de uma alma que busca a dissolução cósmica. O autor confirma nestes poemas seu domínio sobre o verso longo, um verso quase claudeliano, até mesmo por seu inequívoco sentido de religiosidade, aos quais recorrerá pouco depois em *Ode ao crepúsculo* (1946) e *Ode equatorial* (1950).

Toda essa produção inicial da poesia de Lêdo Ivo aponta, entretanto, para um enigma. É que ela não atende, como seria de supor, às exigências formalistas — e, muito menos, doutrinárias — do ideário da Geração de 45, cujos pressupostos estéticos nos remetem à necessidade de retorno aos cânones de um certo e mitigado classicismo, de resgate das formas fixas e das medidas métrico-rímicas contra as quais investiu o Modernismo, e até mesmo de recuperação de um comportamento que seria antes apolíneo do que dionisíaco. E nada há que recorde tais pressupostos na poesia que Lêdo

Ivo escreveu entre 1944 e 1950, à exceção de *Acontecimento do soneto* (1946). A maior parte desses poemas é antes tributária do visionarismo surrealista, do lirismo coloquial, do dilaceramento ontológico e metafísico, do experimentalismo formal de novos ritmos e até mesmo de uma redescoberta do catolicismo que caracterizam a poesia que se escreveu entre nós durante a década de 1930 e no início da de 1940.

Meditemos agora sobre a exceção à regra, ou seja, sobre *Acontecimento do soneto*, essa adesão fugaz aos pressupostos estético-doutrinários da Geração de 45. O primeiro poema do livro é, de fato, quase uma profissão de fé e um comovido elogio à lírica camoniana:

> *Sôbolos rios que cantando vão*
> *a lírica imortal do degredado*
> *que, estando em Babilônia quer Sião,*
>
> *irei, levando uma mulher comigo,*
> *e serei, mergulhado no passado,*
> *cada vez mais moderno e mais antigo.*

Curiosamente, entretanto, não é neste livro que se encontram as maiores realizações de Lêdo Ivo no âmbito do soneto. Estas viriam mais tarde, com a maturação do gosto e do próprio estilo do autor. Ainda assim, não podem ser esquecidos pelo menos dois exemplos que comprovam a perícia do poeta no que toca ao difícil e traiçoeiro exercício dessa forma literária: "Soneto da grande lua branca" e "Soneto da aurora". A cadência decassilábica e os esquemas rímicos de

Ode à noite, desse mesmo período, também não devem ser vistos, a rigor, como um procedimento característico da Geração de 45 porque, muito mais do que um compromisso de adesão escolástica, o poema pode ser entendido nos termos de uma meditação sobre os fundamentos do ser.

É bem de ver, a propósito, que a rima e o metro decassilábico não são exclusivos de nenhuma escola ou movimento literário, mas apenas recursos técnicos de que se servirão os poetas enquanto existir a poesia. Ademais, não seria aconselhável que, em nome da transgressão estética, se criasse um anticonvencionalismo que acabaria por se converter, ao fim de contas, em outro convencionalismo. Não é na pura troca de sinais que se concebe algo de novo, desse novo que é, como o sabemos, às vezes mais velho do que o próprio velho. Quero crer que a poesia que Lêdo Ivo escreveu nessa época é apenas geracional no que respeita a certas preocupações, mas não todas, do grupo literário a que pertenceu, e aqui me refiro à reação contra o clima de desleixo da forma que dominou a primeira fase modernista, à busca do equilíbrio e à reflexão sobre o humano e o universal, em troca daquela obsessão nacionalista de que se nutriram os poetas da década de 1920. E restaria ainda ponderar, no que concerne ao emprego de metros tradicionais de que se valeu Lêdo Ivo, que há em todos os grandes poetas um elemento vestigial daquilo que se pode definir como a "idéia parnasiana", apesar do que supõem os espíritos simplistas de limitações escolares.

Mas já na *Ode equatorial* (1950) e em *Cântico* (1951), o poeta retornará ao verso livre de larga respiração e de cunho celebratório. Como Rilke, aliás, Lêdo Ivo é um poeta da celebração dionisíaca, muito embora o deus daquele primeiro não seja propriamente Dioniso, mas sim Orfeu, que começa a cantar a partir da experiência da morte. É Lêdo Ivo já então poeta maduro, senhor absoluto de seus recursos e de todos os meios que lhe oferece o reino ambíguo da poesia. Não surpreende assim que o título da coletânea que se segue, *Linguagem* (1951), nos sugira uma vivência metalingüística. Mas nem tanto. Ainda aqui o que lhe interessa é a vida, com suas imundícies e podridões, com seu ácido caráter de corrosão, o que irá intensificar-se na poesia que ele escreveu mais adiante. É em *Linguagem* que se aprofunda, também, o seu sentido de eternidade, embora esteja este dialeticamente acompanhado da convicção que tem o poeta de que somos apenas criaturas transitórias. E essa tensão entre os opostos, já glosada por Heráclito de Éfeso no século VII a.C., aflora nos primeiros quatro versos do soberbo "Soneto da comparsaria":

> *A mão da morte pousa no meu ombro*
> *onde uma cicatriz transborda.*
> *E eu, que sou transitório, vivo o assombro*
> *da rotina do eterno que me aborda.*

É também em *Linguagem*, apesar dos prenúncios que se insinuam em obras anteriores do autor, que começam a ganhar corpo certos temas recorrentes da poesia de Lêdo Ivo, como os do mar e de tudo o que com ele se relaciona, da morte, da infância, da corrosão e do apodrecimento de todas as matrizes da vida, da fugacidade do tempo, da memória que tudo incorpora e metaboliza, da sordidez da existência e de seus aspectos mais crus e repugnantes, do amor físico e sempre levado às raias do erotismo, da solidão e do silêncio que reinam nas profundezas do céu e do mar. Enfim, é quase infinita a constelação temática que inerva a poesia polifônica de Lêdo Ivo.

Os poemas de *Um brasileiro em Paris* (1955) atestam, de forma cabal, até que ponto o autor, contrariando sua tendência natural ao excesso, foi capaz de conter-se dentro de austeras medidas métricas regulares, mas, mesmo aqui, é grande a diversidade dessa prática, já que ela abrange os versos de cinco, seis, sete, oito, nove, dez e onze pés, revelando o inexcedível domínio que tem Lêdo Ivo sobre seus meios de expressão. Prova disso são os esplêndidos pentassílabos de "Honfleur", os hexassílabos de "Um brasileiro em Paris", "Primavera em Londres", "Alfabeto", "Ópera" e "Riviera", as redondilhas de "O rei da Europa", os octossílabos de "Constelação" e "O sol dos amantes", os decassílabos de "Sentimento europeu", "A visão" e "Jorrar" (ambos em tercetos brancos, forma de que irá servir-se o poeta inúmeras vezes e que revela dominar à exaustão), "Mapa da cólera", "Soneto de verão", "Homenagem a Lorca" e "Guadalquivir", os hendecassílabos de "O colóquio entre plátanos" e, afinal, os alexandrinos de "Domingo no postal".

Alguém poderia argüir que, aqui sim, Lêdo Ivo sucumbiu às exigências formalistas da Geração de 45. Mas prefiro dizer que ele apenas se curvou ao rigor, e não à rigidez do espartilho métrico. É neste livro, também, que o poeta começa a se abrir para as paisagens do mundo, numa peregrinação andarilha à qual jamais renunciará. Sua poesia torna-se quase visual, e cada um desses poemas retrata antes uma cena. Esse "brasileiro em Paris", que a si próprio se coroou "rei da Europa", envereda então pelas vertentes do cromatismo e da fanopéia. E bastaria neste livro um único verso para atestar-lhe a condição de altíssimo poeta:

> *Desabo em ti como um bando de pássaros.*

Rimbaud poderia assiná-lo. E talvez assinasse também os três últimos versos do poema a que ele pertence e que leva o sintomático título de "As iluminações":

> *Muda-se a noite em dia porque existes,*
> *feminina e total entre os meus braços,*
> *como dois mundos gêmeos num só astro.*

De *Magias* (1960) em diante o que se vê é a plena cristalização de todos os procedimentos e recursos de que o poeta sempre dispôs e dos quais se valeu com notável eficácia, pois se trata de artista que, como poucos, soube instrumentar-se para levar a cabo seu ofício. E nem caberia exaltar-lhe tamanho domínio técnico, e sim uma ambição ainda maior: a que ele desde sempre alimentou no que toca à senhoria do feudo literário. Mas algo começa a mudar: sua visão do mundo. É em *Magias* que sobem à cena, já agora de maneira irrecorrível, suas preocupações com a morte, com o sentido mais profundo da eternidade e com os aspectos caducos, não raro náuseos e corrosivos, da existência de todas as coisas e todas as criaturas. O primeiro quarteto do "Soneto dos trinta e cinco anos" já pode ser visto como indício dessa metamorfose:

> *Estou além da morte, como os mortos.*
> *Nesta absurda aventura sem sentido*
> *que é a vida, e o seu vento desvivido,*
> *sou antes dos navios, como os portos.*

Esse convívio com a morte pode ser percebido em poemas como "Ofício da mortalha", "Notícia do sábado magro", "O homem e a chuva" e "A Eustáquio Duarte". O cromatismo visual a que já aludimos retorna nas pinceladas gauguinianas de "O navio cheio de bananas". E é também em *Magias* que se constela na poesia de Lêdo Ivo o rastejante elenco desses animais, sobretudo répteis e insetos, que estão associados à putrefação e a todas as formas de envenenamento daquilo que poderíamos chamar de "*douceur de la vie*", como aranhas, lacraias, caranguejos e alguns outros que, como se verá adiante, têm passe livre na poesia do autor.

Sempre que se detém na análise dos aspectos mais hipócritas e escorregadios da vida em sociedade, Lêdo Ivo revela uma mordacidade cáustica e rascante, e quem o conhece mais de perto poderá avaliar quão exímio usuário ele se fez dessa prática deletéria, que é velha na poesia de língua portuguesa, tanto assim que remontam ao século XIV aquelas deliciosas cantigas de escárnio e maldizer. Surpreende assim que, em *Estação central* (1964), o poeta, fora desse âmbito, se (nos) conceda uma trégua ao deplorar, em alguns poemas, as vicissitudes a que o povo brasileiro sempre esteve submetido. Lembre-se, muito a propósito, que tais poemas foram escritos na época que antecede o golpe militar de 1964. E no primeiro deles, "Primeira lição", lê-se:

> *Um dia num muro*
> *Ivo soletrou*
> *a lição da plebe.*
> *E aprendeu a ver.*
> *Ivo viu a ave?*
> *Ivo viu o ovo?*
> *Na nova cartilha*
> *Ivo viu a greve*
> *Ivo viu o povo.*

Essa preocupação com o descompasso social faz-se visível, ainda, em poemas como "As olarias de Satuba", "É preciso mudar a vida", "Meu nome é multidão", "Aula no domingo", "Segunda lição", "Perguntas", "A marmita", "Terceira lição", "Quarta lição" e, até certo ponto, "O rei Midas". Mas essa adesão é breve, e não cabe muito aqui especular sobre as razões que logo o afastaram dessa poesia socialmente engajada da qual Ferreira Gullar e Moacyr Félix se tornaram os grandes porta-vozes. Ainda em *Estação central*, Lêdo Ivo volta ao esboço daquelas cenas urbanas que são como vívidas impressões de viagem, como o comprovam, entre outros, os poemas "Outono em Washington", "Ohio", "Chicago", "Em São Francisco da Califórnia", "Nova Iorque", "Os cemitérios", "Ode à sucata" (um dos temas mais recorrentes da poesia que Lêdo Ivo escreveu a partir de então é, justamente, o do lixo que o homem deixa como herança de sua passagem pelo mundo) e, mais do que estes, o estupendo "As velhinhas de Chicago", das quais também iria ocupar-se o atento e deambúlico Teseu do Carmo em *Confissões de um poeta* e *O navio adormecido no bosque*. E não se pode esquecer, quase ao final do volume, o admirável poema que leva o título de "O montepio", no qual, por meio de sucessivas operações de exclusão, sabe-se que um pai não deixa ao seu filho nenhuma espécie de herança pecuniária. Deixa-lhe uma outra, talvez sem serventia: "Deixa-lhe palavras."

E eis que chegamos a *Finisterra* (1972), uma das obras mais importantes de toda a poesia brasileira que se escreveu na segunda metade do século XX. É, por assim dizer, o livro que marca o regresso definitivo do autor às suas origens e, talvez, o mais comovido dentre os que nos deixou até agora. E esse retorno ao paraíso perdido da infância estará presente, em maior ou menor grau, em todas as demais coletâneas poéticas que ainda iria publicar. Esta *Alagoa Australis* lembra um pouco aquele mote francês que, com o sentido às avessas, figura na divisa heráldica que Maria Stuart, rainha da Escócia, mandou inscrever em seus estandartes e que depois foi glosado por T. S. Eliot em *East Coker*, o segundo dos *Quatro quartetos*: "Em meu fim está meu princípio." E diria este mesmo Eliot: "Pátria é de onde se vem." Em "Minha pátria" dirá Lêdo Ivo:

> *Minha pátria é a água negra*
> *— a doce água cheia de miasmas —*
> *dos estaleiros apodrecidos.*
> *Vindo das ilhas inacabadas,*
> *nunca aprendo a separar*
> *o que é da terra e o que é da água.*

E até o "sangue escuro da raposa" que morre no primeiro capítulo de *Ninho de cobras*, sem ter a consciência de que chegara o seu fim, pertence a essa pátria, como a ela também pertencem aqueles animais que parecem ter fugido de um bestiário armorial e que, como já dissemos, irão povoar, daqui em diante, muitos dos poemas de Lêdo Ivo, um dos quais, "Os morcegos", ainda em *Finisterra*, é no mínimo excepcional. Dizem seus últimos versos:

> *Mas o morcego, dormindo como um pêndulo, só guarda o dia ofendido.*
> *Ao morrer, nosso pai nos deixou (a mim e a meus oito irmãos)*
> *A sua casa onde à noite chovia pelas telhas quebradas.*
> *Levantamos a hipoteca e conservamos os morcegos.*
> *E entre nossas paredes eles se debatem: cegos como nós.*

A lesma, a coruja, a formiga, a barata, a caranguejeira, o goiamum, o escorpião, o gorgulho e todo aquele elenco de pequenas criaturas que serpeiam a que acima aludimos são os emblemas dessa infância que jaz perdida nos mangues, nos trapiches, nos navios sem bússola ou astrolábio e nos estaleiros apodrecidos. Paralelamente à emergência dessa estranha e rastejante alimária, a mesma com que nos deparamos nos "Encuentros de um caracol aventurero", de García Lorca, e que podem até ser definidos como arautos da ruína, começa a percorrer a poesia de Lêdo Ivo uma aguda noção de decrepitude e de corrosão da vida. Têm aqui trânsito livre as palavras "podridão" e "ferrugem", que aparecem com notável freqüência nos poemas de *Finisterra* e nas coletâneas que se lhe sucedem. E persiste também aquele cromatismo visual de que insistentemente já falamos. O poema "A uma goiaba", por exemplo, é quase uma natureza-morta. E a essa visão de uma realidade decrépita e corroída soma-se agora o timbre do sarcasmo e da náusea, de uma espécie de repugnância diante da existência que se deteriora e se degrada aos níveis mais extremos da miséria do corpo e do espírito, do que dão prova poemas como "Numa ruela da Cinelândia", "O fim de um domingo", "O jogo de bilhar" e "Só para cavalheiros".

Intimamente associada a essa celebração da ruína e da caducidade da criatura humana, que lembra muito a da poesia que Eliot coligiu em *Prufrock and Other Observations* e nos *Poems*, encontra-se o desconforto que revela o poeta, como anteriormente já sublinhamos, diante dos destroços do mundo, da sobra que ele nos deixa sob a forma de sucata e de lixo, como se vê em "Lixo doméstico" e "Aproveitamento da sucata". E a coletânea se fecha com dois altíssimos poemas "cemiteriais": no primeiro deles, "O cemitério dos navios", registra-se um curioso processo de antropomorfização dos navios que "se escondem para morrer", enquanto a "noite canina lambe/ as cordoalhas esfarinhadas"; no segundo, "*Finisterra*", o poeta, cujo "nome é Ninguém", deambula entre os espectros dessa vasta e anônima necrópole que se ergue, à nossa revelia, numa "cidade que cheira a peixe podre" e "onde o ódio passa a galope, espalhando a morte".

Afora a publicação de coletâneas em que reuniu sua poesia (*O sinal semafórico*, de 1974, e *Central poética*, de 1976), entre 1973 e 1982 o poeta se recolhe ao silêncio, retornando nesse último ano com *A noite misteriosa*, um belo conjunto de poemas que se diriam bucólicos, mas cuja seqüência é de súbito interrompida pelo escárnio virulento de "Os pobres na estação rodoviária", no qual são descritos os aspectos mais repulsivos do cotidiano das pessoas de baixa extração social. É um poema que nos perturba com seu ostensivo e contundente verismo, mercê do qual o poeta será capaz de escrever:

> *O dedo sujo de nicotina esfrega o olho irritado*
> *que do sonho reteve apenas a remela.*

Reiteram-se, na segunda parte da coletânea, aqueles *flashes* de uma vida que já desceu o último degrau da decadência. As criaturas que o poeta bosqueja nos recordam aquelas silhuetas das gravuras goyescas, como se vê no dístico a que se reduz o poema "Lapa":

> *Esta noite o amor do mundo mira-se no espelho*
> *de uma puta desdentada vestida de vermelho.*

E esse mesmo clima se repete em "Num hotel da Lapa", no qual uma nódoa de esperma sobre o lençol era "como se um exército por ali tivesse passado". Mas nem por isso o lirismo está de todo ausente em *A noite misteriosa*. Bastaria lembrar, entre outros exemplos, o do segundo terceto do belo "Soneto erradio":

> *Não sei se já sou velho ou se, menino,*
> *acordei de repente, ouvindo o sino*
> *que era a morte a cantar na escuridão.*

E há ainda, na terceira seção da coletânea, uma singular *pensata* acerca do problema da existência de Deus, que pode ser entrevisto a partir destes "sinais":

> *Saibam quantos vivem*
> *neste mundo imenso:*
> *Deus não cheira a incenso.*
> *É no estrume fresco*
> *e na alga viscosa*
> *que devemos ver*
> *os sinais divinos*
> *com os olhos de quando*
> *éramos meninos.*

Quen se deu o deleite de ouvir as *Confissões de um poeta* haverá de ter percebido que há também em Lêdo Ivo a paixão do epigrama e de um procedimento que me arrisco a definir como o da capsularidade aforismática. E essa é a tônica de *O soldado raso* (1988), no qual, logo às primeiras páginas, há o poema "Zona industrial", cujos versos nos dizem:

> *Oculta entre tapumes*
> *a fábrica de curtumes*
> *espalha no subúrbio*
> *o perfume da tarde.*

O aforismo, como todos sabemos, se nutre da parcimônia de uma contração extrema. Mas não só. É que ele se alimenta, também, de uma surpresa final que amiúde inverte o enunciado verbal que lhe antecede. É isso o que se vê nos *Cadernos de João*, no *ABC das catástrofes* e na *Topografia da insônia*, de Aníbal Machado. É isso, também, o que ocorre em boa parte dos poemas de *O soldado raso*, onde o lampejo da gema lírica dardeja em meio aos cascalhos de uma linguagem que se quer pedestre apenas porque aguarda a pulsação da luz de um pensamento que a ilumina. A prova disso está aqui:

> *No copo d'água*
> *a dentadura postiça:*
> *o riso no aquário.*

E aqui:

> *O espelho plagia*
> *a paisagem que entra*
> *pela janela aberta.*

Ou ainda aqui:

> *Cativo no pedestal*
> *entre o céu e a relva*
> *o leão de mármore*
> *reclama a selva.*

E enfim aqui:

> *Amor silencioso!*
> *Só a cama gemia,*
> *parceira insaciável.*

A poesia que Lêdo Ivo nos legou a partir de *Mar oceano* (1987) — e que se prolonga em *Crepúsculo civil* (1990), *Curral de peixe* (1995), *O rumor da noite* (2000) e nos textos até então inéditos de *Plenilúnio* (2004) — constitui não apenas a cristalização de todas as suas virtudes formais e estilísticas, mas também um adensamento de sua problemática. Ao contrário de muitos poetas cuja produção se amesquinha na velhice, a de Lêdo Ivo cresce ainda mais, dando origem a um conceito — além daquele de que, quanto mais velho, melhor é o vinho — que seria, se existisse, o da maturidade do maduro, ou seja, o do sabor dessecado de uma passa que ainda soubesse ao frescor da uva. Um fruto cristalizado. Quase um diamante. O diamante em que consiste esse estranho poema em prosa que leva o título de "A morte de Elpenor". Ou os que cintilam em "A René Descartes", "A clandestina", "Noturno", "A raposa", "Os pássaros", "O sino", todo o esplêndido "Noturno romano", "A sombra", "O endereço da noite", "O silêncio da madrugada", "Soneto da enseada" e, entre os inéditos, o já citado "Minha pátria", "O porta-voz", "Os corvos", "Rumo à praia", "Soneto da porta", "Canção de embalo" e "Recomendações de Ano Novo".

Em boa parte desses poemas ecoa, como um *pedale sostenuto*, a temática daquilo que se busca e não se alcança ao longo da existência. Nesse sentido, são exemplares os dois tercetos do "Soneto da porta", que nos recordam a queixa daquele Mário de Sá-Carneiro que se perdeu dentro de si porque "era labirinto":

> *Sempre andei me buscando e não me achei.*
> *E ao pôr-do-sol, enquanto espero a vinda*
> *da luz perdida de uma estrela morta,*
>
> *sinto saudades do que nunca fui,*
> *do que deixei de ser, do que sonhei*
> *e se escondeu de mim atrás da porta.*

E ao lado desse tema, talvez porque lhe seja gêmeo, aflora o daquela busca incessante da eternidade, figurada agora no vôo dos pássaros que, ao tangenciar as bordas azuis do espaço, parecem confundir-se com a própria noção daquilo que não tem fim. Mais do que em qualquer outro destes últimos poemas, é no conciso soneto "Os pássaros" que Lêdo Ivo nos aponta o caminho pelo qual, embora terrestres, poderemos um dia alcançar a soleira da eternidade:

À brisa perguntei
o que é a eternidade.
Ela me respondeu:
— Uma simples aragem.
(...)
E os pássaros, na aragem,
Voavam, voavam
Rumo à eternidade.

Lêdo Ivo chega inteiro aos 80 anos de idade. E inteira chega também a sua poesia. Foram poucos os poetas que o conseguiram. Há nele a lição daquele carvalho heideggeriano que, em sua aparente imobilidade, ainda assim se move e se transmuda sem cessar, como certa vez observou o romancista Per Johns, leitor de poetas. E há em sua poesia o testemunho literário de mais de meio século de experiência e de constante renovação estética e estilística. Há, ainda, a fidelidade de quem, à margem das gerações e dos movimentos literários, permaneceu idêntico a si próprio, pois a maneira de ser do poeta que escreveu *Ode e elegia* é a mesma de quem, sessenta anos depois, nos perturba com os poemas inéditos de *Plenilúnio*.

Autor opulento e às vezes desmedido, Lêdo Ivo, como já dissemos, deve ser visto, também, à luz do excesso e da magia retórica. Sua poesia, embora severa do ponto de vista do uso da língua, é polifônica e tem algo da composição heteróclita daqueles retábulos medievais, abrangendo o cultivo de todos os metros e de todas as formas. É a um tempo lírica, elegíaca, reflexiva, sarcástica e às vezes escarninha. É um universo do qual o leitor poderá não compartilhar, mas que jamais terá o direito de ignorar, tamanhas são a sua riqueza e a sua variedade. Quem tem medo de Lêdo Ivo somente o tem por temer a poesia, uma poesia que desceu às raízes do ser e ao horror da existência. Mas o horror, como nos ensina Eliot, nada mais é do que um passo rumo à glória. Não há por que temê-lo, leitor, mas antes reverenciá-lo no limiar da sua eternidade.

2004

A CRIAÇÃO LITERÁRIA[9]

Entende-se por criação literária o conjunto de procedimentos lingüísticos, estéticos e intuitivos a partir dos quais se articula aquilo que costumamos definir como um texto poético, crítico, dramático ou ficcional. O fenômeno da criação literária, que nem sempre foi compreendido nesses termos, remonta, na história da cultura ocidental, aos primórdios da civilização grega, o que nos remete aos tempos homéricos, ou seja, à época em que nasceu a poesia dos aedos. O étimo grego *poiésis* envolve diversos sentidos. Em Aristóteles, por exemplo, aparece como "criação", "produção", "exame" e "projeto"; em Xenofonte equivale à "ação de compor obras poéticas"; em Heródoto corresponde à "fabricação" ou "faculdade de compor obras poéticas, arte da poesia, a poesia"; e em Platão alcança a condição de "gênero poético", compreendendo esta expressão as duas vertentes poéticas então

---
[9]Conferência pronunciada na Escola de Magistratura do Rio de Janeiro em 18 de maio de 2005.

conhecidas: a tragédia e a comédia. Mas é preciso advertir que a palavra grega *poiésis* estava associada ao verbo *poien*, cujo sentido originário era "fazer". Qualquer modalidade desse "fazer" pertencia, portanto, ao âmbito da poesia, nele se incluindo até mesmo os trabalhos manuais. É somente com Platão, no século V a.C., que este conceito vai desenvolver-se mais claramente como atividade criadora em geral, mas sem adquirir ainda uma acepção especializada. Observe-se ainda que, numa passagem do *Banquete*, Platão relaciona o conceito geral de poesia com os de música e composição métrica, e essa identificação estendeu-se aos tempos modernos.

Mas voltemos a Homero. Voltemos ao século IX a.C., durante o qual se supôs que viveu o autor da *Ilíada* e da *Odisséia*, mas de quem também já se disse que jamais existiu, sendo aquelas duas obras de autoria coletiva. O fato, porém, é que não estamos aqui para discutir essa questão, que principia com os depoimentos dos doxógrafos gregos e estende-se até o fim do século XVIII da era cristã, quando o filólogo alemão Friedrich August Wolf, no bojo da voga pré-romântica de exaltação da poesia popular, concluiu pela falta de unidade das epopéias homéricas, denunciando-as como coletivas e anônimas. Seria preferível, entretanto, deixar de lado essas pendências e retornar àquilo que aqui nos interessa: é com Homero que tem início o processo de criação literária no mundo ocidental. Entendam que evitarei aqui tocar no problema dos textos bíblicos e até mesmo na epopéia do Gilgamesh, que dataria de 2500 a.C., pois, neste caso, estaríamos lidando com outra espécie de criação literária, se é que assim se podem qualificar essas duas manifestações do espírito humano.

Dominando à perfeição o hexâmetro dactílico e mantendo sempre uma visão realista em que se fundem o fantástico e o real, o histórico e o imaginário, o mítico e o religioso, Homero se vale de uma linguagem que tem por base o dialeto jônico, entremeado de expressões eólias e que representa, sem dúvida alguma, uma fase anterior do grego clássico. É com Homero, portanto, que nasce a poesia e, com ela, o processo da criação literária, já que o tratamento que ele dá aos seus textos revela um senso estético minucioso, refinado e sistemático numa época em que os gêneros literários ainda não se haviam definido. Vemos assim que a poesia se confunde com as origens da criação literária, e o poeta alemão Novalis, invertendo uma proposição conceitual do romântico inglês Samuel Taylor Coleridge, chegou mesmo a afirmar que a "poesia é a religião da humanidade". E parece não haver mais dúvida, sobretudo entre os filólogos e os lingüistas, de que a poesia precede todas as formas de manifestação literária em qualquer língua culta que hoje se conhece.

E por que seria assim? Por que se identifica a poesia com a infância da palavra e, conseqüentemente, com a criação literária? Talvez porque, muito mais do que ocorre com a prosa ou com a linguagem dramática, prevaleçam na poesia relações muito íntimas com a música, a magia e o mistério. A poesia lírica, por exemplo, está associada a Orfeu, o mais célebre aedo dos tempos pré-homéricos e que desce aos infernos em busca de sua esposa morta, Eurídice. O mito de

Orfeu, a quem se atribui a invenção da lira e dos rituais mágico-divinatórios, está na origem da poesia lírica, ou seja, a que foi composta por um poeta-músico. Mas Orfeu pertence ao mundo da mitologia, a uma época sem registro histórico. Ainda assim, ou talvez por isso mesmo, suas atividades pertenceriam àquele período que se confunde com a misteriosa infância da palavra, dessa palavra que está fora dos dicionários e que, como tal, se restringe apenas ao sentido lúdico de sua utilização. Dizem os poetas que, para preservar dentro de cada um de nós esses vínculos com a infância da linguagem, seria também necessário que jamais desaparecesse a criança que trazemos conosco. Em muitos de seus poemas, Manuel Bandeira explora de maneira admirável esse tema, como é o caso de "Velha chácara", onde se lê:

> *A casa era por aqui...*
> *Onde? Procuro-a e não acho.*
> *Ouço uma voz que esqueci;*
> *É a voz deste mesmo riacho.*
>
> *Ah quanto tempo passou!*
> *(Foram mais de cinqüenta anos)*
> *Tantos que a morte levou!*
> *(E a vida... nos desenganos...)*
>
> *A usura fez tábua rasa*
> *Da velha chácara triste;*
> *Não existe mais a casa...*
> *— Mas o menino ainda existe.*

E foi essa mesma preocupação que me levou a escrever, cerca de quarenta anos atrás, o poema que leva o título de "Flor amarela", cujos versos são os seguintes:

> *Atrás daquela montanha*
> *tem uma flor amarela.*
> *Dentro da flor amarela,*
> *o menino que você era.*
>
> *Porém, se atrás daquela montanha*
> *não houver a tal flor amarela,*
> *o importante é acreditar*
> *que atrás de outra montanha*
> *tenha uma flor amarela*
> *com o menino que você era*
> *guardado dentro dela.*

É muito difícil, ou mesmo raríssima, a ocorrência desses vestígios da infância da linguagem no processo de criação literária em que consiste a prosa de ficção, muito embora os romancistas lidem amiúde com o imaginário, o seu e o de seus leitores. E aqui caberia uma observação que sempre julguei da maior importância: não existe criação literária sem o concurso do leitor, e essa é a razão pela qual um mesmo texto comporta diversos e distintos níveis de leitura, o que deu origem à teoria da estética da recepção. No caso da literatura dramática, por exemplo, esse leitor, já convertido em espectador, constitui um elemento fundamental durante o processo de encenação do texto. Ao contrário do poeta ou do ficcionista, o dramaturgo somente escreve para uma platéia, o que não significa que esteja fazendo nenhuma concessão literária que não seja a de comunicar-se com o seu público. Mesmo no caso de um dramaturgo hermético e obscuro como Samuel Beckett, ou no daqueles que, como Ionesco, cultivam o teatro do absurdo, essa comunicação tem de ocorrer, sob o risco de, caso não se faça, a peça transformar-se num fracasso de bilheteria. Um poeta pode escrever para si mesmo e até permanecer inédito em vida, mas um dramaturgo, não. Se remontarmos a um passado distante, poderemos constatar que os tragediógrafos e comediógrafos da antiga Grécia escreviam não tanto para uma determinada platéia, mas antes para toda a sociedade de seu tempo, ou seja, para o homem grego daquela época, esse homem que é o embrião de tudo o que somos hoje.

A crítica literária, que é também uma forma de criação paralela, sempre se ocupou das distinções que se deveriam fazer entre a poesia e a prosa. Mais recentemente debruçaram-se sobre essa questão escritores como Paul Valéry e Jean-Paul Sartre. Aquele primeiro cava um verdadeiro abismo entre os dois gêneros, situando-os como os dois grandes modos da criação literária. Valéry exagera essa oposição e coloca a linguagem entre os limites da música, de um lado, e da álgebra, de outro. Para ele, a poesia é, entre todas as artes, a que coordena o maior número de funções e fatores independentes: o som, o sentido, o real, o imaginário, a lógica, a sintaxe e a dupla invenção do fundo e da forma. E dessa atividade complexa resulta uma linguagem em que as palavras não são mais as palavras do uso prático ou científico. Elas se associam segundo novas atrações e assumem valores sonoros e semânticos que a linguagem comum não possui. Já para Sartre, é característico da poesia servir-se de uma palavra opaca ou imagem, em oposição à palavra transparente ou signo, próprio da prosa. Sartre identifica a prosa com a linguagem utilitária, na qual as palavras são instrumentos ou designações de objetos, isto é, signos, ao passo que a poesia se coloca ao lado da imagem.

Isto se explica porque, sendo a mimese poética basicamente uma atividade da imaginação, o produto dessa atividade é um conglomerado de imagens. Poesia e imagem tornaram-se noções praticamente co-extensivas e quase tautológicas nos modernos estudos de poética, decorrendo dessa implicação diversos usos e significados. O termo imagem tanto pode designar uma simples metáfora ou o conjunto de todas as figuras de linguagem quanto a própria referência poética. Em virtude da ampla elasticidade do termo, fala-se igualmente das imagens do poema quanto do poema como imagem. E por mais que nos empenhemos em precisar-lhe o sentido, restarão sempre inúmeras franjas de ambigüidade. É que a natureza da imagem poética confunde-se, em última instância, com a natureza da própria poesia, ou seja, com algo que reúne num grupo de palavras aquilo que não existia e que existe agora nas palavras do poema.

Tudo o que se disse aqui sobre a imagem poética vale também para a metáfora, que não passa de um caso particular e privilegiado de imagem. A metáfora, vista no quadro geral da imagem, não será apenas adorno retórico, figuração alegórica ou simples transferência de um termo para um âmbito de significação que não é o seu. E essa é a razão pela qual o poeta e ensaísta inglês T. S. Eliot chegou a admitir que toda a *Divina comédia* não é mais do que uma metáfora amplificada. É importante acrescentar ainda, para que melhor se compreenda a essência do processo de criação literária relativo à poesia, que a metáfora é produto de uma concepção do mundo em que tudo é comparável com tudo e tudo é substituível por tudo. Em Homero, por exemplo, os primeiros raios de sol que indicam o rompimento do dia são descritos como os "róseos dedos da aurora". É também próprio da imagem e da metáfora valerem-se do conflito estabelecido pelo oposto, como sugeria no século XVII o maneirista espanhol Baltazar Gracián quando define essa idéia como uma "conexão de extremos". Três séculos depois, o surrealista André Breton foi capaz de afirmar que "a mais forte das imagens é aquela que apresenta o grau mais elevado de arbitrário". E é isso o que se vê num dos versos mais lembrados de Paul Éluard: "La Terre est bleu comme une orange."

Ao longo dos séculos, o processo de criação literária específico da poesia passou por muitos estágios evolutivos, mas nenhum foi mais revolucionário e transgressor do que aquele que se instalou na segunda metade do século XIX, quando a poesia desafiou as exigências da sintaxe normativa e centralizou sua força no léxico. É em Baudelaire, Edgard Poe e Rimbaud que ocorre a ruptura definitiva e sistemática da dicção melodiosa do Classicismo. E na esteira destes surgirão Verlaine e, logo depois, Mallarmé, que, animado pelo ideal de uma poesia pura, irá praticar uma dicção obscura, polivalente, plástica e musical. Enquanto Verlaine sustenta que a poesia é uma atividade que deveria reger-se pelo princípio "*De la musique avant tous les choses*", Mallarmé diz que é preciso "*donner un sens plus pure aux mots de la tribu*". Instalam-se assim a ruptura do discurso, a descontinuidade semântica, a mistura heteróclita de coisas disparatadas, a desautomatização das associações e os choques verbais que iriam modificar para sempre a face da poesia. Se o Romantismo elegeu a palavra diretamente expressiva, saturando-a de uma plenitude vital em que se reconhecia o timbre pessoal do autor, o Simbolismo, depurando a palavra de suas implicações cotidianas e banais, aspirou à pureza etérea da música, enquanto ao Modernismo coube desarticular a seqüência das imagens e o encadeamento das idéias, descobrindo assim a poética das palavras grosseiras e vulgares, ou seja, aquela "estética do feio" a que se referia Baudelaire.

Tomei aqui a liberdade de me ocupar até agora do processo de criação literária que caracteriza a poesia porque é dele que, em boa parte, se nutrem os fundamentos da prosa. A civilização grega conhecia a poesia e o teatro, mas não a prosa de ficção como hoje a entendemos. A prosa do mundo helênico é a do relato histórico de Xenofonte e Heródoto, dos fragmentários poemas filosóficos dos pensadores présocráticos, dos diálogos de Platão e dos tratados de Aristóteles. Em Roma, por sua vez, a prosa que predomina é a da jurisprudência, da retórica e da oratória, e toda a prosa da Idade Média é antes doutrinária e filosófica do que propriamente ficcional. O romance de cavalaria ainda não é prosa de ficção, mas sim uma narrativa arbitrária e heroicizante dos fabulosos feitos e façanhas dos cavaleiros andantes. Não há ainda nesses textos o que se poderia definir como criação literária. Estamos no reino do romance picaresco e pastoral que dominaram a literatura durante todo o século XVI e boa parte do século XVII, onde vingou, ao lado daqueles, o gênero hoje quase extinto da epopéia, que se confunde e até mesmo dá origem à novela de cavalaria.

Comemora-se neste ano o quarto centenário de publicação da primeira parte daquele que, para quase toda a crítica contemporânea, constitui o primeiro romance moderno, ou seja, aquele em que já podemos distinguir o processo de criação literária que identificamos como a gênese da ficção ocidental. Refiro-me a *O engenhoso fidalgo Dom Quixote de la Mancha*, de Miguel de Cervantes Saavedra. Se é com Shakespeare que nasce o inglês moderno, com Montaigne e Pascal, o francês que hoje se fala, com Dante e Petrarca, o italiano que atualmente se conhece, com Camões, o português de que nos servimos aqui e do outro lado do Atlântico, é com Cervantes que se cristaliza a língua espanhola de nossos dias. O autor de *Dom Quixote* cria não apenas o moderno castelhano, mas também o romance realista como hoje o conhecemos. Na verdade, como nos ensina o escritor mexicano Carlos Fuentes, Cervantes inaugura a própria modernidade quando seu personagem, ao deixar em 1605 a sua aldeia e ganhar o mundo, "descobre que o mundo não é parecido com o mundo sobre o qual ele andara lendo".[10] Após a queda de Constantinopla para os turcos em

---

[10] Carlos Fuentes, op. cit.

1453, a descoberta do Novo Mundo por Colombo em 1492 ou a publicação, por Copérnico, de seu *Das revoluções das esferas celestes* em 1543, muitas coisas começaram a mudar no início do século XVII, ao passo que outras haveriam de sobreviver. E é por isso que o *Dom Quixote* nos parece tão moderno, mas também tão antigo e mesmo eterno. É que ele simboliza a ruptura de um mundo baseado na analogia e mergulhado na diferenciação, tornando evidente um desafio que consideramos peculiarmente nosso, ou seja, como diz Carlos Fuentes, o de "como aceitar a diversidade e a mutação do mundo, conservando ao mesmo tempo o poder do espírito para a analogia e a unidade, de modo que esse mundo em mutação não perca o sentido".[11]

A obra-prima de Cervantes foi escrita naquele período crucial de transição entre a baixa Idade Média e as primeiras luzes do Renascimento, quando a Contra-Reforma já denunciava os primeiros sinais de fraqueza e o Barroco começava a ganhar corpo em quase todas as manifestações artísticas. E o processo de criação literária em Cervantes reflete toda essa transformação. Claro está que esse processo já vinha sendo anunciado por Geoffrey Chaucer, na Inglaterra, e François Rabelais, na França, mas é com Shakespeare e Cervantes que ele chega ao apogeu. É Cervantes que permite o aparecimento, em meados do século XVIII, do romance realista inglês de Richardson, de Fielding e de Smolett. Sua influência sobre o espírito e a técnica da narrativa ficcional é de tal ordem que o crítico norte-americano Lionel

---

[11]Idem, ibidem.

Trilling foi capaz de afirmar, em pleno século XX, que "toda prosa de ficção é uma variação sobre o tema do *Dom Quixote*", ou seja, "o problema da aparência e da realidade". E o ensaísta inglês Harry Levin nos assegura que o *Dom Quixote* é "o protótipo de todos os romances realistas" porque trata da "técnica literária da desilusão sistemática".

Mas, segundo André Malraux, Cervantes não estava sozinho no início dessa revolução ficcional, pois em 1678, cerca de setenta anos depois da publicação do *Dom Quixote*, Madame de Lafayette escrevia *La Princesse de Clèves*, que é o primeiro romance moderno psicológico, interior, construído em torno das razões do coração. Mas o que irá prevalecer na obra dos romancistas dos séculos XVIII e XIX é mesmo o tema cervantino daquele mundo dividido entre a realidade e a ilusão, a sanidade e a loucura, o erótico e o ridículo, o visionário e o escatológico, o realismo barroco e pessimista das novelas picarescas e o idealismo renascentista do romance pastoril e de toda a literatura da cavalaria andante. E dessas formas dialéticas de conflito serão herdeiros os romancistas ingleses do século XVIII, os russos Turgueniev, Gogol e Dostoievski, os franceses Flaubert e Stendhal, os alemães Schlegel, Goethe e Heine e toda uma plêiade de escritores que mudaram para sempre os destinos da literatura, incluindo-se aqui até mesmo o nosso Machado de Assis.

Depois de Cervantes, o processo da criação literária no Ocidente nunca mais será o mesmo, pois é com ele que se inicia um divórcio entre as palavras e as coisas. Como nos ensina Michel Foucault, o *Dom Quixote* "procura desesperadamente por uma nova coincidência, uma nova semelhança num mundo onde aparentemente nada se parece com o que antes parecia".[12] E o curioso é que estão presentes na obra cervantina todos os gêneros que se cultivavam em sua época e mesmo antes dela, o que estabelece um diálogo literário entre o picaresco, o pastoral, o romance de cavalaria e o bizantino, de modo que o passado e o futuro estão ali organicamente fundidos, e o romance se torna um projeto crítico ao mesmo tempo que deixa de ser uma história contada em voz alta e se transforma numa narrativa escrita, do verso para a prosa e da taverna para a gráfica. Assim, embora seja o primeiro romance moderno, sua dívida para com a tradição é enorme, já que seu propósito, como todos sabemos, é a sátira à novela de cavalaria. No entanto, na medida em que é o último dos romances medievais, também celebra a sua própria morte, tornando-se assim o seu próprio réquiem.

Se aqui me detive talvez um pouco mais do que devia em Cervantes, foi porque não se pode entender sem o *Dom Quixote* as profundas e radicais transformações de forma e de estilo pelas quais, a partir dele, haverá de passar o processo da criação literária no campo da ficção. E nesse passo convém que se faça logo uma distinção que me parece crucial: até o século XVI, o termo *romance*, de origem espanhola, era utilizado para definir um breve poema narrativo de conteúdo lendário ou histórico; somente no século XVII é que surge o termo *novela*, que designa uma narrativa extensa em prosa. Para os ingleses, entretanto, o romance seria uma narração em prosa cujo enredo é fantástico ou meio

---

[12]Michel Foucault, *apud* Carlos Fuentes, op. cit.

fantástico, reservando-se o termo *novela* para os romances de fundo realista. Mas essa diferença entre o romance e a novela foi sempre muito flutuante, e mais flutuante ainda se tornou a partir do século XIX, quando saíram de moda os romances muito extensos, em três ou quatro volumes. O que importa salientar aqui é que, para além dessas nuanças, o romance é o gênero literário mais importante dos tempos modernos, ocupando o lugar deixado vago pela extinção da epopéia, e já foi definido como epopéia em prosa, o que não deixa de ser antes uma comparação do que propriamente uma definição.

No caso do romance, o processo da criação literária opera a partir de uns tantos elementos constitutivos fundamentais, a começar pelo enredo, que é talvez o mais importante deles. Pode-se pensar num conto sem enredo, como o admitem algumas teorias mais recentes, mas um romance sem enredo é inconcebível. Ainda assim, a partir da segunda metade do século XIX alguns escritores enveredaram pelo traiçoeiro caminho de tentar converter o gênero numa estrita obra de arte verbal, o que ocasionou forte reação por parte dos formalistas russos e dos críticos da chamada Escola de Chicago, que voltaram a destacar a importância e a dignidade literária do enredo. A crítica literária do século XIX insistiu muito na importância do comportamento e do caráter das personagens bem definidas, o que refletia uma preferência inspirada pela crítica da literatura dramática, especialmente das obras de Shakespeare. Mas esta visão do romance foi minada pelo aparecimento dos heróis fracos, indecisos ou mesmo medíocres, como em *Madame Bovary*, de Gustave Flaubert, ou em *Middlemarch*, de George Eliot. E no século XX surge até o anti-herói, sendo o primeiro plano ocupado por forças sociais ou de outra índole que o dominam. Exemplos de anti-heróis são, na literatura brasileira, as personagens machadianas de Dom Casmurro, de Rubião, de Brás Cubas ou de Quincas Borba, e o Macunaíma, de Mário de Andrade, é, como sabemos, um "herói sem nenhum caráter".

Outro elemento de suma importância na estrutura do romance é o narrador. Em considerável parte dos romances, o enredo é narrado na primeira pessoa, pela própria personagem principal, de modo que a obra nos dá a impressão de uma autobiografia imaginária. O romance moderno prefere, em geral, a narração na terceira pessoa, conduzida pelo próprio romancista, mas, enquanto em grande parte dos romances do século XIX o romancista-narrador intervém com freqüência na narração, interrompendo-a por meio de reflexões sobre os acontecimentos e as personagens, prefere-se, em tempos mais recentes, o narrador neutro e invisível, que não tem opinião própria. E escritores como Henry James e Joseph Conrad esfacelaram o conceito do "narrador onisciente", que sabe tudo do enredo, e entregaram a narração a um (ou mais de um) narrador intermediário, que ignora parte dos acontecimentos e só conta o que sabe, interpretando-o à sua maneira.

A relativa importância do enredo e das personagens e o papel do narrador determinam a forma do romance, que pode ser, segundo um crítico como Percy Lubbock, cênico ou panorâmico. Disso depende, por sua vez, a maior ou menor incidência do diálogo no processo da narração. Mas esta e outras teorias sobre o romance não nos permitem classificar de maneira mais pormenorizada os vários subgêneros da criação romanesca. Isto só seria possível se considerássemos não apenas o modo de tratamento dispensado aos materiais do enredo, mas também esses próprios materiais. Pode-se definir (e tratar separadamente) certas formas ficcionais, como, por exemplo, a do "romance histórico", mas "romance realista", aquele cujas raízes nos remetem a Cervantes, ou "romance psicológico", que nos faz recuar até a obra de Madame de Lafayette, são expressões tão amplas e vagas que desafiam as definições. Apesar disso, temos de levar em conta que certa dose de realismo é indispensável ao gênero, pelo menos nos tempos modernos, e realistas foram, antes mesmo de Cervantes, escritores como Rabelais, Bunyan e Swift.

No longo e tortuoso transcurso de sua existência como uma das mais opulentas formas de criação literária, o romance adquiriu diversas e distintas feições de estrutura e de estilo. Assim, nos séculos XV e XVI prevaleceu o romance de cavalaria, entre os quais se incluem *A morte de Artur*, de Thomas Malory, *Tirant lo Blanc*, de Johanot Martorell, o *Amadis de Gaula* e o *Palmeirim de Inglaterra*. Os romances galantes, pastoris e picarescos dominam o século XVII, e suas maiores expressões talvez sejam o *Lazarillo de Tormes*, atribuído a Diego Hurtado de Mendoza ou a Sebastián de Horozco, e a *Vida de Buscón*, de Quevedo. O século XVIII assiste ao aparecimento de diversas vertentes da criação ficcional, como as do romance sentimental, do romance de educação, do romance gótico, histórico e policial, do romance rural, do romance urbano, do romance político, do romance psicológico, do romance-ensaio e, afinal, do *nouveau roman* francês. É no cultivo desses subgêneros que avultam os nomes dos maiores romancistas dos tempos modernos, como os do Abade Prévost, Samuel Richardson, Goethe, Ugo Foscolo, Dostoievski, Turgueniev, Gogol, David Herbert Lawrence, Fielding, Balzac, Flaubert, Zola, Stendhal, Hardy, George Eliot, Dickens, Eça de Queirós, Castilho, Thomas Mann, Gorki, Malraux, Musil, Broch, Conrad, Calvino, Svevo, Pavese, Isak Dinesen, Gide, Proust, Robbe-Grillet e Nathalie Sarraute, entre muitíssimos outros.

Dizem alguns que, com a publicação do *Ulysses*, de James Joyce, em 1922, o romance teria entrado em colapso, já que essa obra tangencia não apenas a fímbria do esgotamento de todos os possíveis desdobramentos do gênero, mas também os limites da língua em que foi escrita. Tampouco seria possível prolongar a experiência do romance alegórico-metafísico de Franz Kafka. E já existe uma corrente de escritores alemães, liderada por Hans Magnus Enzensberg, para os quais a solução do impasse estaria no chamado "romance documento". Argumentos semelhantes lançam também alguns escritores franceses encabeçados por Philippe Sollers. Pessoalmente, não acredito nesse impasse, pelo menos nos termos em que atualmente ele é colocado, e aqui seria o caso de lembrar que a produção de romances, seja no estilo tradicional, seja de acordo com o que propõem as vanguardas, permanece inalterada.

Condenar à morte a poesia ou a prosa de ficção corresponde a assumirmos a condição de algozes da própria criação literária, e não foi para isso que aceitei o desafio de fazer esta conferência, como acredito que não foi esse o ânimo que trouxe todos os senhores a este auditório. Não creio, também, que estejamos vivendo as agruras e as incertezas de um período a que chamam, ao meu ver erroneamente, de pós-modernidade. Estamos, isto sim, num período agônico, mas agônico naquele sentido de luta que lhe confere o espírito cristão, e que aqui prefiro chamar de baixa modernidade ou de modernidade tardia. Todos sabemos que, na história da humanidade, houve uma baixa Idade Média ao se apagarem as luzes do século XV, quando entraram em colapso não apenas a arte gótica e a filosofia escolástica, mas também os próprios destinos da cristandade. A esse desastre seguiram-se o Renascimento e o Iluminismo, que mudaram para sempre a face do homem. Quem sabe o Terceiro Milênio não nos reserve um outro Renascimento ou um novo Século de Luzes que nos liberte do imediatismo pragmático e do desenfreado hedonismo em que hoje nos consumimos?

2005

Ernesto Sabato: 90 anos[13]

Estamos hoje diante de um homem que nos contempla do cimo de seus gloriosos 90 anos, diante não só de um dos maiores escritores vivos das Américas, mas também do mundo inteiro. De um homem que veio do universo das ciências físico-matemáticas para o domínio ambíguo e movediço da ficção e da ensaística. De um homem que, como artista, sentiu e pensou a agudíssima crise em que todos estamos engolfados, uma vez que, em suas obras, afloram não apenas a lenta agonia em que se debate a nossa vizinha Argentina, mas também toda a humanidade, cujos mais estimados valores se aproximam agora da ruína, sob o signo de uma única e melancólica preocupação: a do dinheiro. Ele próprio, numa entrevista que concedeu a Nicolás Angel Floro, quando perguntado sobre a sociedade economicista, fez esta reflexão:

---

[13]Saudação a Ernesto Sabato por ocasião da homenagem que lhe prestou a Universidade Cândido Mendes em 10 de dezembro de 2001.

Não me fale sobre isto. Detesto todo esse tipo de coisas, não porque não tenha dinheiro, mas simplesmente porque odeio a sociedade economicista. Agora está na moda colocar a economia em primeiro plano. É um horror. Em primeiro plano estão os nobres e os grandes princípios. Pensam que vamos resolver os grandes problemas espirituais com economistas. Os economistas têm o seu valor e a sua utilidade na sociedade, mas não é a economia que nos vai erguer ou nos ajudar a ressurgir de toda a devastação que arruinou, de algum modo, a grande Argentina a que todos pertencemos.

Bastariam estas palavras para compreendermos o sentido mais profundo da decisiva contribuição que nos legou Ernesto Sabato, ou seja, a de um humanista num mundo que já esqueceu quase todos os seus princípios éticos e morais. Creio que é importante, neste passo, recordar um pouco a vida e a obra do autor, já que ela em tudo confirma a tenacidade e o ânimo de uma consciência que jamais se curvou à selvageria e ao arbítrio dos tiranos de toda espécie e estirpe. Ernesto Sabato nasceu em 24 de junho de 1911 na aldeia de Rojas, na província de Buenos Aires. Após concluir os estudos primários em sua cidade natal e os secundários em La Plata, ingressou em 1929 na Faculdade de Ciências Físico-Matemáticas da Universidade de La Plata, onde foi discípulo, entre outros, de Bernardo Houssay, futuro Prêmio Nobel de Medicina e Fisiologia. Um ano depois, a democracia argentina sofreria um rude golpe com a derrubada do presidente Hipólito Yrigoyen, e Sabato filiou-se então ao Partido Comunista, sendo logo depois eleito secretário-geral da Juventude Comunista.

Foi nesse período que conheceu Matilde Kusminsky Richter, sua futura mulher. Delegado do Partido Comunista ao Congresso contra o Fascismo e a Guerra, realizado em Bruxelas em 1934, seguiu um ano depois para Paris, onde viveu grandes dificuldades, retornando a Buenos Aires em 1935. Em 1938 obteve seu doutorado em Física e recebeu uma bolsa para realizar trabalhos de investigação sobre radiação atômica no Laboratório Joliot Curie, na capital francesa, onde manteve assíduos contatos com os grupos surrealista e dadaísta. Abandonou Paris no ano seguinte, pouco antes da eclosão da Segunda Guerra Mundial, pois sua bolsa de estudos fora transferida para o Instituto de Tecnologia de Massachusetts, onde prosseguiu suas pesquisas científicas. Regressou à Argentina em 1940 para assumir uma cátedra na Universidade de La Plata. Ainda nesse ano, publicou na revista *Teseo* um longo artigo sobre *A invenção de Morel*, novela de Adolfo Bioy Casares prefaciada por Jorge Luis Borges, e passou a colaborar na famosa revista *Sur* a convite de Pedro Henríquez Ureña, época em que conheceu Victoria Ocampo, que dirigia aquela publicação.

Três anos depois, o conflito entre as ciências e a criação literária mergulhou-o em grave crise existencial. Segundo suas próprias palavras, Sabato pensou em suicidar-se. Foi quando tomou a decisão de abandonar para sempre a ciência e consagrar-se inteiramente às letras e à pintura. Renunciou então à sua cátedra universitária e recolheu-se, com a mulher e o filho, a um rancho nas serras de Córdoba. Foi ali que começou a escrever *Uno y el universo*, seu primeiro volume de ensaios, publicado em 1945. Nele, o autor rejeita abertamente a ciência, o racionalismo e o fetichismo tecnocrático. O livro conquistou o Prêmio da Prefeitura de Buenos Aires e o Grande Prêmio de Honra da Sociedade Argentina de Escritores. A sorte de Ernesto Sabato como escritor estava lançada.

O ano de 1946 assinalou a eleição de Juan Domingo Perón, que derrotou uma oposição liderada pelos setores mais radicais do Partido Comunista. Vários professores universitários foram destituídos de suas cátedras, entre eles Bernardo Houssay. Um ano depois, Sabato aceitou o convite de Julian Huxley para um posto na UNESCO, em Paris, mas em pouco mais de dois meses de sua chegada à capital da França rescindiu o contrato e viajou para a Suíça e a Itália, terra de seus pais, onde bosquejou a primeira versão de *El túnel*, sua primeira novela, que foi publicada em 1948 e, logo em seguida, traduzida nos Estados Unidos, na Itália, na Alemanha e no Japão.

O êxito alcançado pelo livro levou Sabato a publicar, em 1951, seu segundo volume de ensaios: *Hombres y engranajes. Reflexiones sobre el dinero, la razón y el derrumbe de nuestro tiempo*, um estudo de notável lucidez crítica relativo aos postulados que deram origem à concepção do mundo e da vida na era moderna, sobretudo a partir do Renascimento. Em 1953 apareceu *Heterodoxia*, uma nova coletânea de ensaios. Definido como uma espécie de "dicionário do homem em crise", suas páginas recorrem tanto à ironia quanto ao lirismo para retratar as esperanças e as angústias do mundo contemporâneo: a sexualidade, o marxismo, a pátria, a literatura, a arte como forma de conhecimento. Em 1958, Sabato foi nomeado diretor-geral de Relações Culturais do Ministério das Relações Exteriores, cargo a que renunciou no ano seguinte.

O prestígio literário de Sabato viu-se consolidado em 1961 graças à publicação da novela *Sobre héroes y tumbas*, cuja tradução italiana saiu em 1965, ano em que se lançou também, em Nova York, uma nova edição de *El túnel*. Em 1963 foi publicado em Buenos Aires *El escritor y sus fantasmas*, livro em que o autor expõe suas idéias sobre a literatura e sua teoria sobre a novela. Publicou-se ainda na capital argentina *Tango, discusión y clave*, bem como, três anos depois, o primeiro volume de suas *Obras completas*, além do *Romance de la muerte de Juan Lavalle. Cantar de gesta*, a que se seguiu, em 1967, a monumental monografia sobre *Pedro Henríquez Ureña*. No ano seguinte, o escritor recebeu o prêmio do Instituto das Relações Exteriores de Stuttgart, na Alemanha, e viu traduzido *Sobre héroes y tumbas* para o dinamarquês. Em 1970 foi lançado o segundo volume de suas *Obras completas*. Em 1974, com a publicação de *Abaddón el exterminador*, Sabato voltou a conquistar o Grande Prêmio da Sociedade Argentina de Escritores, sendo ainda homenageado com a outorga, na França, da comenda de Cavaleiro das Artes e das Letras. Um ano depois, o governo argentino concedeu-lhe o Prêmio de Consagração Nacional.

Em 1976 publicaram-se os *Diálogos Borges Sabato*, e a versão francesa de *Abaddón el exterminador* obteve o prêmio de melhor livro estrangeiro. Em 1977, o escritor conquistou o Prêmio Médici, na Itália, e no ano seguinte o governo espanhol o distinguiu com a Grande Cruz da Ordem do Mérito Civil. Em 1979 foi nomeado Cavaleiro da Legião de

Honra e publicou *Los livros y su misíon en la liberación de la America Latina*, a que se seguiu, um ano depois, a publicação de *Cuatro hombres del pueblo*. Em 1983, Sabato arrebatou o Prêmio Gabriela Mistral, da OEA, e um ano depois o Miguel de Cervantes, que lhe foi entregue pelo rei Juan Carlos, da Espanha. Em 1985 e 1986 organizaram-lhe homenagens na Itália e nos Estados Unidos, e em 1987 o presidente da França, François Mitterrand, o distinguiu com o grau de Comendador da Legião de Honra.

Em 1989, Sabato recebeu em Israel o Prêmio Jerusalém e o título de Doutor *Honoris Causa* da Universidade de Murcia, na Espanha, que também lhe concederam, nos anos seguintes, as universidades de Rosário, Santa Fé, Campinas e Turim. Ainda nesse ano, suas telas foram expostas no Centro George Pompidou, em Paris, enquanto em Barcelona era publicado o volume *Lo mejor de Ernesto Sabato*. Em 1990, nos Estados Unidos, dá-se à estampa a edição de *The Writer and Catastroph in Our Time: Ernesto Sabato*. Cinco anos depois, o escritor recebeu na Albânia o Prêmio Ismael Kadaré e ministrou conferências sobre sua obra nas universidades de Harvard, Yale, Columbia, Berkeley, Roma, Florença, Pádua, Salamanca, Madri e Barcelona. Em 1998, Sabato publicou, em Buenos Aires, *Antes del fin. Memórias*, espécie de testamento literário de sua vida e de sua obra. Pouco antes de completar 90 anos, em 2001, foi lançada a última de suas obras até o presente instante: *La resistencia* (2000).

Mas, afinal, como chegar a uma síntese, pelo menos razoável, de sua obra e de seu pensamento? Num sentido estrito, cabe dizer aqui que Ernesto Sabato não se apega a nenhum sistema filosófico definido, buscando antes demolir as falsas concepções ideológicas-doutrinárias, estimular a inteligência e eliminar os equívocos, os preconceitos e as verdades que nos impõe a comodidade burguesa. Em muitos de seus livros, o escritor faz um diagnóstico de nossa época. Tanto é assim que, nos ensaios de *Hombres e engranajes*, ele interpreta historicamente o processo iniciado na Idade Média dogmática e que chega até os dias de incerteza que hoje vivemos. O século XX seria a idade da carnificina automatizada, da agonia do liberalismo e da desumanização. O homem moderno é um gigante tecnológico e um anão ético. Pouco depois, em *Heterodoxia*, Sabato examina as conjecturas, os perigos e as contradições contemporâneas, urdindo considerações ontológicas sobre a ficção literária e, em particular, sobre as relações entre o autor e suas personagens. É neste ensaio fundador que, sobre a base do dilema Berdiaev-Sartre, se discutem alguns dos aspectos mais importantes de nosso tempo: Marx, o paraíso mecanizado dos Estados Unidos, o fetichismo cientificista, a revolução romântica, o surrealismo, o movimento existencialista, a literatura trágica de nossa época, a arte moderna e a coisificação do homem, entre outros temas. Trata-se, ao fim de contas, do exercício espiritual de uma esperança contra todo o desespero, e nele o escritor formula a sua crença numa síntese futura, uma vez que, evidentemente, nem o individualismo nem o coletivismo podem dar uma solução aceitável à crise atual.

Ocupei-me de início dos ensaios que nos legou o autor por duas razões capitais: primeiro, porque Sabato é um dos mais originais ensaístas de seu tempo em língua espanhola, talvez somente comparável a Jorge Luis Borges, com quem manteve assíduos diálogos, e também porque foi nesse gênero literário que se desenvolveu a sua formação de escritor. Mas a fama de Sabato se deve antes a duas de suas novelas: *El túnel* e *Sobre héroes y tumbas*. A primeira delas, que foi adaptada ao teatro e ao cinema, é uma novela psicológica de implicações sociais, afastando-se, portanto, da tradição romanesca por seu conteúdo e sua técnica de narrativa policial. O protagonista, Castel, anuncia haver cometido um crime passional e, ao longo de seu relato, revela uma profunda e irremediável solidão. Cada palavra simboliza a loucura que impede sua comunicação com os outros, incluindo sua amante e vítima. O estilo da obra é veloz, displicente, temperamental e intencionalmente desequilibrado, refletindo talvez o caráter da personagem central.

No que toca a *Sobre héroes y tumbas*, trata-se de uma alegoria da situação política e social argentina. É uma novela complexa, de idéias metafísicas e estrutura muito singular. A agonia e a convulsão modernas são descritas com base no amor trágico de Martín por Alejandra, identificada com a realidade argentina. Para Alejandra, a vida não tem sentido. Para Martín, ela representa o refúgio, a salvação. E Buenos Aires é a metrópole do nada, da escória, onde reina o mais profundo e absoluto pessimismo. Todavia, apesar das guerras, da miséria e das características negativas do homem, a vida continua, e a novela termina com a vaga nota de esperança. É nesta obra, em tom talvez mais agudo do que em seus outros textos ficcionais, que Sabato emerge como ideólogo da geração dos anos 40, formada por poetas metafísicos e neo-simbolistas. O escritor afasta-se gradualmente do mundo da razão e da ciência para explorar as vertentes da conjectura, da dúvida e da incerteza, e, contrariando Sarmiento, afirma que um povo será sempre uma mistura de civilização e barbárie, as duas faces de uma só moeda.

Sobre héroes y tumbas revela a verdadeira dimensão da figura de Sabato em nível internacional. Aclamada por distintos críticos em diversos países, a novela foi traduzida em mais de trinta idiomas e estudada vezes sem conta. Sobre ela se escreveram cerca de trezentos ensaios em língua espanhola e outros idiomas, além de uma infinidade de artigos em numerosas revistas literárias do mundo inteiro. Não há mais dúvida de que foi esta a obra que deu a Sabato o prestígio de que hoje ele desfruta entre seus pares hispano-americanos, granjeando-lhe ainda justa fama internacional, alcançada graças a uma prosa de grande beleza e uma infatigável busca do absoluto em meio às ruínas de nosso tempo. A outra novela de Sabato, *Abaddón el exterminador*, é uma espécie de gigantesco polvo que estende seus tentáculos em todas as direções e configura um claro objetivo de captar a realidade, que é infinita numa obra que sugere o infinito.

Não obstante, Sabato voltou inúmeras vezes à prática do ensaio, como prova seu monumental *Pedro Henríquez Ureña*. Na contracapa de suas memórias, lê-se que "Ernesto Sabato, oscilando entre o desespero e a fé, nos entrega neste livro o seu valor, a sua persistência incorruptível, a sua paixão e a sua luta contra as adversidades, a solidariedade de cada um de seus gestos para com os despossuídos, a sua entrega total à arte e a sua permanente confiança nos jovens. Testemunho, epílogo, legado, testamento espiritual: Ernesto Sabato, como um Kafka do fim do século, indaga sobre a perplexidade e o desconcerto do homem contemporâneo, arremessado contra um universo duro e enigmático"; E é o próprio Sabato quem nos diz: "Extraviado num mundo de túneis e corredores, o homem treme ante a possibilidade de qualquer meta e o malogro de qualquer encontro." Apesar dessa visão pessimista e algo apocalíptica dos destinos do homem, em seu mais recente livro, *La resistencia*, o escritor sustenta que "estamos em tempo de reverter este abandono e este massacre. Haveremos de ostentar esta convicção até o compromisso de crermos que o ser humano sabe fazer dos obstáculos novos caminhos, porque para continuar vivo basta-lhe o espaço de uma fenda para renascer". Sabato é hoje uma lenda viva da inteligência, da literatura, da cultura de nosso tempo e do poder de resistir ao arbítrio e ao horror do mundo em que atualmente vivemos.

2001

A POESIA BRASILEIRA NO FIM DO MILÊNIO[14]

Parece-me muito difícil — e se assim o considero é sobretudo porque quase cotidianamente convivemos com o assunto de que iremos aqui nos ocupar — definir o que seja, com razoável exatidão, a poesia brasileira do fim do segundo milênio, depois de tantas idas e vindas das modas literárias e dos gostos estéticos. É que, ao tentarmos fazê-lo — o que, desde logo, implica assumir que deveríamos nos deter na produção poética da última década do século XX —, não dispomos de nenhum distanciamento histórico ou crítico-literário que nos credencie a formular um conceito preciso ou definitivo sobre tão tormentosa e escorregadia questão, pois não há, a rigor, uma poesia da qual se possa dizer que seja específica ou característica do fim do milênio, e sim uma poesia que é de todos os dias e de sempre, ou então não é poesia. E tudo isso se agrava quando consideramos as dimensões continentais de nosso país, cuja expressiva e pródiga

---

[14]Conferência pronunciada na Academia Brasileira de Letras em 18 de novembro de 2000.

produção poética não se concentra, como ingenuamente se costuma supor, nesse discricionário e quase ditatorial eixo Rio—São Paulo. Penso até, muito ao contrário, que a melhor poesia brasileira que hoje se escreve não está circunscrita àquela região: na verdade, essa poesia está sendo produzida no Nordeste, particularmente na Bahia, em Pernambuco e no Ceará, isto para não falar nos grandes poetas que se encontram no Amazonas, no Pará e no Maranhão, cujas obras praticamente não chegam até nós, ou, quando chegam, só o fazem precariamente. E aqui seria o caso de lembrar os nomes de Luiz Bacellar, Aníbal Beça e Antístenes Pinto, no Amazonas; de Nauro Machado, José Chagas e Luís Augusto Cassas, no Maranhão; de Francisco Carvalho, Adriano Espínola, Floriano Martins, José Alcides Pinto e Luciano Maia, no Ceará; de Hildeberto Barbosa Filho e Sérgio Castro Pinto, na Paraíba; de Sanderson Negreiros e Nei Leandro de Castro, no Rio Grande do Norte; de Alberto da Cunha Melo, César Leal, Marcus Accioly, Edmir Domingues, Lucila Nogueira e Ângelo Monteiro, em Pernambuco; e de Ruy Espinheira Filho, Ildásio Tavares, Florisvaldo de Matos, Myriam Fraga e Luís Antônio Cajazeira Ramos, na Bahia.

E há que estudar ainda um outro problema relativo à continentalidade dessa produção poética: é que no eixo Rio—São Paulo não atuam apenas autores cariocas e paulistas, e sim uma verdadeira legião de poetas de outras regiões do país que ali se radicaram e ali vivem até hoje, como, entre muitos outros, o maranhense Ferreira Gullar, os mineiros Affonso Romano de Sant'Anna e Moacyr Félix, os goianos Afonso Félix de Sousa e Gilberto Mendonça Teles, o cearense

Gerardo Mello Mourão, a amazonense Astrid Cabral, o alagoano Lêdo Ivo, o piauiense Alberto da Costa e Silva, a paulistana Neide Archanjo e os gaúchos Carlos Nejar e Suzana Vargas, para ficarmos apenas com estes, pois sabemos que muitos outros, procedentes das mais distintas e distantes regiões brasileiras, fincaram raízes no Rio de Janeiro e daqui não mais arredaram pé. E o mesmo já acontecera no passado com outros notáveis poetas, entre os quais Carlos Drummond de Andrade, Manuel Bandeira, Joaquim Cardozo, Murilo Mendes, Jorge de Lima e João Cabral de Melo Neto. Isso se deve ao fato, consabido de todos, de que o Rio de Janeiro, bem mais do que São Paulo, constitui a mais poderosa caixa de ressonância de que já se teve notícia em nosso país. Mas é igualmente importante que muitos dos poetas que anteriormente aqui mencionei permaneçam em seus estados de origem, apesar do provincianismo que os assola. E a estes devemos acrescentar alguns nomes de suma importância, como o gaúcho Armindo Trevisan, o catarinense Alcides Buss, os paulistas Augusto e Haroldo de Campos, Mário Chamie, Décio Pignatari, Renata Pallotinni, Dora Ferreira da Silva e o recém-falecido José Paulo Paes, as mineiras Adélia Prado e Maria Lúcia Alvim, os goianos Gabriel Nascente e Brasigóis Felício, o mato-grossense Manoel de Barros e os brasilienses José Santiago Naud, Anderson Braga Horta e Fernando Mendes Viana, todos muito ativos na última década do século que se foi.

Haverá a platéia de perdoar-me essa difusa galáxia de nomes, mas é que ela nos dá uma idéia da ciclópica variedade da poesia que hoje se escreve entre nós. E tenham a certeza de que foram muitos, ou mesmo incontáveis, os poetas que involuntariamente me esqueci de citar e aos quais, de antemão, rogo que me perdoem. Na verdade, e para além desses nomes, interessam-nos antes algumas características da poesia que talvez venhamos a escrever num futuro próximo. Seria pertinente observar, por exemplo, que a poesia dos mais novos, ou seja, aquela que começou a ser produzida na década de 1960 — e que, como pretende o crítico Pedro Lyra, alcança agora o seu estágio de cristalização geracional e de reconhecimento literário —, já se inclui no período que todos hoje reconhecemos como modernidade tardia, onde todos os procedimentos poéticos estão legitimados, desde o versilibrismo até o retorno à rima, à métrica e às formas fixas, aos quais se devem acrescentar aqueles que tiveram a sua origem nos ideários das vanguardas que sacudiram os círculos literários brasileiros durante as décadas de 1950 e 1960, como o concretismo, o neoconcretismo, a poesia-práxis, o poema-processo ou a poesia holográfica. O que temos hoje diante de nós é um notável pluralismo de tendências, de correntes e de procedimentos estéticos, mas nenhuma grande escola ou movimento da envergadura literária e histórica do Romantismo do século XIX ou do Modernismo de 1922, cujos mais talentosos herdeiros começaram a escrever na década de 1930. Essa constatação não chega a ser propriamente um mal ou sequer uma fraqueza, mas antes uma circunstância da época a que pertencemos, ou seja, como já dissemos, a do heteróclito mosaico tardo-moderno.

É esse, todavia, um problema que demanda certa digressão, já que tanto o Romantismo do século XIX quanto o Modernismo de 1922 viram-se na contingência histórica de lidar com o legado conservador da tradição e o conceito revolucionário de ruptura, o que não acontece em absoluto com as poéticas de nosso tempo. Sempre que se fala em tradição e ruptura, é comum ocorrer a idéia de uma fratura exposta entre aquilo que pertence ao passado, à tradição, e o que alimenta o novo, a modernidade em nome da qual se processa tal ruptura. A noção, além de falsa, só pode ser aplicada àquela ruptura que se pratica em nome do nada. Há uma ruptura, sim — e profunda —, com os segmentos gastos ou gangrenados dessa mesma tradição, uma ruptura com o que há de cediço, com o que já não vive, com um passadismo cujas fôrmas, por não serem formas, já nada contêm sequer de agônico em si. É esse, aliás, o grande risco que correm todas as vanguardas: ao romper indiscriminadamente com toda uma escala de valores e nada repor em lugar do que foi destruído, essas mesmas vanguardas nos remetem ao oposto do que pretendiam, tornando-se não raro autofágicas e epigônicas. Em certo sentido, as vanguardas se identificam apenas como antíteses reacionais de outras tantas teses, e não como sínteses de processos dialéticos, adquirindo por isso mesmo uma irremediável e precoce condição de caducidade. Entenda-se, entretanto, que não se configura aqui nenhum libelo contra as vanguardas, sobretudo se considerarmos que elas trazem em seu bojo a própria essência da ruptura. A rigor, os movimentos de vanguarda são como uma necessidade histórica, um fator inerente à própria saúde daquilo que se pode chamar de *continuum* literário, cuja dinâmica, por uma questão de sanidade intelectual e artística, repele quaisquer formas de estagnação capazes de pôr em risco a integridade do ato criador e a sobrevivência do próprio artista.

Mas é preciso chamar a atenção para o fato de que, ao contrário do que quase sempre ocorre, ruptura não é demolição pura e simples. Se assim o fosse, jamais seria possível entender-se a ponte entre o antigo e o novo, e o papel da ruptura é exatamente o de lançar essa ponte, que se resume naquele momento em que se harmoniza e articula todo um processo de transição de valores, de reavaliação estética relativamente àquilo que não mais interessa seja porque está morto, seja porque o mau uso o tornou imprestável. Tome-se aqui o exemplo de um poeta que foi, pelo menos ao meu ver, um dos maiores revolucionários da poesia deste século. Refiro-me a T. S. Eliot, autor, entre outros, de *The Waste Land*, poema a partir do qual são lançados muitos dos fundamentos da poesia moderna, incluindo o seu entranhado e difuso intertextualismo, esse palimpsesto através do qual se reescrevem, sobre o texto da antigüidade, as linhas da modernidade. Se observarmos o mosaico heterodoxo em que se resolve e resume aquele poema, veremos que o novo e o antigo ali se entrelaçam num convívio desconcertante e harmonioso. O antigo aí permanece como fonte, como expressão viva e matricial de uma cultura literária e filosófica que constitui a própria herança do homem ocidental. Sem a sua preservação, aliás, seria impossível qualquer emergência do novo, pois estaria destruída toda a tensão existente entre os pólos antagônicos do que já foi e do que está vindo a ser, conforme aquela antiqüíssima — e por isso mesmo sempre nova — lição de Heráclito de Éfeso. O novo nada mais é do que uma outra maneira de dizer as coisas, um ato de repensar o que já foi pensado, um esforço no sentido de redimensionar um universo que é e já não é o mesmo. Duvido muito que uma consciência poética moderna, ou que se pretenda como tal, possa emergir para o ato da criação se desconhecer a lição do passado.

O problema é que não podemos — e, mais grave ainda, não devemos — estar a todo instante reinventando a língua e a linguagem, sob o risco de jamais conseguirmos consolidar uma e outra enquanto realidades literárias. No momento em que nos encontramos, vale dizer, no limiar do terceiro milênio, tanto as grandes escolas ou movimentos quanto as vanguardas do século XX já cumpriram seu papel. Cabe agora aos poetas — e a todos os artistas, de um modo geral — meditar sobre o que se alcançou em termos de renovação e cristalização estético-doutrinária e propor os parâmetros, se acaso for isto possível, da poesia que eventualmente se escreverá no futuro. Como sempre acontece nesses quiasmas cruciais de encruzilhada, a poesia vê-se ameaçada por uma série de riscos e perigos. Um dos mais assíduos na época em que vivemos é, como adverte um notável crítico de nossos dias, Antonio Carlos Secchin, o "da jubilosa unanimidade que se ergue contra a noção de gênero literário, como se tal atitude trouxesse algo de novo à prática ou à teoria da poesia".[15] Bastaria que nos lembrássemos aqui de Novalis ou de

---

[15] Antonio Carlos Secchin, "Poesia e gênero literário", em *Escritos sobre poesia & alguma ficção*, Rio de Janeiro, Eduerj, 2003.

Croce para compreender a impertinência pueril dessa ambição. A própria insistência em proclamar o naufrágio do literário revela, nem que seja pelo avesso, a necessidade constante de exumar um fantasma, para, através da oposição ao que hoje se escreve, assegurar a todos que ele não mais nos assusta. É como se o poeta precisasse dizer: "Vejam como eu rompo com a noção de gênero", e, a partir daí, implicitamente esperasse o aplauso de seu interlocutor.

Parece-me que duas questões se infiltram nessa atitude enganosamente libertária. A primeira, como sabiamente alerta Antonio Carlos Secchin, "é que o tal escritor muito provavelmente estaria batendo em conceito morto, pois tantos foram os que romperam a barreira dos gêneros que hoje, cinicamente, se poderia argumentar que um gesto posterior ao pós-moderno seria o de tapar as fissuras que fizeram ruir o edifício monolítico do gênero; mas acautelemo-nos diante dessa hipótese conservadora, porque ser crítico do contemporâneo não implica o endosso da ordem que o antecedeu".[16] Segundo o mesmo crítico que acabei de citar, estamos todos cansados do agora e já comprovamos a exaustão de seus truques mais visíveis, mas o ontem não nos serve de guarida. Como dissemos há pouco, combater a concepção da impermeabilidade dos gêneros não chega nem mesmo a ser uma conquista de nosso século, cujas fronteiras se encontram desguarnecidas, como diria o jovem poeta Alberto Pucheu. Mas, se as desguarneço, é porque admito que, de alguma forma, elas existem — no mínimo para serem contestadas, maleabilizadas,

---

[16]Idem, ibidem.

postas em risco. Poder-se-ia até dizer mais, ou seja, talvez eliminar essa fronteira nos descortine o horizonte extremo de uma linguagem da total indiferenciação, e talvez também a literatura pareça cindida entre o desejo de chegar lá (nesse lugar onde inclusive a noção de "lá" perderia sentido, pois não há um "lá" onde não há fronteira) e a sensação de que alcançar a plena indiferenciação seria como que decretar seu próprio suicídio enquanto linguagem portadora de uma diferença.

Quanto à segunda questão, diz ela respeito à expectativa de endosso que os textos "transgressores" esperam obter do público. Neste caso, a estratégia é mais ardilosa: o que é, simplesmente, um procedimento técnico — a mistura de prosa e verso, por exemplo, ou a utilização do registro paródico — passa a ser veiculado como valor estético. Daí à elaboração de certos sentenciosos "mandamentos" a tentação é grande e a distância, muito curta: os temerosos aprendizes de poesia são levados a usar tal e qual procedimento se não quiserem ser tachados de reacionários ou conservadores, e a jurar em nome do papa que jamais cometerão um decassílabo ou, muito menos, um soneto. O leitor, confuso, finge que gosta de um texto que finge ser poético. E como não poderia sê-lo, se os passos da cartilha foram todos seguidos? E não o é, remata Antonio Carlos Secchin, "exatamente por isso; contra a catequese do 'politicamente correto', contra manifestos e mandamentos, a poesia é o espaço do desmandamento, território que desmonta toda previsibilidade, incluindo aquela que se disfarça em antinormativa".[17] Sim,

---

[17] Idem, ibidem.

porque o antinormativo é o imprevisível com hora marcada. Esta não é a primeira vez — e nem será a última — que a poesia se vê ameaçada por esse tipo de falácia, e isso acontece porque, desguarnecidas as fronteiras escolásticas que eventualmente impõem os movimentos e mesmo as vanguardas, é a própria palavra que passa a correr risco. Talvez, nesses momentos de indefinição, o discurso mais efetivo e consistente seja aquele que, recusando-se a repetir algo, "não se contente em soletrar o seu oposto, mas consiga criar-lhe um avesso não-simétrico, deslocando seu ponto de percepção e enunciação", como ainda uma vez sustenta Secchin.

Noto na poesia que hoje se escreve entre nós aspectos positivos e negativos. No que entendo como aspecto positivo gostaria de salientar o talento quase inato do poeta brasileiro de qualquer época, sua espontaneidade de expressão, seu agudo sentido de ritmo e de melodia, o luxuriante cromatismo de suas imagens e metáforas, características essas que me parecem seminais desde que se começou a escrever poesia neste país. Mas é daí, talvez paradoxalmente, que se esgalham nossas mais flagrantes deficiências, isto é, as do relaxamento formal, da adiposidade expressiva, do mau conhecimento da língua e de sua própria índole, do desprezo àquelas tradições que nos permitiriam ascender à condição de uma *paideia* e da carência, quase lancinante, daquilo que os alemães definem como *Weltanschauung*, ou seja, uma visão de mundo. Sentimos isto de forma particularmente aguda quando cotejamos os poemas de nossos autores com os dos grandes poetas do Ocidente, como nos casos de Dante Alighieri, Leopardi, Virgílio, Baudelaire, Donne, Yeats, Eliot,

Guillén ou Borges, além de tantos outros. Há neles uma vertente de universalidade que os torna compreensíveis e estimados em qualquer quadrante da Terra. Há neles uma visão do mundo e dos destinos humanos que qualquer leitor será capaz de captar, enquanto aqui nos atolamos numa espécie de regionalismo estreito e orgulhoso que jamais nos levará a parte alguma, a não ser ao umbigo de nós mesmos. Não é todo dia, a propósito, que se consegue urdir o regionalismo transcendente e universalista de um Guimarães Rosa ou de um Graciliano Ramos. O escritor brasileiro, e sobretudo o poeta brasileiro, deve aprender a renunciar a esse maldito e enfezado exotismo dos trópicos, desses "tristes trópicos", aliás.

No que respeita ao transbordamento verbal da alma cabocla, essa praga que nos vem desde os românticos, é bem de ver que o poeta brasileiro, ao se dar conta de seu ciclópico engenho e de sua infinita prestidigitação rítmica e melódica, julga que já sabe tudo e que é capaz de tudo, transformando assim a dura e severa prática da poesia numa estúpida e efêmera banalização. É muito comum entre nós esse solene desdém pelos frutos que possam advir de uma formação literária e intelectual, mas para tanto é necessária uma dose de humildade que os jovens não têm. De um modo geral, o jovem poeta brasileiro não lê os grandes poetas da tradição ocidental e, o que é pior, quando o faz, não os lê no original, muito embora esse problema esteja hoje muito mitigado pelas boas traduções que passaram a circular no mercado. Mas a verdade é que tais limitações acabam por confirmar uma condição de amesquinhamento de nossas inesgotáveis possibilidades poéticas. O grande poeta em qualquer língua, em qualquer literatura — e há que se ter esse lema como fundamental —, será sempre um poeta literariamente bem nutrido, conhecedor de seu ofício e exímio usuário do idioma em que se expressa, como o foi, talvez mais do que qualquer outro entre nós, esse *homo qualunque* que se chamou Manuel Bandeira, que sabia rigorosamente tudo no que toca à arte poética e aos segredos da poesia.

O primeiro aspecto a ser salientado na última década deste século em nosso país é uma vigorosa retomada da produção, da publicação e da discussão da poesia, em contraste com a entressafra dos anos 80. Se já se tornou lugar-comum sublinhar a autonomia dos novos autores com relação à tutela dos caciques do verso, é bom destacar que existem múltiplos modos de exercer essa liberdade. Ademais, convém examinar as condições materiais que favoreceram o aparecimento dessa polifonia poética dos anos 90 e, no âmbito de sua partitura, atentar para as vozes (ou mesmo os coros) que se fizeram ouvir com maior nitidez. Para tanto colaboraram não apenas as revistas dedicadas exclusivamente à poesia, mas também os suplementos literários dos quatro principais jornais do Rio e de São Paulo. Cumpre aqui destacar o papel de *Poesia Sempre*, revista semestral de circulação nacional publicada pela Fundação Biblioteca Nacional e cujo fundador foi Affonso Romano de Sant'Anna quando presidente daquela instituição. Mantida pelo atual presidente da casa, o acadêmico e ensaísta Eduardo Portella, a publicação completa agora oito anos de existência. Há que se lembrar, também, o papel de editoras como Nova Fronteira, Nova Aguilar, 7 Letras, Iluminuras, Record e Topbooks, que sempre mantiveram a poesia em seus catálogos. Mas a verdade é que, como já acontecera no passado, o índice de vendas é ainda bastante modesto. Assim, se houve incremento de publicações, nada indica, na outra ponta do circuito, que a isso correspondeu um aumento significativo de público leitor. A década de 1990 traz também duas outras contribuições ao reino da poesia: os CDs gravados pelos próprios poetas e os cada vez mais concorridos recitais de poesia ao vivo. Enfim, a poesia jamais mostrou tanto a sua cara, e os poetas não têm muito do que se queixar no que toca à circulação do que estão produzindo. Mas teria tudo isso contribuído para que a poesia melhorasse de nível? Alguns acham que sim, enquanto outros julgam apenas que ela se banalizou.

É claro que não se pode aqui dar conta de tudo o que se produziu nos anos 90, pois, se assim fosse, teríamos de considerar a obra de autores que amadureceram antes da última década do século passado, o que não é o propósito desta conferência. Mas não se podem esquecer, no âmbito cronológico desse período, os nomes de Alexei Bueno, Antônio Cícero, Waly Salomão, Carlito Azevedo, Donizete Galvão, Lu Menezes, Régis Bonvicino, Nelson Ascher, Cláudia Roquette-Pinto, Denise Emmer, Rita Moutinho e Paulo Henriques Britto, entre muitíssimos outros. Como é grande a lista de omissões, seria talvez preferível salientar, como faz Antonio Carlos Secchin, "algumas tendências dominantes da poesia da década, como, por exemplo, aquela de que partilham os autores cujo traço comum é o resgate da noção do 'literário' como componente fundamental do discurso poético, em oposição ao registro distenso ou informal que constituía a tônica"[18] da poesia alternativa que se escreveu na década de 1970. Eis-nos aqui, escreve ainda aquele crítico, "diante de um grupo predominante culto, oriundo em grande parte do meio universitário, estudioso das técnicas do verso e amiúde poliglota", o que deu origem a uma plêiade de poetas tradutores. E acrescenta: "Mas, se quase todos parecem ambicionar um texto explicitamente caudatário do literário, a diferença já se estabelece a partir da pergunta inicial: de que literatura se está falando? Daquela que dialoga com a tradição da 'alta literatura' ocidental e reconhece no século XIX raízes que ainda hoje podem ser recicladas? Ou daquela que se pretende permeável a outras manifestações da arte contemporânea, numa assimilação e intercâmbio de processos?"[19] Tais poetas acreditam no poder mítico da palavra, e sua obra, como é o caso das que já nos legaram Alexei Bueno e Bruno Tolentino, se tece como uma espécie de herdeira ou defensora da linhagem romântico-simbolista em seus desdobramentos no século XX. "Além da qualidade intrínseca de seus textos" — é ainda Secchin quem o diz — "cabe assinalar a persistência quase pedagógica do poeta ao denunciar o que, a seu ver, consiste numa usurpação do modernismo a expensas da modernidade: a crença de que só haveria uma única 'boa versão' do moderno — a que se funda na paródia, no ludismo, no humor, na valorização do efêmero e do precário em oposição ao eterno e ao monumental".[20]

---

[18]Idem, ibidem.
[19]Idem, ibidem.
[20]Idem, ibidem.

Em vertente oposta à dessa ritualização do verbo, que corre o risco de diluir-se em verborragia tardoparnasiana, situam-se aqueles que se encontram sob a ameaça de fórmulas excessivamente facilitadas. A esse respeito, é mais uma vez exemplar o que observa Secchin: "Foram incontáveis as contrafações 'minimalistas' que assolaram a poesia brasileira ao longo da década: sílabas recortadas ao arbítrio do dono, ausência de pontuação, referencialidade (?) imperscrutável, e mais um poema saía pronto do forno (ou da forja)."[21] Os poetas dessa vertente se acreditam a um tal ponto modernos que qualquer suspeita erguida contra o modelo que elegeram é sumariamente desqualificada como "conservadora". E conclui o mesmo crítico: "Ora, se o 'estético' não é claramente revelado, o 'politicamente correto' insinua-se de imediato para assumir-lhe o lugar e, combatendo o cânone, propugna um anticânone que, ao cabo, aspira à mesma legitimação daquilo que combate."[22] O pior que se pode fazer a um poeta é reconhecê-lo através da versão edulcorada que dele fazem seus epígonos, como hoje ocorre com João Cabral de Melo Neto, cujo vigor e rigor criativos se transformaram em tiques clonados à exaustão, desvinculados de um modo intransferível de representar a realidade para se deixar copiar em suas mais óbvias e anêmicas exteriorizações. E o problema desse epigonismo é tanto mais grave quando se pensa que toda uma legião de poetas talentosos nele naufraga e se torna ventríloqua de uma voz que não lhe

---

[21] Idem, ibidem.
[22] Idem, ibidem.

pertence, acrescentando assim mais ruído do que som à profusa e confusa partitura da poesia que hoje se escreve no Brasil e cujos parâmetros analíticos cada vez mais se complicam em razão da pouquíssima distância histórica de que dispomos para avaliá-la.

A poesia, a verdadeira poesia, bem o sabeis, é pouca e para poucos, e foi isto, muito provavelmente, o que levou um poeta como Juan Ramón Jiménez a inscrever em todos os seus livros este lema aristocrático: "A la minoría, siempre". Ao relembrar este lema, recordo-me também de uma outra coisa que me preocupa muitíssimo na atual poesia brasileira e sobre a qual já nos detivemos em parágrafos anteriores. Refiro-me aqui à inacreditável quantidade de novos títulos que se publicam entre nós, ou seja, num país que sabidamente não lê ou o faz muito pouco. Temos hoje alguns milhares de poetas, ou que se julgam como tais, e alguns milhões de postulantes à condição de poetas. Será que todos se esqueceram de que, na avassaladora maioria dos casos — e essa observação se aplica a qualquer literatura —, é necessário que decorra todo um século para que surjam dois ou três poetas dignos desse nome? E por que essa frenética e quase obscena pressa de se publicar a qualquer preço toda tolice que se escreve, sem o mínimo compromisso com a maturidade artística ou a mínima qualidade literária? Haveria público leitor para toda essa galáxia de mediocridades, ou os autores desejam apenas que seu nome figure numa lombada qualquer, ainda que condenada ao pó do esquecimento? Convém aqui lembrar o que dizia a respeito um poeta da estirpe de Dante Milano, segundo quem "a missão do poeta não é tanto a de publicar o que porventura se escreve, mas antes a de lutar para que a poesia não morra". Sim, esse Dante Milano, esse "gênio esquecido", como o chamou Carlos Drummond de Andrade em sua última entrevista à imprensa, esse poeta que só publicou o seu primeiro e único livro quando beirava os 50 anos de idade. E esse livro está vivo até hoje.

A poesia não é uma aventura qualquer, e muito menos um passatempo de ociosos, mas antes uma aposta de vida ou morte, o supremo risco que se corre sem nenhuma recompensa, sem nenhuma promessa de glória ou de reconhecimento póstumo. A poesia é apenas uma escolha e uma destinação fatais. Se dela privado, o autêntico poeta corre risco de vida, pois jamais terá como justificar sua existência diante dos homens e de Deus. Por mais que busquemos identificar as matrizes da poesia que hoje se produz no Brasil e perscrutemos que poesia poderá ser lida nos primórdios do terceiro milênio, chegamos sempre à conclusão de que nos defrontamos com uma incógnita. Foi muito o que herdamos do Simbolismo, do Modernismo de 1922, da contra-revolução promovida pela Geração de 45, das vanguardas que eclodiram na segunda metade do século XX, da poesia virtual e dos *sites* da internet. E, no entanto, essa incógnita permanece e se instaura como um desafio num século cujos avanços científico-tecnológicos foram espetaculares, dando origem a um período histórico algo carente de grandes preocupações e conquistas filosóficas, o que mais ainda compromete nossa capacidade de compreender o momento que vivemos. Quanto a nós, poetas, a quem T. S. Eliot chamou um dia de "guardiões da palavra", deveríamos sempre exercer uma irrestrita e severa vigilância sobre tudo aquilo que porventura viermos a publicar, e seria de todo aconselhável que, antes de escrevermos mais um poema talvez inútil, nos lembrássemos deste aforismo esquecido que Aníbal Machado deixou inscrito em seus imortais *Cadernos de João*: "Se todo o teu corpo não participa do que estás escrevendo, rasga o papel e deixa para amanhã."

2003

Drummond e Machado[23]

Por estranho que pareça, o grande herdeiro entre nós do ceticismo espiritual, da reticência psicológica e da filosofia da dúvida que afloram nos romances e nos contos de Machado de Assis não é, segundo cremos, um ficcionista, e sim um poeta. Refiro-me aqui a Carlos Drummond de Andrade, machadiano em seus poemas, assim como o foi Augusto Meyer em sua ensaística, desde *Alguma poesia*, coletânea com que o autor estréia em 1930. E recorro aqui, para reforço do que digo, a uma aguda observação do nosso Marcos Almir Madeira no ensaio "Drummond e Machado de Assis: uma filosofia da dúvida (ou ceticismo irônico)", no qual se lê, a propósito de certa vertente filosofante que os aproxima, estas linhas de rara e absoluta pertinência: "Nem um nem outro se adestraram para a filosofia, que não foi para eles uma *carreira*, um rumo planejado, uma diretriz. Quero di-

---
[23]Palestra pronunciada no Pen Club do Rio de Janeiro em agosto de 2003.

zer que não foram filósofos ostensivos. Se me ocorresse uma classificação extravagante ou mesmo maligna, eu diria que terão sido ambos filósofos sem dolo... O certo é que se compraziam no ato de pensar, nesse expediente de organizar, de montar, de armar idéias e enfeixá-las num mosaico caprichoso."[24] E penso aqui que, se hoje consideramos Drummond de Andrade como o maior poeta brasileiro do século passado e talvez de toda a literatura brasileira, isto se deve, em boa parte, à sua tendência para a reflexão, à sua insistente procura de uma visão do mundo que lhe permitisse compreender não apenas o homem de seu tempo, mas também a realidade na qual estava inserido.

Dois notáveis ensaístas, Hélcio Martins e Antônio Houaiss, precederam-me — e de muito me ultrapassaram — nesta questão. O primeiro a aborda através de um estudo, publicado sob o título de *A rima em Carlos Drummond de Andrade* (1967), em que se detém sobre o uso que fazia o poeta desse recurso, chegando à conclusão de que, em Drummond, a rima adquire um caráter eminentemente seletivo, relegando a segundo plano sua utilização como estrito expediente de apoio fonético. Somos de opinião que, ao entregar-se a essa prática, Drummond já estaria refletindo sobre um dado estético que cumpria ser modificado. E é isso o que se vê desde o primeiro poema do livro de estréia do autor, onde ele nos diz:

---

[24]Marcos Almir Madeira, *A ironia de Machado de Assis e outros temas*, Rio de Janeiro, s/e, 1944.

Mundo mundo vasto mundo,
se eu me chamasse Raimundo
seria uma rima, não seria uma solução.

Ou seja, não seria uma solução no sentido de que, se usada apenas mecanicamente como apoio fonético, a rima não poderia ajudá-lo a interpretar a realidade do mundo. É que Drummond, como todo bom mineiro, está sempre desconfiando do que lhe oferecem os dados imediatos da consciência, isto é, aqueles que lhe chegam apenas por meio dos sentidos. E o que nos chega por meio dos sentidos é somente o conhecimento da aparência sensorial, ou seja, fenomênica, e não a gnose mais profunda do númeno, da coisa em si, já purgada de toda a contingência e de toda a caducidade humanas.

Em *Seis poetas e um problema* (1960), Antônio Houaiss, por sua vez, também nos fala dessa rima eminentemente seletiva de que se vale o autor de *A rosa do povo* para melhor compreender a realidade política e social de sua época. Sustenta Houaiss que "não há por que rimar — pela forma — as palavras, se elas não são associáveis, se elas não são necessariamente rimáveis, se sua interdependência não lhes cria, reciprocamente, um aumento de valor expressivo, não apenas fonético, mas de conteúdo". Houaiss estaria decerto pensando na "Consideração do poema", onde Drummond escreve:

> *Não rimarei a palavra sono*
> *com a incorrespondente palavra outono.*
> *Rimarei com a palavra carne*
> *ou qualquer outra, que todas me convêm.*

Assim, pois, a palavra cria o pensamento, exatamente como ocorre em Machado de Assis, que se servia, como todos sabem, de um universo vocabular relativamente modesto. E é no bojo desse processo criador que se associam, com freqüência, o humor e a ironia tão característicos de ambos. *Mutatis mutandis* e guardadas todas as devidas precauções, um poema como "O caso de vestido" poderia ter sido escrito por Machado de Assis tivesse ele participado do movimento modernista de 22, tamanha é a tangência que se verifica entre os dois autores no que toca à utilização da ironia, da reticência e de um humor que, se não é cáustico, tem lá o seu teor de veneno.

E há mais: ambos os escritores se movem, cada qual à sua maneira, no reino da dúvida e da ambigüidade, como se pode ver em diversos poemas de Drummond, sobretudo nos que pertencem a *Claro enigma*, e nos grandes romances de Machado de Assis, a começar por *Memórias póstumas de Brás Cubas*. A Capitu, de *Dom Casmurro*, e a Flora, de *Esaú e Jacó*, são as mais intensas personificações da dúvida, da reticência e da hesitação machadianas. E tais vertentes estão em ambos os autores como que matizadas pelo humor, aquele humor triste e às vezes sardônico de quem não acredita muito nas virtudes do ser humano. Tanto Drummond quanto Machado de Assis esgrimam permanentemente o florete da crítica à realidade, aos costumes e ao comportamento psicológico de seus contemporâneos.

Claro está que não podemos aproximar o lirismo drummondiano do ressentimento subterrâneo do autor do *Memorial de Aires*. Obviamente, não há em Drummond aquela doença machadiana que, como lucidamente observa Augusto Meyer, "começa com a consciência demasiadamente aguda, pois o excesso de lucidez mata as ilusões indispensáveis à subsistência da vida, que só pode desenvolver-se num clima de inconsciência, a inconsciência da ação".[25] Ao contrário do que ocorre em Drummond, que de algum modo acreditou na vida e num destino melhor para o homem, havia em Machado de Assis, como ainda uma vez assinala Augusto Meyer, "esse amor vicioso que caracteriza o monstro cerebral, a volúpia da análise pela análise, mas havia também — e nisto vejo o seu drama — a consciência da miséria moral a que estava condenado por isso mesmo, a esterilidade quase desumana com que o puro analista paga o privilégio de tudo criticar e destruir".[26] Não é bem essa a atitude de Drummond, mas há nele, como em Machado, um ceticismo irônico que nos remete a certos poemas de Laforgue, de Corbière e, mais modernamente, de T. S. Eliot.

Quando se fala das convergências que de fato aproximam Drummond de Machado de Assis, cumpre lembrar que aquele primeiro foi essencialmente um poeta, ao passo que

---

[25] Augusto Meyer, "O homem subterrâneo", em *Machado de Assis*, Rio de Janeiro, Livraria São José, 1958.
[26] Idem, ibidem.

este último foi, quase estritamente, um ficcionista. Enquanto Drummond buscava a síntese do poema, Machado de Assis desenvolvia a análise da prosa psicológica. Mas ambos foram, talvez mais do que seus pares de ontem e de hoje, filósofos assistemáticos e intérpretes dos problemas de seu tempo (e, a meu ver, de todos os tempos). O que os aproxima, além da filosofia da dúvida e do ceticismo do espírito, é uma certa *finesse*, um certo *wit* e uma "*intelligence du coeur*" que talvez faltassem à maioria de nossos escritores. Ademais, possuíam ambos, para além da ortodoxia gramatical e vernácula, um extraordinário *insight* no que toca ao sentido do estilo literário e às possibilidades da língua. Foram "inventores", naquela acepção de Ezra Pound, ou, mais do que isto, modernos para além de qualquer modernismo e clássicos na medida em que um clássico não é apenas aquele que se toma como um autor modelar, mas também — e sobretudo — aquele que realiza o gênio da língua.

Gostaria aqui de concluir esta breve abordagem da mesma forma como a iniciei, ou seja, recorrendo a uma curiosa constatação de Marcos Almir Madeira no belo texto que escreveu sobre os pontos de tangência entre Drummond e Machado de Assis. Diz ele:

> Em certa medida, a austeridade, a circunspecção ou mesmo alguma severidade na conduta de todo dia compunham a vida da criatura disciplinada, atenta aos usos ou mesmo a certas praxes. Não nos esqueçamos: foi ele, Drummond, um funcionário público reputado como exemplar. E não será interessante recordar que Machado de Assis, um

de seus ídolos, também o foi? Carlos no Ministério da Educação e Cultura, como chefe de gabinete de Gustavo Capanema; Machado, muito antes, numa secretaria pletórica, acumulando, no Império e na República, Viação, Agricultura e Obras Públicas. Ambos *batiam o ponto*, abrindo e encerrando o expediente, condenados à precisão, à exação, ao zelo.[27]

E diria eu, de minha parte, paradoxalmente libertos para rir do homem e de suas ilusórias construções.

2003

---

[27]Marcos Almir Madeira, op. cit.

As raízes da "vaga música" ceciliana

Cecília Meireles surge na literatura brasileira em 1922, quando foi apresentada pelo grupo de escritores católicos que, entre 1919 e 1927, através das revistas *Árvore Nova, Terra de Sol* e *Festa*, defendiam a renovação de nossas letras com base no equilíbrio estético e no pensamento filosófico. Seu aparecimento coincide, portanto, com a eclosão do movimento modernista, mas a poesia da autora não se enquadrava, de modo algum, no âmbito das exigências do ideário estético da Semana de Arte Moderna de 1922, pois a arte de Cecília Meireles, inspirada em elevado misticismo, tem feição essencialmente espiritual. Cumpre lembrar aqui que a atuação dos espiritualistas, cujas aspirações se difundiam através da revista *Klaxon*, era muito distinta da do grupo paulista de 1922. O programa mínimo desses espiritualistas, cujos lemas básicos eram o pensamento filosófico, a tradição e a universalidade, se opunha ao liberalismo de idéias, à ruptura com o passado literário e ao caráter nacionalizante do movimento modernista. Pode-se assim deduzir que a renovação proposta pelos escritores católicos daquela época era, sobretudo, de índole ideológica, muito embora nenhum deles desprezasse o encadeamento com antecedentes estéticos e culturais. Assim, no que toca ao aparato métrico-rímico, julgavam-se válidos os instrumentos herdados da tradição, acrescentando-se a estes o verso livre decadentista, muito distinto do versilibrismo apregoado pelos modernistas.

Isso poderia explicar, por exemplo, a filiação claramente simbolista dos três primeiros livros de Cecília Meireles: *Espectros* (1919), *Nunca mais... e Poema dos poemas* (1923) e *Baladas para el-rei* (1925). No caso do primeiro deles, aliás, pode-se falar até de certo influxo parnasiano, previsível à época em que a autora o publicou, ou seja, a do Pré-Modernismo, quando vigoravam ainda os modelos do Parnasianismo. O mesmo ocorre, a propósito, com o primeiro livro de Manuel Bandeira, *A cinza das horas* (1917). É flagrante nestas coletâneas a similitude temática e formal entre a poeta e os epígonos do Simbolismo. E são aí também visíveis os motivos que cultivou essa escola, como os do desencanto e da renúncia, da nostalgia do além e da ânsia mística, tão intensa em Alphonsus de Guimaraens, bem como os efeitos expressivos extraídos da adjetivação abstrata, dos superlativos, das rimas nasaladas e dos valores cromáticos que revestem os símbolos. Enfim, é como se estivéssemos diante de um reflexo crepuscular de luz mortiça, de um vocabulário que privilegia as palavras longas, da lentidão dos versos alexandrinos e de uma monotonia intencional, expressa no valor melódico idêntico tanto dos octossílabos quanto dos dodecassílabos, o que confere à poesia que Cecília Meireles escreveu nessa época uma obsidiante voz de litania, como muito bem observa Darcy Damasceno no estudo introdutório que preparou para a edição da *Obra poética* da autora, em 1958.

É bem de ver ainda, nestes três livros, aquela consciência da poeta no tocante à fugacidade do tempo, mola mestra de todo o lirismo ceciliano. Mas, até então, a poesia de Cecília Meireles se nutre da consideração da vida como um sonho, da melancolia, da solidão, do silêncio e daquele acento penumbroso e evanescente que caracteriza a poesia de Verlaine, de Maeterlink e de Antônio Nobre. Do ponto de vista expressivo, entretanto, cumpre admitir que o desbastamento da adjetivação, o gradual abandono do formulário simbolista e a eleição de determinado fundo léxico já prenunciam, sobretudo em *Nunca mais...*, a gênese da linguagem poética que iremos encontrar a partir de *Viagem*. No conjunto desses três livros a que nos referimos (e que a autora expurgou de sua obra reunida), o que mais importa para a compreensão da personalidade artística de Cecília Meireles é sua iniciação na heterodoxia formal, o que a encaminhou para a prática do verso livre e a superação do repertório escolástico. Tal exercício, contudo, seria de breve duração, vindo o verso livre a tornar-se algo episódico nas fases subseqüentes de sua poesia.

Ente 1925 e 1928 registra-se uma como que evolução em surdina no processo lírico de Cecília Meireles. Digo em surdina porque, em sua maioria, os poemas escritos durante esse período foram abandonados nos jornais e revistas que os publicaram. Mas é aí que mergulham as mais remotas raízes da "vaga música" em que consiste toda a poética ceciliana, essa poética que a levou, por caminhos solitários, a percorrer regiões até então desconhecidas em nossa literatura. E assim o foi a tal ponto e de modo tão extremo que Andrade Muricy, o grande crítico e historiador do nosso Simbolismo, chegou a dizer dessa poesia que ela era "a mais escarpada e selvagem solitude de alma, a mais *atonal* música poética da geração" a que pertencia a autora. E conclui: "Nenhum vestígio do seu esplendor visual, nessa poesia de veemente austeridade: só e só o ardor perdido de desesperança, misticismo num universo vazio."[28]

São essas, quero crer, as raízes arqueológicas da "vaga música" a que remetem, graças a um empréstimo bibliográfico que tomo aqui à própria autora, o título e a matéria desta breve e precária avaliação crítica. E essa "vaga música", já entreouvida nos primeiros versos de Cecília Meireles, começa a tomar corpo definitivo em *Viagem*, que a Academia Brasileira de Letras, por iniciativa de Cassiano Ricardo, houve por bem premiar em 1938 depois de muita arenga e controvérsia, como nos conta pormenorizadamente o decano Josué Montello em seu sapientíssimo *O Modernismo na Academia*. Era o primeiro prêmio que a Casa de Machado de Assis concedia a uma mulher, era a láurea que reconhecia, em âmbito nacional, a maior dentre todas as poetas brasileiras do século passado — era, enfim, o justo tributo que se rendia a quem, num empenho monástico, estudou como

---

[28]Andrade Muricy, *Panorama do movimento simbolista brasileiro*, vol. III, Rio de Janeiro, INL, 1952.

poucos a nossa tradição literária, assimilando à época todos os recursos expressivos da arte verbal. Houve quem acusasse a autora de ser mais ibérica do que brasileira. Rematada tolice: os versos de *Viagem* refletiam apenas, e tão só, a árdua e persistente aprendizagem da autora num momento em que a maior parte dos poetas modernistas se enredava nas malhas de sua própria atividade renovadora, às voltas com vícios expressivos, com o anedótico e com o nacionalismo defendido pelas diversas facções da década de 1920, período em que todos sabiam perfeitamente o que não queriam, mas nunca souberam exatamente o que queriam. E Cecília Meireles o sabia. Como diz Darcy Damasceno no estudo a que já aludimos, "*Viagem* estava não só dentro das linhas tradicionais, como também aspirava a ser — e o foi — a primeira obra acima de fronteiras que haja aparecido no modernismo."[29]

2002

---

[29]Darcy Damasceno, Introdução à *Obra poética* de Cecília Meireles, Rio de Janeiro, José Aguilar, 1958.

OSTINATO RIGORE[30]

A primeira coisa que salta aos olhos quando se percorre a poesia de Mauro Mota é a sua alta e obstinada lição de rigor, de um rigor que se diria clássico tamanho é o tributo que ela paga à austeridade expressiva e ao culto das boas tradições da língua. Sua linguagem é simples e direta na medida em que o é a de seu ilustre conterrâneo Manuel Bandeira, e assim o é porque ambos entenderam, até com certa humildade, que o simples não constitui senão o derradeiro estágio do complexo, no qual já não cabem o malabarismo e a acrobacia verbais, esses *feux d'artifice* em que se perderam (e ainda se perdem) alguns poetas brasileiros que poderiam tê-lo sido e que não o foram. Há em ambos uma secura de estilo e uma franciscana economia de meios, um horror às *tournures* fraseológicas e aos contorcionismos de linguagem que de pronto nos recordam o ascetismo da euclidiana li-

---
[30]Prefácio à edição da *Obra poética* de Mauro Mota, Recife, Ensol/Secretaria de Educação e Cultura de Pernambuco, 2004.

nha reta. E estão ambos — eis aqui o milagre — carregados daquela misteriosa emoção que somente os autênticos poetas sabem transformar em magia verbal, como o fizeram Poe e Baudelaire na estrutura medida e concisa de seus versos. É que neles, mais do que o espírito — que sempre se move de fora para dentro —, anima-os a alma, cuja luz percorre o trajeto inverso, tal como o vemos naquela "noche oscura" de São João da Cruz.

Essa é a essência da poesia de Mauro Mota, mais exatamente a que inerva as *Elegias* (1952), nas quais se dilui por completo qualquer indício de datação temporal ou de referência toponímica, ao contrário do que ocorre com a maioria de seus poemas subseqüentes. Trata-se aqui do primado da poesia pura ou, se quiserem, *assoluta*, daquela poesia da poesia, antiprogramática e estrita, como se lê em alguns dos poemas de Leopardi ou nas partituras de Bach, Mozart e Chopin. Não me parece fortuito que, para escrevê-las, Mauro Mota haja escolhido a forma tersa e contrita do soneto, cuja expansão é sempre mínima: "pequeno som", como diziam seus inventores, Piero delle Vigne e Guittone d'Arezzo, no já distante século XIV, e de que se valeram depois os poetas do *dolce stil nuovo*. E estes sonetos, ou "elegias", de Mauro Mota são perfeitos na emoção e na forma, já que ambas se desenvolvem sob o signo de uma reciprocidade simultânea, corrigindo assim aquele antigo equívoco de que forma e fundo seriam dissociados, quando são, na verdade, uma indissolúvel comunhão, comunhão absoluta, aliás, como se vê no primeiro quarteto e no segundo terceto da "Elegia nº 8":

> *As mãos leves que amei. As mãos, beijei-as*
> *nas alvas conchas e nos dedos finos,*
> *nas unhas e nas transparentes veias.*
> *Mãos, pássaros voando nos violinos.*
>
> (...)
>
> *Se parecem dormir, não as despertes.*
> *As mãos que amei, que desespero vê-las*
> *cruzadas, frias, lânguidas, inertes!*

Claro está que essa poesia da poesia lateja em toda a obra de Mauro Mota, mas convém sublinhar que aquela essência antiprogramática a que aludimos no caso das dez elegias (que seriam 11, se computássemos a que se encontra nos versos de arquivo) cede terreno à poética da existência nos livros posteriores do autor, ou seja, os que ele deu à estampa entre 1956 e 1979. É que os poemas incluídos nesse período de vinte e três anos de produção são de fundo simbólico e estão fincados como raízes na terra nordestina, retratando os dramas do cotidiano em linguagem natural e espontânea, ou, como deles disse Álvaro Lins, transmitindo "uma espécie de realismo mágico, uma extraordinária capacidade para transfigurar o imediato e o cotidiano em simbologia poética". Percebe-se "um certo cheiro de engenho" até mesmo em alguns de seus poemas mais urbanos, como corretamente observa Renato Pontes Cunha, acrescentando que a Zona da Mata pernambucana, onde ondulam aqueles canaviais de João Cabral de Melo Neto, "marcou sua infância e tingiu definitivamente sua poesia". Esse realismo mágico e esse "cheiro de engenho" estão de fato presentes em quase toda a obra de Mauro Mota, e seria fastidioso rastreá-los neste ou naquele poema, já que se trata de um traço estigmático do comportamento psicológico do autor, de uma herança cultural ou, mais do que isto, de uma alma acima de tudo nordestina.

O que nos interessa mais de perto na poesia de Mauro Mota, entretanto, é uma qualidade intrínseca: a de sua pureza formal, associada ao domínio cabal que revela o autor no que toca aos seus meios de expressão e ao lirismo, dir-se-ia telúrico, de sua refinada e tensa linguagem. Tais características legitimariam sua filiação à Geração de 45, como assim o pretendeu Fernando Ferreira de Loanda quando o incluiu no *Panorama da nova poesia brasileira*, antologia que registrou o primeiro balanço de um grupo de poetas que buscavam um novo caminho para além dos limites do Modernismo. Ocorre que Mauro Mota, à semelhança de Lêdo Ivo e de alguns outros poetas pertencentes ao grupo, transcende os propósitos operacionais e doutrinários da Geração de 45, firmando-se logo depois como um dos poetas mais estimados de sua época. E acrescente-se que a reação formalista desses poetas aos desmandos e desvios dos modernistas de 1922 era algo previsível e talvez até necessário. Mas, quando se lêem poemas como as já citadas "Elegias", "Finados", "A potranca", "As andorinhas", "Os epitáfios", "O cacto" ou "Balada eqüestre", percebe-se em que medida se dá essa superação dos pressupostos formalistas da Geração de 45, na qual já se arrolaram poetas tão transgressivos quanto João Cabral de Melo Neto e Ferreira Gullar.

Mauro Mota, de quem agora se reúne toda a poesia, não pode ser visto, portanto, como um sobrevivente da geração a que pertenceu, e sim como o grande poeta que já era quando da publicação das *Elegias*, às quais se seguiram, confirmando-lhe as altas e indiscutíveis virtudes, *A tecelã* (1956), *Os epitáfios* (1959), *O galo e o cata-vento* (1962), *Canto ao meio* (1964), *Itinerário* (1975) e *Pernambucânia* (1979), além dos poemas do arquivo que agora se coligem. É que há em sua poesia, como em toda grande e autêntica manifestação do ímpeto poético, aquele timbre intransferível que distingue o poeta do versejador, e nem cogito aqui do artesão porque este sempre subjaz no verdadeiro artista e até o pressupõe. Há em Mauro Mota austeridade verbal, limpeza de fatura, equilíbrio e adequação do *que* e do *como* da linguagem poética, fina ironia e uma tristeza que é a de todos nós, poetas, a tristeza daqueles que, caducos e contingentes, estão sempre com um ar de despedida, como observou certa vez este outro grande elegíaco que foi Rainer Maria Rilke. E são esses os misteriosos ingredientes de que se vale toda poesia que haverá de permanecer, mesmo nos hölderlinianos tempos de indigência que ora vivemos. De Mauro Mota, por exemplo, haverão de permanecer, entre outros, estes dois tercetos admiráveis de "As andorinhas":

> *Mas quando, no intervalo dessa pena,*
> *no seu repique matinal batia,*
> *era a coletivíssima revoada:*
>
> *asas de cal e músicas de pena*
> *caindo todas pelo chão da praça*
> *como se a torre se despedaçasse.*

2004

A MELANCOLIA EM JOAQUIM CARDOZO

Faz agora vinte e cinco anos que morreu Joaquim Cardozo. A data passou despercebida, como despercebidas sempre foram a sua poesia e a sua trajetória humana. Talvez por culpa dele, que amiúde se furtou à enganosa glória mundana, como o fez também outro altíssimo e recluso poeta, Dante Milano. Mas há duas semanas, no plenário da Academia Brasileira de Letras, Marcos Vinicios Vilaça cuidou de fazer-lhe o elogio póstumo. E fê-lo de pernambucano para pernambucano, com alma, com doçura e com aquela verve que só os pernambucanos têm. Também como Dante Milano, Joaquim Cardozo (1897-1978) estreou tarde, aos 50 anos, com um volume de versos intitulado *Poemas*, que é de 1947 (o de Milano é de 1949).

A obra chamou tanto a atenção da crítica que o autor passou logo a figurar entre os grandes nomes de nossa poesia contemporânea, e não como o bissexto entre os quais até então o incluíam. Sua temática, se regionalista, transcende o âmbito estritamente geográfico, transfigurando assim o dado físico, objetivo, da informação poética, e o autor é hoje reconhecido por sua linguagem austera e despojada e por um sistema rítmico singular, repleto de graves e imprevistas sonoridades. Teria para tanto contribuído sua condição de exímio calculista, o escolhido de Oscar Niemeyer para suas arrojadas criações plástico-visuais em que se resume a ondulante arquitetura que nos legou? Difícil dizer. Mas o certo é que toda essa poesia foi escrita sob o signo da severidade e da concisão, como vemos nos poucos livros que a seguir publicou: *Prelúdio e elegia de uma despedida* (1952), *Signo estrelado* (1960), *O coronel de Macambira* (1963), *Mundos paralelos* (1970), *Trivium* (1970) e *Um livro aceso e nove canções sombrias* (1981).

Estudaram-lhe a obra, entre outros, Antônio Houaiss, em *Seis poetas e um problema* (Rio de Janeiro: 1960), e José Guilherme Merquior, em *Razão do poema* (Rio de Janeiro: 1965), que foram críticos da mais alta estirpe e da mais inabalável exigência estética. Este último, sob o título de "Uma canção de Cardozo" (a canção é a "Elegíaca", que pertence a *Signo estrelado*), disseca-lhe de modo exemplar não apenas a grave e tensa atitude poética, mas também o sentimento que nela subjaz e a ilumina. Sustenta Merquior que o que está em jogo neste poema é aquela "bile negra" que se conhece por melancolia e que nos vem desde o século XV com Charles de Orleans. Para o ensaísta, ao celebrar a saudade da amada que se foi, Cardozo revigora aquela imagem do poço sem fundo ou fonte tantálica "que simboliza a eterna incapacidade de satisfazer-se em que vive o melancólico". É esta imagem que iremos reencontrar em Dürer, em Quevedo, no outono da Idade Média, no maneirismo e no pessimismo barroco, quando a água reconfortadora, negada pela fonte da melancolia, torna-se a tinta de um tinteiro que representa a bile negra e o poço do *spleen*. Como nos diz Jean Starobinski, o melancólico transforma "a impossibilidade de viver em possibilidade de dizer". E é este, afinal, como adverte ainda o ensaísta brasileiro, o único projeto a que se permite o melancólico, o homem sem projetos: a superação pela arte.

Embora seja um autor acima de tudo elegíaco e que, ao contrário de diversos outros poetas nordestinos, expurga de sua obra tudo o que seja exótico e pitoresco, Antônio Houaiss vê em Joaquim Cardozo um poeta sempre atento ao drama humano global, já que se percebe em seus versos aquela necessidade de resgatar no homem o que é humano, ou seja, "esta vida que nos é nossa como elo de uma trama infinita cuja vocação é viver, que exige, quando a plenitude não é possível, um mínimo de dignidade física e espiritual". Em pólo distinto àquele em que se situa Merquior, Houaiss prefere argumentar que Cardozo manifesta em seus poemas a melancolia do humor, a melancolia de uma aceitação plena da vida, mas com resignação provisória, diante do horror contextual que nos cerca, já que a vida é, ainda que a entendamos como uma preparação para a morte, essencialmente digna de viver-se. E não foi isso o que fez, ao escrever versos "como quem morre", aquele outro insigne pernambucano chamado Manuel Bandeira?

2003

A MELHOR POESIA DE FAGUNDES VARELA

Luís Nicolau Fagundes Varela (1841-1875) pertence à segunda geração do Romantismo brasileiro, na qual se incluem também, entre outros, Álvares de Azevedo, Casimiro de Abreu e Junqueira Freire. É a geração em que predominou o sentimento pessimista, a nota do desespero, aquela em que a mágoa dos amores contrariados ou o tédio da vida dão o timbre lúgubre dos versos escritos por poetas contaminados por uma "doença moral". Pálidos, esquálidos e nervosos, esses poetas trazem para a nossa literatura o amargor irônico e algo satânico de Byron, a melancolia de Musset, a inquietação de Shelley, o pessimismo de Leopardi ou Espronceda. A morte é a única solução para todas as angústias e frustrações existenciais desses jovens que, à exceção de Fagundes Varela, morrem por volta dos 21 anos, choram por sistema, são infelizes por imitação e vinculam suas dores antes à vontade do que à contrariedade, criando assim um ambiente psicológico em que reina uma espécie de "bovarismo da desgraça", como sublinhou certo crítico. Foi nessa atmosfera mórbida que se formou o espírito de Fagundes Varela, sobre cujos ombros recaiu a responsabilidade da poesia brasileira que se escreveu durante a década de 1860.

Como observa Antonio Carlos Secchin, na introdução à esplêndida antologia poética do autor que organizou para a coleção "Melhores poemas",[31] dirigida pela escritora Edla van Steen na Global Editora, Fagundes Varela é, certamente, "o menos aquinhoado pelo julgamento positivo de críticos e historiadores", pois chegou "tarde demais em relação a Gonçalves Dias, Álvares de Azevedo e Casimiro de Abreu, e muito cedo frente a Castro Alves". Não obstante, insinua o ensaísta, "não haveria exagero em perceber na sua poesia a mais complexa construção literária de nosso Romantismo", o que já foi denunciado por dois de seus mais competentes biógrafos: Edgard Cavalheiro e Leonardo Fróes. A antologia preparada por Secchin é, acima de tudo, didática e astuciosa. Didática porque resgata, de maneira extremamente palatável para o leitor de nossos dias, o melhor que de fato produziu aquele poeta romântico. E astuciosa porque desvela aspectos insuspeitados (e ainda mal estudados por nossa crítica) na obra do autor do "Cântico do Calvário", a começar pela questão de sua consciência metalingüística, visível num poema como "A pena".

Secchin divide a produção poética de Varela em oito núcleos temáticos, a saber: 1) "A musa cívica", no qual se coligem suas composições de caráter político ou politizado, como é o caso das que dedicou à "Questão Christie", que nos

---

[31]Antonio Carlos Secchin, *Melhores poemas* de Fagundes Varela, São Paulo, Global, 2005.

opôs aos interesses britânicos no início da década de 1860; 2) "Quem sou", a que pertencem os poemas em que Varela expõe os ideais de seu grupo literário; 3) "Em busca de Cristo", onde figuram excertos dos volumes em que Varela, no fim da vida, consagra-se à apologia cristã, como *Anchieta*, *Cantos religiosos* e *Diário de Lázaro*, todos póstumos; 4) "Em nome do amor", no qual se recolhem os textos em que o poeta ostenta um lirismo que jamais "escamoteia uma dimensão explicitamente erótica", dirigindo-se antes à mulher do que à virgem, ao contrário do que acontece nos poemas de Álvares de Azevedo e Casimiro de Abreu; 5) "Cidade *versus* campo", onde se reúnem os poemas nos quais se percebe "uma visão claramente antitética" entre o que há de bom e puro na vida campestre e o que há de ruim e vicioso nos grandes centros urbanos; 6) "Paisagens", que agrupa os poemas nos quais o autor nos fala de "um Deus disseminado na Natureza, e cujas manifestações" ele "associa mais à esfera do sensorial do que à fé abstrata"; 7) "A poesia no espelho", na qual se incluem os poemas em que Varela, "além de seu rosto, contempla ruínas e destroços", já que "cabe ao escritor contentar-se em se mover entre escombros, e acenar nostalgicamente para um paraíso onde tudo se correspondesse com tudo, éden da absoluta indiferenciação"; e 8) "A morte e depois", núcleo temático cujos poemas nos levam a crer que, para Varela, "a morte, ao invés de apaziguar, parece aviventar o ódio", como ocorre na obra-prima do autor, "Cântico do Calvário", um "longo poema que apresenta simultaneamente a morte do filho do poeta, a dissipação da esperança que sua vida projetava para a vida atormentada do pai, e a morte em vida de Varela, pela perda do referencial afetivo que a presença do filho representava".

Fagundes Varela foi um poeta múltiplo: sertanista, bucólico, lírico, paisagista, místico, épico, descritivo, humorista — enfim, de tudo teve um pouco, o que normalmente contribuiria para a dispersão de seu estro poético. Mas não foi bem isso o que ocorreu, pois, como lucidamente nos esclarece Antonio Carlos Secchin, na "ânsia de lançar-se em todas as direções, Varela, mesmo em seus equívocos, corporifica, em grau máximo, a tensão entre a vivência inexorável da precariedade e a sede inextinguível do absoluto". É raro o sentimento humano que nele não haja encontrado acolhida, e constitui uma impertinência, como adverte o organizador da antologia, insistir "no fato de que a sua obra seria excessivamente tributária da produção de seus antecessores imediatos no Brasil", pois tributários de outros antecessores, dentro e fora do país, foram todos os nossos românticos, tragados por uma "enxurrada de epígrafes" que os remete "à constituição de uma confraria de chorosos" cujos integrantes, sem uma única exceção, só conseguiam exprimir-se "a partir de" alguém. É até possível que Varela, mercê do desvario e do alcoolismo a que sucumbiu nos últimos anos de vida, haja logrado, mais do que seus pares, exprimir-se *a partir de* si.

2005

Viagem rumo a si mesmo[32]

A linguagem poética de Vergílio Alberto Vieira acusa uma trajetória que transita da concisão verbal e do ascetismo expressivo de seus primeiros livros para a distensão lírica, ainda que formalmente medida, dos sonetos de suas duas últimas coletâneas: *Crescente branco* (2004) e *A arte de perder* (2005). Entre este último volume e o primeiro que publicou o autor, *A idade do fogo* (1980), estendem-se vinte e cinco anos de uma produção poética rica e homogênea, já que podemos reconhecê-lo em tudo aquilo que escreveu nesse período. Não há, pois, no poeta nenhum indício daquele processo que se costuma definir como crise identitária, o que é muito comum em diversos autores de nossa e de outras línguas nessa época de fragmentação e diluição de valores e lições que recebemos do passado. E, no entanto, como em qualquer artista, há em Vergílio Alberto Vieira a busca incessante de uma identidade ontológica que se diria, não pro-

---

[32]Prefácio a *Papéis de fumar*, de Vergílio Alberto Vieira, Porto, Campo das Letras, 2006.

priamente perdida, mas ainda por conquistar e que deve aqui ser entendida como um esforço no sentido do autoconhecimento. É como se o poeta procurasse insistentemente dentro de si mesmo não o que perdeu, mas o que ainda não encontrou.

Nos volumes publicados entre 1980 e 2001 há que registrar, acima de tudo, a prática daquilo que certa vez, a propósito de alguns poetas brasileiros, defini como capsularismo aforismático e que seria, como pretende o crítico Fábio Lucas, "um fascinante exemplo de poesia oposta à discursividade" que nos remete aos epigramas gregos e latinos, nos quais os pensamentos, sempre de cunho sentencioso, "são expressos de forma concisa, lapidar e breve". Há também nesses poemas um minimalismo formal e expressivo que nos recorda o haicai oriental e nos adverte — graças à celebração de uma natureza que "ama ocultar-se", como disse Heráclito em um de seus fragmentos — para o caráter de ambigüidade que entranha toda grande e autêntica poesia. E seria ocioso lembrar aqui aquelas exigências seminais que William Empson impõe à poesia em seus *Seven Types of Ambiguity*, essa mesma ambigüidade que levou T. S. Eliot a exumar os *metaphysical poets* do século XVII e que constitui um das mais fecundas vertentes da poesia contemporânea. E é bem de ver que a poesia de Vergílio Alberto Vieira cumpre de modo cabal essas exigências.

Em outro plano, caberia aqui meditar um pouco sobre o que sublinhou o crítico galego Xosé Maria Alvarez Cáccamo a respeito dos poemas do autor. Diz ele: "Trata-se tamén, ou preferentemente (como é inevitável em todo texto que nasce da experiência itinerante), dunha viaxe aos lugares a onde nunca se chega, de onde nunca se parte, que a translación espiritual é roda em volta arredor de nós mesmos." Com efeito, na maioria de suas coletâneas, o poeta assume a condição desse viajante que nunca parte de (nem chega a) lugar algum, já que seu périplo se cumpre, como os de Xavier de Maistre ou de Almeida Garrett, em torno de si mesmo. E o ponto alto de toda essa peregrinação (leiam-se aqui, toponicamente, a África do Norte e a Grécia) está em *Cidade irreal e outros poemas*, *O caminho da serpente* e *As seqüências de Pégaso*, sem que aqui se desmereçam, claro está, as demais coletâneas. Mas é nestas que Vergílio Alberto Vieira dá o melhor de si no que toca à estrita invenção poética e à distensão ontológica de sua alma, que a cada passo se surpreende como se estivesse contemplando o ato da própria criação, naquele instante mágico e difuso em que, "entre o sono e a aurora, a transparência de um véu apenas nos separa".

Do ponto de vista formal e estilístico, dir-se-ia que os poemas destes livros (e caberia lembrar aqui que ele os esgrima também em magnífica prosa poética) não se sustentam como tais se tentássemos defini-los a partir de qualquer ortodoxia conceitual. Seriam antes fragmentos, iluminações momentâneas, sinuosos movimentos de apreensão de uma realidade que se situa para além da realidade caduca e contingente que nos impõe a existência cotidiana, no território líquido e indefinido dos sonhos, onde a palavra perde a sua conotação dicionária e deixa-se inundar pelo assombro do mistério, pela solenidade quase litúrgica das origens da vida e por uma serenidade que se confunde com a vertiginosa respiração dos abismos da alma. Os seres e os lugares descritos por Vergílio Alberto Vieira emergem, quase fantasmáticos, de poemas que se servem de uma linguagem por assim dizer onírica e que os arranca da imobilidade em que jazem seja nas sonolentas areias do deserto, seja no mármore hierático da estatuária ou na pátina da monumentalidade arquitetônica. Em suma, o poeta dá vida e movimento àquilo que parecia estar morto em sua solene (e enganosa) imortalidade.

Pode-se dizer que o caráter lapidar e aforismático desses versos está presente na maioria dos poemas do autor, incluindo sonetos de suas duas mais recentes coletâneas, nas quais aquele obstinado processo antidiscursivo cede terreno a uma certa distensão da linguagem e do impulso lírico. Não obstante, trata-se, ainda aqui, de uma poesia medida — não como a de antes, cuja concisão nos era dada pelo tom sentencioso —, que agora se ampara nas vértebras da ossatura métrica. Tais sonetos, entretanto, não promovem nenhuma ruptura no que concerne à atitude fundamental do poeta, ou seja: sua funda meditação sobre o sentido da vida, essa vida que se resgata graças à ilusão da arte. É nessa *mentira*, aliás, que reside a célula matricial daquela afirmação de Novalis: "Quanto mais poético, mais verdadeiro." E é isto o que se lê nestes dois esplêndidos versos de Vergílio Alberto Vieira: "Real como a mentira que sustento,/ Fingindo ser verdade o que não sinto." Alguns poderiam ver aqui o eco de uma herança pessoana, mas a verdade é que esse eco se prolonga desde que a poesia começou a ser escrita na literatura ocidental, quando Homero, fiel ao princípio do fingimento e da ilusão, se recusou ao prosaísmo daqueles "raios de sol" que assinalam o nascimento do dia, preferindo chamá-los, metaforicamente, de "dedos róseos da aurora". E aqui está a realidade da mentira que sustenta o autor de *Crescente branco*.

Estes sonetos têm de ser lidos (e entendidos) como o desdobramento de uma trajetória literária ou, mais do que isto, como o estágio atual da história de uma alma. E entenda-se, a propósito, que não falo aqui de espírito, que é aquele que explica, e sim de alma, que é aquela que compreende, como já observou o romancista brasileiro Per Johns. O que nos oferece a poesia do autor não nos remete à explicação de nada, mas antes a uma busca incessante da compreensão de tudo, desse tudo que não se reduz às artimanhas da razão e que, por isso mesmo, só pode ser expresso graças à magia encantatória da linguagem metalógica. A grande viagem empreendida por Vergílio Alberto Vieira se desenvolve assim para além das referências toponímicas, configurando-se antes como um áspero e tortuoso périplo rumo ao interior do próprio poeta, à infância da fala e à memória que se materializa na "forma que fica em nós de tudo o que foi", como lucidamente observou o crítico português Pedro Sena-Lima. E se há uma "arte de perder", como insinua o autor, há também, por força de um salutar conflito dilemático, uma "arte de achar", de descobrir-se a si mesmo, "a si mesmo abraçado, e nu, incandescente".

2005

SUICÍDIOS VIRTUAIS[33]

Em sua como que advertência ao leitor, escrita sob o título de "O suicídio como forma de arte" — e não há aqui como nos esquecermos daquela proposta que nos faz Thomas De Quincey em seu memorável ensaio *On Murder as One of the Fine Arts* (1827) —, sublinha o autor dos *13 bilhetes suicidas* que, "ao contrário do verso de Manuel Bandeira, que almeja para o seu último poema 'a paixão dos suicidas que se matam sem explicação', os 13 bilhetes explicam suicídios virtuais, que não se concretizam no espaço do cotidiano, mas no silêncio da página em branco". O texto, por sua vez, almejaria assim, como o próprio Cláudio Murilo Leal o admite, a condição de algo que se confundisse com a "esperança de uma ressurreição". Mas até que ponto se pode acreditar na "inapetência" do autor para cumprir o trágico destino de um *héautontimorouménos*, esse fatídico monstro baudelairiano que abriga em si a vítima e o algoz, se ele próprio se

---

[33]Cláudio Murilo Leal, *13 bilhetes suicidas*, Rio de Janeiro, 7L, 1997.

dispôs a consagrar o suicídio como tema único de seu livro? Ou seja: até que ponto esse suicídio é apenas virtual, e não, também, uma doce e inconfessável obsessão camuflada sob a prerrogativa daquela *suspension of disbelief* de que nos fala Coleridge, a quem o autor cita em seu texto introdutório? É que as intangíveis e difusas fronteiras entre a vida e a morte desde sempre sensibilizaram os poetas, e a tal ponto que Eliot, numa passagem de *East Coker*, o segundo de seus *Four Quartets*, pondera: "À medida que envelhecemos/ O mundo se torna mais estranho, mais intricada essa questão/ De distinguir mortos e vivos." Em suma: até onde o suicídio — essa decisão suprema acerca do sisifiano absurdo da vida e da morte — é apenas, ou o foi para ele, Cláudio Murilo Leal, somente um tema que "se transforma em instigante inspiração para o fazer poético"?

É bem de ver, entretanto, que tais cogitações, talvez de todo impertinentes, nada tenham a ver com o mérito poético ou o virtualismo desses *13 bilhetes suicidas*, nos quais aflora uma certa sensação de evanescência que corresponderia ao rito de passagem entre o que ainda vive e o que está (estaria?) morto. Logo no segundo bilhete lê-se: "O áspero fio da faca/ não serve/ para os seus desígnios." Tangível demais, dir-se-ia. Ou dolorosíssimo para um morto que "voa na vertigem" entre "nuvens de algodão e iodo". Adiante, no quarto bilhete, o cálice de que o suicida virtual sorve apenas "o primeiro gole" é descrito como o "derradeiro coquetel/ néctar/ não queima a goela./ Morte sem dor". No sexto nos assegura o poeta: "As palavras são sempre ácidas,/ o silêncio é doce,/ o silêncio das pedras, da areia, dos mortos." No oitavo nos diz que as drágeas dos que se envenenam são "como bolas de gude" e que a "morte é um jogo colorido". E no décimo terceiro, afinal, nos garante ainda que, no mármore, "a maresia/ pulveriza/ a última frase". Em nenhum desses bilhetes, talvez à exceção dos de nos 1 e 11, nos assalta o horror da morte, que, ao contrário, é sempre definida nos termos de um "silencioso gás", um certo "ar de estufa", um "zumbido de abelhas interiores,/ anestesia de todas as vozes". Tem-se assim a impressão, não de uma "indesejada das gentes", mas antes de uma morte benfazeja com a qual o poeta aquiesce, o que talvez reforce, algo às avessas, aquela suposição de que secretamente a deseje, contanto que não o mortifique nem o leve ao pânico. Há, portanto, nesses bilhetes suicidas, uma aceitação quase estóica da morte, como a do asceta que "não comerá nunca mais", já que o "sono substitui a fome/ que ele já não sente".

De um ponto de vista estritamente formal ou mesmo estilístico, os *13 bilhetes suicidas* relevam por sua economia e concisão seja do prisma da linguagem, seja do ângulo das imagens e metáforas, às quais o autor recorre com notável parcimônia e senso de propriedade. Não há sobra nem abuso nesses poemas que se pretendem, acima de tudo, austeros e talvez algo lacônicos. Os versos não gritam nem nos laceram com suas parcas arestas; antes sussurram como num conciliábulo cujas vozes se distinguem apenas pela estrita sobriedade com que nos chegam aos ouvidos, como seria o caso daquele já citado asceta cujos lábios "não balbuciam, nem dão explicações", pois que cultiva apenas sua "obsessiva anemia". Numa consideração final, talvez até e ainda uma vez impertinente, o estilo muriliano parece-nos guardar algum parentesco com o capsularismo aforismático de que se vale Aníbal Machado nos *Cadernos de João*, no *ABC das catástrofes* e na *Topografia da insônia*. E cumpre aqui recordar que, ao longo daquelas já distantes décadas de 1950 e 1960, nós ambos, eu e Cláudio, muito aprendemos com o autor de *João Ternura* o que seriam os mistérios da vida e da poesia. Que fique aqui registrada essa desconfiança exegética, sem dúvida impressionística. Mas que fique, pelo menos enquanto tentativa de nos compreendermos um ao outro.

1998

Ritmos do fogo[34]

É próprio da poesia lançar-nos enigmas e desafios nem sempre passíveis de imediata ou clara decifração. Isso ocorre, amiúde, com poéticas que deitam suas raízes no surrealismo e no hermetismo imagístico ou metafórico. E assim ocorre, no caso da verdadeira poesia, não por inépcia do autor, e sim devido à sua perplexidade diante dos limites racionais da língua. É o que vemos, por exemplo, em boa parte dos poetas que hoje escrevem na França, na Itália e, sobretudo, em quase toda a América hispânica. É o que já víamos, a propósito, em poetas como García Lorca e, mais agudamente ainda, em Dylan Thomas. E é o que vemos agora na poesia do pernambucano Weydson Barros Leal, em *Os ritmos do fogo*. Mas seu hermetismo, convém que se diga logo, não se manifesta propriamente no nível da língua, como acontece no caso de Thomas, e sim no âmbito da experiência de vida que tenta transmitir-nos, o que confere à sua poesia uma estranha sacralidade cósmica, como se vê logo

---

[34]Prefácio a *Os ritmos do fogo*, de Weydson Barros Leal, Rio de Janeiro, Topbooks, 2000.

no primeiro poema do livro, "Celebração", longo texto dividido em 13 partes em que o autor exalta uma noite que se expande para além do tempo e do espaço físico em que se encontra o leitor contemporâneo. Este é, aliás, um dos traços mais característicos da poesia do autor, que opera sempre a partir das matrizes seminais de uma realidade que somente se realiza entre as ruínas da memória. É raro, portanto, surpreendê-lo nas malhas do tempo presente, muito embora isso aconteça num poema excepcional, "Retrato de Copacabana", em cuja última estrofe escreve o poeta: "À chegada da noite/ os pombos exibem a coreografia do espanto,/ e o vôo é um leque/ sobre o peito pálido do mar."

Mas esta seria uma como que exceção à regra. O que predomina na poesia de Weydson Barros Leal é mesmo esse trânsito que se processa numa espécie de *durée* bergsoniana, onde as instâncias do presente e do passado se diluem umas nas outras, justificando assim aquela intuição eliotiana de que ambas talvez estejam presentes no tempo futuro e este contido no tempo passado. Daí, certa "imaterialidade" nos poemas de *Os ritmos do fogo*. E daí, sem dúvida, também certa dificuldade para apreender-lhes o sentido ou decifrar-lhes "no relógio sem círculo/ o desterrado número, o ângulo/ inacabado/ o hirto presente/ (o eterno passado)", como se lê no poema "Um", que poderia ser entendido como a busca de uma unidade ontológica que se perdeu ou que não foi ainda encontrada, já que nos movemos aqui no domínio desgeometrizado dos "círculos imprecisos". Ou mesmo ausentes, como ocorre em relação ao mostrador de um relógio que sequer ponteiros possui. Em outras palavras: estamos diante de uma abolição do tempo físico, ou seja, desse tempo no decurso do qual afloram os episódios fenomênicos da existência humana, entre os quais a caducidade e a contingência do ser, do *dasein* heideggeriano, isto é, deste ser que "está aqui", em sua concreção e finitude existenciais. Mas o ser de *Os ritmos do fogo* não se situa aqui ou acolá, e sim num segmento ontológico que já tangencia as franjas da transcendência. Em suma: é um ser em si, numênico, alheio às categorias apriorísticas do espaço e do tempo, como queria Kant em suas *Críticas*.

É por isso que a poesia de Weydson Barros Leal tem algo de inapreensível, algo que não se dá de imediato e que não cabe no código convencional, já não digo do sistema da língua, mas da expressão. E é aqui, sem dúvida, que radica aquele hermetismo a que aludimos, aquela obscuridade cifrada que poderia ter sua justificativa no aforismo de Heráclito: "A natureza ama ocultar-se." Em *Os ritmos do fogo*, o leitor decerto exultará diante da beleza antropomórfica de imagens como esta: "os joelhos da noite sobre as tábuas do mar". E esta seria apenas uma entre muitas. Mas poderá também, se desavisado, sucumbir aos enigmas que nos propõe o autor. E tais enigmas só poderão ser decifrados se esse mesmo leitor admitir não burlar as regras do jogo, que aqui se confundem com os "os ritmos do fogo", ou seja, com os sortilégios de um *logos* cuja premissa nos induz à suposição de que não estamos lidando com as aparências fenomênicas da realidade, e sim com o núcleo radiante — e por isso mesmo oculto — daquilo que lhes dá origem e, provavelmente, o único e derradeiro sentido.

2000

LEVE COMO A BRISA[35]

Embora traga o título de *Olhar mineral*, a coletânea em que Vania Azamôr reúne seus mais recentes poemas sugere, acima de tudo, uma condição que eu qualificaria aqui de diáfana, tal a leveza que a autora confere às suas imagens e metáforas. E diáfana é também a emoção — leve como a brisa — que as anima. É provável, entretanto, que a mineralidade deste olhar nos remeta a uma exigência de ordem formal, posto que subjaz na tessitura verbal de todos esses poemas uma sôfrega busca de concisão e de limpeza expressivas, de austeridade e de assepsia no trato com as palavras. Há algo da vaga música simbolista na partitura em que se encadeiam os versos de Vania Azamôr, cuja emoção se mostra sempre retraída e cautelosa, ou como não se mostrasse de todo ou de imediato. É como se a autora, ao desnudar-se, também se protegesse ou buscasse sacralizar o ímpeto de seu instinto. Nesse sentido, por exemplo, o poema "Espelho" é

---
[35]Prefácio a *Olhar mineral*, de Vania Azamôr, Rio de Janeiro, Grafito, 2002.

paradigmático, pois nele se diz: "Mais próxima de Deus/ adorno meu espaço/ qual semblante de frutas maduras/ que se sabendo desejadas/ exalam um perfume tão sagrado/ quanto o deslizar de uma serpente/ no cio." Perceba o leitor a trama de ambigüidades sob a qual, como num ondulante vaivém, a autora se defende do desejo que a domina e de cujo "veneno" tenta manter-se a distância.

Esse tipo de manobra já se anuncia, aliás, no poema que abre a coletânea, "Paixão", ao fim do qual Vania Azamôr se equipara ao nada diante de tudo aquilo que não é uma determinada condição (sancionada) porque, a rigor, é outra (interdita). Diz ela: "Seria amizade/ não fosse desejo/ Seria agonia/ não fosse coragem/ Seria ruído/ não fosse essa música/ Seria blasfêmia/ não fosse sagrado." Se invoco esse breve e necessariamente ralo exemplário, faço-o apenas porque nos demais poemas, embora as circunstâncias sejam outras, o que povoa a cena é essa mesma atitude ambígua, como se os dominasse uma espécie de pudor do desnudamento, o que implicaria certo vezo da psicologia mais profunda de uma natureza que se impõe o velamento antes do ato da entrega. E há nisso tudo um encanto feminino que eu arriscaria dizer que se perdeu nos tempos que correm, um encanto que, ao contrário do que se poderia imaginar, não está vinculado a nenhum preconceito ou estigma de formação moral, mas antes à condição de certo tipo de caráter, à crença que tem o indivíduo de que seu comportamento, para além de todos os modismos libertários, deve obedecer aos apelos de um substrato psicológico a que, em rigor, não temos acesso.

E boa parte da poesia de Vania Azamôr vive e sobrevive desse tenso e tortuoso dilema, desse conflito antitético que parece só encontrar solução na imobilidade da paz nirvânica, ou seja, naquela dissolução do ser no nada ou na plena aceitação daquilo que lhe ecoa como definitivo, fatal, inelutável, como dão a entender, a propósito, os últimos versos do poema "Incenso", onde se lê: "E ofereço aos soturnos espíritos/ um pouco da minha paz/ tão plena quanto o pecado original." Original, sim, porque nascemos com ele, nos é inato, e não uma aquisição que se processa em decorrência de um desvio ou de um colapso espiritual. Alguns poderão argüir que essa poesia carece de *pathos*, mas convém lembrar aqui que o recolhimento, como sublinha Baudelaire (*"Sois sage, ô ma Douleur, et tiens-toi plus tranquille"*), é também uma alta — e humílima — lição de sabedoria. E é dessa estóica sabedoria que se nutre o lirismo triste e quase elegíaco da poesia de Vania Azamôr.

2002

UMA ÓPERA DE ESCÁRNIO E MALDIZER[36]

Assim como Eliot celebrou Londres em *The Waste Land*, ou Baudelaire fez o mesmo com relação a Paris nos "Tableaux Parisiens", de *Les fleurs du mal*, ou Joyce também o fez no que toca a Dublin no *Ulysses*, ou outros mais assim o fizeram com outras tantas cidades em que nasceram ou viveram, ou simplesmente amaram — e não se esqueça aqui daquele Rio de Janeiro de Machado de Assis ou Lima Barreto —, assim também o faz o poeta Luís Augusto Cassas no que concerne a São Luís do Maranhão, dita outrora "Atenas brasileira" ou, como ele próprio o diz agora em sua *Ópera barroca*, "Ó minha cidade, minha mãe podre:/ porque a vergonha é a minha bengala/ e a peçonha é a tua fala,/ a dor é lançada em fascículos". A um tempo amoroso e sarcástico, Cassas deambula entre as antigas glórias arquitetônico-literárias e as misérias hodiernas da cidade, essa cidade que já nos legou, além de outras iguarias, os poemas de Gonçal-

---

[36]Prefácio a *Ópera barroca*, de Luís Augusto Cassas, Rio de Janeiro, Imago, 2002.

ves Dias e Ferreira Gullar, o ensaísmo de Franklin de Oliveira e a cornucópica contribuição ficcional de Josué Montello, para ficarmos apenas com esses poucos nomes. Mas o tom geral da *Ópera barroca* transita, a rigor, entre o lamento e o escárnio, pois há pouco (ou quase nada) o que louvar com relação a um patrimônio histórico, artístico e cultural que o país, com diligente e criminoso descaso, insiste em ignorar ou devastar sem se dar conta de que apaga para sempre a sua fisionomia, a sua própria identidade. Como disse Franklin de Oliveira naquelas inesquecíveis páginas da *Morte da memória nacional*, não somos uma paidéia, como o foi a da antiga civilização grega de que todos descendemos, mas apenas uma "cubata" que a cada dia mais se avilta e que aos poucos se torna inabitável.

Tem assim a *Ópera barroca*, além da virulência imagística e do *pathos* escarninho de seus versos, esse poder de denúncia contra um processo predatório que se desenrola com a impunidade dos crimes a que, por assim dizer, já se afeiçoaram as autoridades nacionais. Daí o timbre de sarcasmo que ecoa em cada verso, em cada palavra, em cada poema deste livro amargo e indignado. Daí, também, a ira do autor quando deplora: "Ó galinha dos ovos de agouro/ que chocas a nossa grã-miséria:/ titã da realidade funérea./ Do escalpo, escapo e escapulo,/ amaldiçoado, via aérea,/ com o espírito impregnado/ do chão de doenças venéreas." As rimas surpreendem e, mais do que isto, laceram e constrangem. A linguagem poética de Cassas evoluiu muito desde *Rosebud* (1990) até um recente volume, o esplêndido *Bhagavad-Brita* (*A canção do beco*), que permanece, todavia, inédito. Seu instrumental muitíssimo se aguçou, e seu ludismo verbal, antes algo gratuito, em vez de se esgotar no *divertissement* consigo mesmo, serve agora aos propósitos de uma expressão poética que se evadiu do gozo de si própria, não para tornar-se socialmente engajada, mas para denunciar, à sua maneira escarninha, uma realidade que nenhum poeta brasileiro digno desse nome pode ignorar.

Nesse sentido — e em muitos outros, estes já de índole estética —, a *Ópera barroca* é livro que não pode passar despercebido, já que reflete não só a maturidade poética de um autor, mas também — o que aqui, aliás, mais nos importa — uma radical e funda transformação na maneira como o poeta passou a encarar-se a si próprio e a realidade que o circunda, uma realidade que bem poderia ser degustada num poema como "Pastelaria de aquém-mar" ou na magistral síntese de um dos símbolos mais caros à nacionalidade, como se vê na "Feira do João Paulo", onde lê-se apenas: "Grécia jamaicana/ tua bandeira republicana/ é um cacho de banana." E se, ao fim e ao cabo, entender o leitor o que acabo de lhe tentar dizer acerca de um país que ainda não presta e ignora ainda o que seja dignidade humana, entenda também que a linguagem debochada e sardônica que instrumenta essa *Ópera barroca* é a única que talvez se preste para deplorar tudo aquilo que, em termos de nação — ou de uma cidade que já mereceu, como acima se disse, o epíteto de "Atenas brasileira" —, poderia ter sido, e no entanto ainda não o foi. E não o foi por inépcia, por usura, por corrupção e, mais do que tudo, por desamor. Lembrai-vos, leitor, do que nos disse São Lucas em seu Evangelho (X, 15): "Tu, Cafarnaum, elevar-te-ás, porventura, até o céu? Descerás até o inferno."

2002

In memoriam de Hélcio Martins[37]

Conheci Hélcio Martins em 1959, e para este primeiro encontro concorreram não tanto as afinidades literárias que depois nos aproximariam para o resto da vida, mas antes razões de caráter estritamente familiar: é que, na época, eu estava começando o namoro com aquela que viria a ser minha primeira mulher, Maria Celina Whately, irmã da esposa de Hélcio, Maria Helena Whately. Conheci-o, portanto, na qualidade de meu futuro concunhado. E desde logo nos uniu a paixão pelas letras. Surpreenderam-me de pronto a inteligência vivaz, a agudeza crítica e a vasta erudição literária daquele jovem jornalista e professor universitário, à época assistente de José Carlos Lisboa, catedrático de Literatura Espanhola da Faculdade de Letras da UFRJ, além de colaborador de Afrânio Coutinho, Augusto Meyer, Alceu Amoroso Lima e Antônio Houaiss, que depois o convidaria

---

[37]Prefácio a *A rima na poesia de Carlos Drummond de Andrade e outros ensaios*, Rio de Janeiro, Topbooks/ABL, 2005.

para a Comissão Machado de Assis, na qual, como filólogo, Hélcio preparou as edições críticas de *Quincas Borba* e *Esaú e Jacó*. A seu convite, ajudei-o nesta última empreitada, tendo ambos convivido durante meses com o manuscrito de Machado de Assis, que se encontra na Academia Brasileira de Letras.

São muitas e cruciais, em particular no que se refere à minha destinação literária, as lembranças que guardo de Hélcio Martins, a quem não hesito em qualificar como um dos maiores mestres que tive àquela época, ao lado de Aníbal Machado, Antônio Houaiss e Augusto Meyer. Foi ele, a propósito, que me apresentou a estes dois últimos em 1964, ano que assinala a minha estréia como poeta com o volume *Os mortos*, que acabaria recebendo uma menção honrosa no Concurso Jorge de Lima. Foi também Hélcio Martins o principal responsável pela publicação do livro, um livro que eu mesmo não julgava ainda pronto ou digno de uma estréia, tanto assim que, pouco depois do lançamento, recolhi toda a edição das livrarias. Mas Hélcio convenceu-me de que o momento era aquele, e hoje confesso que, mais uma vez, ele tinha razão, pois já havia naquele livro indícios muito fortes daquilo que viria a ser a minha voz própria como poeta. E pelo menos em um poema, "Os mortos", que dá título à obra — título este, é bom que se diga, sugerido por Hélcio —, essa voz já é bastante audível.

Com ele mantive, durante o pouco tempo de amizade que a vida nos reservou, um convívio fecundo e decisivo para a minha formação literária, já que Hélcio, além de seus extraordinários conhecimentos literários e filológicos, era um finíssimo leitor de poetas, bastando, para atestá-lo, os admiráveis estudos que nos deixou sobre Julio Herrera y Reissig, Pedro Salinas e Carlos Drummond de Andrade, além de muitos outros que ficaram dispersos e que, em boa hora, se coligem nesta co-edição da Topbooks com a Academia Brasileira de Letras. Havia nele um sentido muito agudo daquilo a que chamamos gosto literário, ao qual se conjugavam a erudição humanística, a sólida formação filológica e uma competência feroz em tudo o que fazia, e até mesmo no que deixou de fazer ou fê-lo de forma inacabada. Filiado à vertente da Estilística de Dámaso Alonso, Leo Spitzer e Helmut Hatzfeld, Hélcio era um espírito crítico rigoroso e exigente, mas sempre generoso com aqueles nos quais percebia um talento latente ou promissor, como tive a oportunidade de comprovar a partir da certeira avaliação que fez de alguns poetas que em breve estreariam no cenário literário brasileiro, bem como de alguns de seus assistentes que se tornariam mestres consumados, como Maria Luísa da Costa e Maria Nazareth Lins Soares.

Hélcio Martins era esquivo e reservado, às vezes quase tímido, como se se esgueirasse entre seus mestres e alunos. Dono de uma vertiginosa e fulgurante capacidade de apreensão e compreensão do fenômeno estético e de uma espantosa objetividade na análise do fato literário, foi sempre para nós um exemplo e um guia. Às vezes me perguntava como uma pessoa de tão pouca idade conseguira acumular tanto conhecimento metabolizado, tanta argúcia conceitual, tanta concisão e finura de interpretação em tudo o que escrevia. E, apesar de toda essa correção e essa implacável exigência, seu estilo era espontâneo e transparente, elegante e conciso, com aquela objetividade que talvez lhe tenha conferido a experiência jornalística. Lembre-se aqui, muito a propósito, que ele editou durante alguns anos os suplementos literários do *Diário Carioca* e da *Tribuna da Imprensa*, ao lado de Zuenir Ventura, José Itamar de Freitas e Cláudio Bueno Rocha. Devo-lhe, aliás, uma outra estréia, a de jornalista, quando me convidou para trabalhar na redação do jornal de Carlos Lacerda, bem como uma outra, a de enciclopedista, pois o substituí na Encyclopaedia Britannica quando se bandeou para a Universidade de Brasília, atendendo a uma convocação de Darcy Ribeiro.

No mais importante estudo que nos legou, *A rima na poesia de Carlos Drummond de Andrade*, cuja publicação, em 1967, já é póstuma, fazem-se flagrantes todas essas virtudes e excelências a que há pouco aludi. Não se trata, como poderá dar a parecer o título, de obra essencialmente técnica e que se destine a especialistas, mas de um lúcido e astucioso estudo que, partindo da avaliação do emprego não-utilitário que fez Drummond da rima — e foi ele, como nos ensina Hélcio Martins, "em toda a poesia de expressão portuguesa, o poeta que mais partido soube tirar do emprego da rima" —, propõe-se a uma interpretação global da obra poética do autor de *Claro enigma*, pois o que aí se pretende é uma conceituação flexível que se encontra subordinada à correspondência entre o recurso técnico da rima e as necessidades expressivas do poeta. Como muito bem observa Paulo Rónai em artigo que escreveu sobre o volume no Suplemento do Livro, do *Jornal do Brasil*, em maio de 1968, a obra de Hélcio

Martins deve ser vista como uma tentativa de avaliação do "sentimento do mundo" de Drummond, acrescentando ainda que ela poderia servir "como modelo para qualquer inquérito estético baseado em pesquisa concreta do material expressivo", como também o atestam as instigantes e lúcidas palavras que escreveu Antônio Houaiss em esplêndido prefácio ao livro.

Vítima de uma aplasia medular — distúrbio de etiologia desconhecida e até hoje sem cura, que compromete de maneira fatal a produção de glóbulos vermelhos na medula hematopoiética —, Hélcio Martins nos deixou muito cedo, com apenas 37 anos de idade. A morte ceifou de forma brutal e inesperada uma das maiores promessas literárias de nosso país. Quando Hélcio retornou da Universidade de Brasília, depois de uma farsa grotesca orquestrada pelo sucessor de Darcy Ribeiro naquela instituição, percebi, durante uma das visitas que fez à minha casa, no Jardim Botânico, que ele não estava bem. Encaminhei-o então, já muito pálido e ofegante, ao maior hematologista clínico do Rio de Janeiro naquela época, Halley Pacheco. E o diagnóstico logo confirmou minhas suspeitas. Apesar de saber-se gravemente enfermo, Hélcio ainda encontrou forças para aceitar um convite que lhe fizera a Universidade da Flórida, em Gainsville, onde, já agônico, cumpriu um breve e memorável período de aulas e estudos. De lá escreveu-me por diversas vezes, dizendo que havia se tornado "um vampiro", tamanha a freqüência com que era obrigado a submeter-se às transfusões de sangue. Sua fina ironia mantinha-se ainda intacta. Voltou ao Brasil em fins de 1965, e morreu no dia 9 de fevereiro do ano seguinte. Testemunhei suas dolorosas e últimas horas. Morreu jovem como os heróis da antiga Grécia. Não fui ao enterro. Não quis ver o amigo à luz mortiça dos círios. Guardei suas lembranças na memória. E agora, emocionado, o rememoro.

2005

Viagem com Dante[38]

"Dante é numinoso", escreveu certa vez Otto Maria Carpeaux, aludindo à condição que ostentava o poeta florentino de conservar-se continuamente inspirado pela transcendência divina, e tornou-se, ao longo de todos os séculos, o único leigo ao qual, embora não haja sido canonizado como santo, foi dedicada uma encíclica papal: a de 1921, quando se comemorou o seiscentésimo aniversário de sua morte. Carpeaux observa ainda que, ao que se saiba, Dante foi "a única figura da história humana que nunca um desenhista ousou caricaturar". O realismo histórico de sua poesia, conjugado à inabalável fé católica do autor e à impregnação de seu pensamento pela filosofia escolástica, confere-lhe um caráter seminal e emblemático que o transcurso do tempo fez apenas consolidar. Até hoje causa-nos pasmo a perfeição formal da *Commedia*, essa trama cerrada e coesa de

---

[38]Prefácio a *Viagem com Dante*, de Oscar Dias Corrêa, Rio de Janeiro, Topbooks, 2005.

terzinas concebidas a partir de um esquema de rimas tão ferrenho que não se lhe pode tirar nem acrescentar um único verso.

A *Commedia* já foi analisada de muitos ângulos e por inumeráveis exegetas em todas as línguas de cultura do mundo moderno, mas sou de opinião que a compreensão existencial que deve servir de base à interpretação da estrutura dessa obra imortal leva-nos à conclusão de que ela se apóia em três vertentes cruciais: a identidade do Inferno com a vida turbulenta, odiosa e vingativa do *Trecento* em Florença, a identidade da vida de Dante com o Purgatório e a realidade do Paraíso. É a partir dessa tríade que se reconhece o impiedoso realismo dantesco, mas, como nos ensina ainda Carpeaux, "sem esquecer que se trata de poesia", daquele "fantástico" que lhe atribuía Benedetto Croce: não aquela *fancy* que Coleridge condenava, mas antes a *imagination* estruturada como se fosse realidade, a realidade de uma época contraditória em que convivem, lado a lado, a mais violenta crueldade e os mais líricos idílios pastorais.

Pois bem: quando hoje se assinala a passagem dos setecentos e quarenta anos do nascimento de Dante Alighieri, o acadêmico Oscar Dias Corrêa, exímio tradutor do próprio poeta e de outros que lhe foram contemporâneos naquele já distante século XIII, nos leva pela mão nesta surpreendente *Viagem com Dante*, ao longo da qual, além de traduzir exemplarmente incontáveis passagens e episódios da *Commedia*, vai esclarecendo o leitor acerca do processo composicional e das circunstâncias históricas do período em que foi escrita a obra, sempre em companhia do autor e de seu guia, Virgílio, desde o início do poema até o Canto XXXIV do Inferno, reencontrando-os quando da chegada de Beatriz (Cantos XXIX e XXX do Purgatório), e, mais adiante, nos relatando como esta conduziu o poeta ao Empíreo (Canto XXXIII do Paraíso). Diga-se logo que *Viagem com Dante* é obra de uma vida inteira, pois que se iniciou, a rigor, quando Oscar Dias Corrêa, então com 16 anos, foi apresentado aos versos da *Vita nuova* pelo professor Tancredo Martins, do Curso Pré-Jurídico da Faculdade de Direito da Universidade de Minas Gerais, que lhe resumiu a obra de Dante com tanto e tamanho entusiasmo que, confessa o autor, "me tomei de justa curiosidade e me dispus a encontrá-lo".

Essa idéia de uma viagem em companhia de Dante aos meandros e labirintos de um poema escrito há mais de sete séculos é, no mínimo, instigante e venturosa na medida em que aproxima o público brasileiro de um monumento literário cuja leitura envolve, nos dias de hoje, dificuldades quase insuperáveis. A *Commedia*, assim como o *Dom Quixote*, de Cervantes, pertence àquele universo das grandes obras da literatura ocidental que, desgraçadamente, ninguém mais lê, o que constitui, na verdade, um dos muitos absurdos do mundo contemporâneo, pois são ambos textos seminais e fundadores de nossa própria cultura. Não foi à toa que Dante escolheu Virgílio como o seu guia, pois o autor da *Eneida* é, como todos sabemos, "o pai do Ocidente". É preciso entender que tudo o que nos chega da Grécia passa antes por Roma, e é Virgílio que conduz esse processo de árdua e refinada transposição. Ele é a ponte que une o mundo pagão ao mundo cristão e que entrevê a continuidade entre o antigo e o novo. Foi por isso que Dante o elegeu para guiá-lo da *selva oscura* do Inferno.

A *Commedia* é uma espécie de suma do pensamento medieval, e sem este jamais se poderá compreender como, dois séculos depois, o homem conheceria as luzes do Renascimento. Ao traduzir e comentar os diversos episódios do poema dantesco, Oscar Dias Corrêa, o *homo ludens*, nos serve não apenas a poesia "alheia" que escreveu no original o *homo faber*, mas também nos esclarece quanto à gênese da obra e ao contexto histórico, político, social e religioso que lhe deram origem. Com seus comentários, ele nos prova como a *Commedia* só poderia ter sido escrita naquele momento e por um homem que participou ativamente daquele espetáculo turbulento e sangüinário que se encenava em Florença, como de resto, é bem verdade, em toda a Toscana, onde a intriga e a traição desempenhavam papel de relevo no cenário da disputa dos príncipes e dos déspotas pelo poder temporal.

Caberia dizer ainda, nestas poucas palavras com que saúdo este mestre e companheiro de todas as horas, que a sua *Viagem com Dante* é, acima de tudo, uma obra de amor, de um amor vivido ao longo de quase setenta anos de aturados e incansáveis estudos e leituras acerca do legado dantesco. E se outrora Virgílio serviu de guia ao autor da *Commedia*, é pelas mãos de Oscar Dias Corrêa que hoje retornamos àquele mundo que não mais existe, mas que sobrevive graças à recordação, à imortalidade da poesia e à perseverança de quem no-lo trouxe de volta. É como se, no livro que agora se abre à nossa gula, se reunissem, por obra do milagre do amor, as folhas dispersas de todo o universo:

> *Nel suo profundo vidi che s'interna,*
> *legato con amore in un volume,*
> *ciò che per l'universo si squaderna.*

2005

FRANCISCO ALVES E A ACADEMIA[39]

Nascido em 2 de agosto de 1848 em Cabeceira de Basto, Reino de Portugal, Francisco Alves de Oliveira, o maior benemérito da Academia Brasileira de Letras, chegou ao Rio de Janeiro em 1863, aos 15 anos de idade, com pouco dinheiro no bolso, mas com um sonho na cabeça: vencer. Inteligente e aplicado nos estudos, tenaz e disciplinado, além de espírito curioso e de índole criativa, o menino sentiu-se fascinado pela idéia de buscar o êxito do outro lado do Atlântico. Aqui viveu modestamente durante dez anos, amealhando o máximo que podia a fim de conseguir o necessário para concretizar os seus planos. Em pouco tempo, Francisco Alves logrou juntar 1 conto e 120 mil réis, quantia espantosa para um simples caixeiro e que lhe permitiu dar o primeiro passo em sua então embrionária existência de livreiro: fundou, por conta própria, uma pequena loja de livros usados.

---

[39]Prefácio a *Francisco Alves* (publicação comemorativa do sesquicentenário de nascimento), Rio de Janeiro, Francisco Alves/ABL, 2004.

Mas não permaneceu por muito tempo entre nós durante essa primeira estada. Em 1873, as saudades o levaram de volta a Portugal. Não tardou, entretanto, que essas mesmas saudades trocassem de sinal, e a lembrança do Brasil — coisa estranha — começou a torturá-lo mais do que as reminiscências de Portugal quando se achava ausente de seu país de origem. E foi assim com alegria que aceitou o convite de seu tio, Nicolau Antônio Alves, para que se tornasse seu sócio na Livraria Clássica, uma das mais freqüentadas do Rio de Janeiro e que fora inaugurada em 1855. A partir de então, Francisco Alves nunca mais deixaria o comércio dos livros.

Com o correr do tempo, comprou as partes de seu tio, já cego e muito velho, e do outro sócio, Antônio Joaquim Ribeiro de Magalhães, tornando-se o único proprietário daquela que viria a ser, em 1896, a Livraria Francisco Alves, na qual teria como sócio o engenheiro Manuel Pacheco Leão, seu amigo da vida inteira. O negócio de Francisco Alves prosperava sem cessar, e abriram-se filiais em São Paulo, Belo Horizonte e até mesmo no exterior. Foram incorporadas à empresa, em diversas épocas, ora totalmente, ora mediante a compra de estoques, propriedades literárias e contratos que envolviam, entre outras, as seguintes casas: Viúva Azevedo, Lopes da Cunha, Empresa Literária Fluminense, Laemmert, no Rio de Janeiro; Falconi e Livraria Editora, em São Paulo; Aillaud, em Paris; Bertrand, Editora e Biblioteca da Instrução Profissional, em Portugal. Ao todo, esse império reunia dez casas às suas três principais. E com a compra do estoque da Laemmert foi parar nas mãos de Francisco Alves a primeira edição de *Os sertões*, de Euclides da Cunha.

Os anos se passaram. Francisco Alves realizara os seus sonhos. Era dono de uma das maiores livrarias do Brasil. Estava rico e dispunha de todos os meios para satisfazer os seus desejos. Ia com freqüência à Europa. Mas a maior parte do tempo passava-a na Livraria, onde se demorava das 9h da manhã às 5h da tarde, atendendo a todos os fregueses com polidez e fundo conhecimento de tudo o que lhes oferecia, pois era homem de grande cultura e de sólido domínio no que toca à informação bibliográfica, sobretudo na área de línguas (falava fluentemente o inglês, o francês e o italiano), da geografia e da história. Foi também editor de faro aguçado e sempre atento ao aparecimento de novos autores. Ele próprio, inclusive, foi autor, sob o pseudônimo de Guilherme do Prado, de livros didáticos, sua grande especialidade como livreiro.

De pequena estatura e muito frágil de saúde, era, porém, determinado, pertinaz, nervoso, mal-humorado e mesmo rabugento, o que lhe valeu incompatibilidades com quase toda a família. Mas teve grandes amigos em Olavo Bilac, Afrânio Peixoto, Francisca Júlia de Almeida, Rodrigo Otávio, Medeiros e Albuquerque, João Luso e Gustavo Barroso, cujos depoimentos o dão como homem delicado e honestíssimo. Dele se contam muitos casos e anedotas, uma das quais, narrada por Levi Carneiro no volume 61 da *Revista da Academia*, merece aqui ser lembrada não só por seu humor sarcástico, mas também porque se relaciona a um dos fundadores da Casa de Machado de Assis de quem Alves era o editor. Conta Levi Carneiro que teria o livreiro se zangado com o tal acadêmico e fez juntar todos os exemplares restantes de suas obras que havia editado. Espalhou-as no mostruário e apôs-lhe um grande cartaz com os dizeres: "Obras de F... a 1$000 o quilo." Mais abaixo, em letras negras e visíveis: "E ainda é caro!"

Francisco Alves morreu em 29 de junho de 1917 e, pouco antes de cerrar para sempre os olhos, redigiu um testamento em que deixava todos os seus bens à Academia Brasileira de Letras, atendendo talvez a uma sugestão que lhe fizera Rodrigo Otávio no sentido de que criasse um fundo cujas rendas pudessem financiar prêmios capazes de estimular o desenvolvimento das letras nacionais. Nesse testamento, o livreiro exigia apenas da Academia que desse uma pensão a Maria Dolores Braun, com quem viveu de 1890 até a sua morte, e organizasse, de três em três anos, dois concursos: um sobre a divulgação do ensino primário no Brasil e outro sobre a língua portuguesa. Foi a partir dessa herança e da doação, feita pelo governo francês em 1923, do Petit Trianon que a Academia passou a ter, efetivamente e afinal, vida financeira e sede próprias.

2004

ETERNA MALDIÇÃO[40]

O que será verdade e o que será mentira quando se tenta resgatar a trágica e fugaz existência de Isidore Ducasse, o conde de Lautréamont? E o que será verdade ou fruto de uma delirante imaginação quando mergulhamos nas páginas deste estranho, anfractuoso e sombrio relato biográfico que leva o título de *Cantos de outono*, em que o escritor cearense Ruy Câmara busca recompor o que foi o breve e turbulento périplo terrestre do autor dos *Chants de Maldoror*? É pouquíssimo o que se sabe acerca da vida (e mesmo da obra) de Lautréamont. Filho do cônsul francês em Montevidéu, François Ducasse, Isidore nasceu na capital uruguaia em 4 de abril de 1846 e faleceu em Paris em 4 de novembro de 1870, aos 24 anos de idade. A não ser pelas poucas cartas que deixou — às quais Ruy Câmara exaustivamente recorreu —, quase nada se sabe de concreto sobre a sua existência na capital francesa, supondo-se vagamente que haja participa-

---

[40]Prefácio a *Cantos de outono*, de Ruy Câmara, Rio de Janeiro, Record, 2004.

do dos círculos revolucionários que então agitavam Paris. Em 1869 publicou a versão completa dos *Chants de Maldoror*, do qual já dera à estampa, a suas próprias expensas, o primeiro canto, no ano anterior. Mas a obra foi logo retirada de circulação por seu editor belga, que temia uma ação da justiça pelo conteúdo insolitamente agressivo, transgressor e pouco recomendável dos seis cantos que a compunham. E é só — ou pouquíssimo mais — o que se sabe da aventura humana de Isidore Ducasse.

Oculto sob o pseudônimo de conde de Lautréamont, inspirado numa obra de Eugène Sue, Ducasse parecia fazer a apologia exaltada de todas as formas de violência e crueldade, incluindo o estupro. Mas em 1870 surge uma plaquete sob o título de *Poésies*, com o subtítulo de *Préface a un livre futur*, no qual, em estilo também agressivo, o autor, já agora ostentando o próprio nome, renega todas as proposições de sua obra anterior, dizendo-se adepto da "ordem que se manifesta no universo". Quase esquecido durante o século XIX, Lautréamont foi resgatado no século seguinte por André Gide e, depois, pelos dadaístas e surrealistas, que o celebraram como ídolo supremo, bastando para tanto ler o que sobre ele escreveu André Breton. A rigor, Lautréamont deve ser considerado um êmulo do romantismo negro de que Baudelaire e Nerval teriam sido os mais altos representantes na França. Léon Bloy e Rémy de Gourmont o tinham na conta de alienado mental, tese considerada insustentável pela crítica moderna. Não resta dúvida de que Lautréamont encarnou como poucos aquela condição de poeta maldito tão em voga no século XIX, mas seu satanismo tinha óbvia origem romântica e pouco abriga daquele caráter luciferino de que é pródiga a literatura gótica. Talvez Gide o tenha compreendido melhor do que os próprios surrealistas quando denunciou, em 1905, o que Lautréamont, fingindo-se de *"froid"* e *"sans être ému"*, jamais admitira confessar: os motivos psicológicos, a revolta contra as convenções familiares, travestida de rebelião contra todas as convenções, e, enfim, contra a convenção da existência do mundo.

A biografia — ou o romance, se quiserem, ou seja lá como preferirem definir o texto que se lerá — de Ruy Câmara parte daquele nada documental a que já aludimos, apoiando-se estritamente nas beneditinas pesquisas pessoais que o autor levou a cabo em Montevidéu a na França. Se já é espantoso o que conseguiu reunir o romancista no que toca a uma documentação que jazia esquecida ou ignorada, mais espantoso ainda é como operou o milagre de conferir tamanha veracidade ficcional a todo esse frio e distante resíduo biográfico. Lautréamont ressurge vivo e mais maldito do que nunca nessas páginas de insólito e alucinado memorialismo, e há passagens em que somos remetidos como cúmplices àqueles momentos de um passado que, embora morto, insiste em não morrer, como é o caso da viagem que fez Isidore Ducasse, aos 13 anos de idade, entre Montevidéu e Tarbes, cujo liceu freqüentou, ou o frustrado encontro que teve com um Baudelaire afásico e moribundo ou, ainda, o fantástico diálogo que travou com o espectro de Voltaire no Panthéon de Paris. E terrível é a descrição da morte do poeta, vítima de uma *overdose* de metileno, anfetamina, mandrágora, dedaleira, quinino e outras plantas alucinógenas misturadas ao vinho.

Caberia dizer que, em certo sentido, Ruy Câmara renova o gênero da biografia romanceada na medida em que se deixa intencionalmente "contaminar" pelo drama existencial e a loucura do biografado, aproximando-se assim de instâncias anímicas e psicopatológicas que lhe seriam inacessíveis caso seu relato mantivesse aquela distância histórica e emocional que tanto prezam todos os biógrafos desde James Boswell. E daí resulta um retrato que se diria táctil e quase sangrento deste até hoje pouco conhecido Isidore Ducasse, tão explorado pelos estudos psicanalíticos e as teses existencialistas durante o século XX, que será um dia novamente esquecido e depois, por várias vezes, outra vez redescoberto, como o foi agora, no limiar do terceiro milênio, pelo cearense Ruy Câmara neste esplêndido e perturbador *Cantos de outono*.

2004

Em terra de cego...[41]

Não sou ficcionista, mas apenas um leitor assíduo e voraz de textos de ficção. De boa ficção. E mais: sinto uma profunda inveja, pois que é outra a minha seara, de quem a esgrima com engenho e arte, como é o caso de Edgard Telles Ribeiro. Dele degustei recentemente, em estado de puro êxtase, dois romances, *O criado-mudo* (1991) e *O manuscrito* (2002), além de um punhado de contos agílimos, travessos e algo libertinos que o autor reuniu em *O livro das pequenas infidelidades* (1994) e *Histórias mirabolantes de amores clandestinos* (2004), os quais nos revelam um escritor que sabe como poucos deleitar-nos com o fascínio e a surpresa de suas labirínticas tramas, onde as mulheres são antes cúmplices licenciosas e onipresentes do que propriamente matrizes da inspiração ficcional.

O novo romance do autor, *Olho de rei*, atesta as virtudes que já se percebiam em seus escritos anteriores: elegância de

---

[41]Prefácio a *Olho de rei*, de Edgard Telles Ribeiro, Rio de Janeiro, Record, 2005.

estilo, concisão vocabular, vivacidade expressiva, enredo astucioso e um *humour* que bebe em fontes da mais rara e nobre procedência, entre as quais Machado de Assis, de quem Edgard Telles Ribeiro herdou o gosto da reticência, da malícia e da ambigüidade. À semelhança do que ocorre em seus dois romances anteriores — e penso aqui numa vaga remissão àqueles grandes romances epistolares da segunda metade do século XIX —, em *Olho de rei* o que opera como fulcro da narrativa é, mais uma vez, a misteriosa existência de uma fonte documental, como já o haviam sido um antigo maço de cartas, em *O criado-mudo*, e um manuscrito, no romance que se lhe segue.

Desta vez, para nos contar a sua história o autor recorre aos 117 cadernos que o pai, um francês que participara da Resistência durante a Segunda Guerra Mundial e que perambulara pelo Brasil, o Equador e a Guatemala, escreveu em seus últimos anos de vida, recordando as muitas mulheres que teve e os diversos ofícios que exerceu, sempre de olho na carne e nos prazeres, culinários ou não, que esta lhe proporcionou. Há nas tramas de Edgard Telles Ribeiro o insistente recurso de uma ação que se diria fílmica, o que se deve decerto à sua experiência como roteirista de cinema. Assim, a narrativa de *Olho de rei* desdobra-se em dois planos: o dos derradeiros instantes do pai, recolhido numa mansarda em Marselha, e o das lembranças de sua multifária e agitada existência no Rio de Janeiro, em Quito e na Cidade da Guatemala. É como se a história estivesse sendo contada dentro de outra história, num processo de vaivém de que se vale amiúde o escritor e que sutilmente introduz, em meio às personagens tangíveis da trama, essa personagem invisível, fugaz e corrosiva que é o tempo. E é dentro dos fluidos limites desse tempo que vai e vem, e em cuja redescoberta se dá o milagre da criação literária, que se movem o criador e suas criaturas, as quais estão longe daquelas personagens que se comportam quase como porta-vozes nos romances "fingidos" de Sartre, Camus e Thomas Mann, pois são antes florações vívidas e palpáveis que brotam de uma experiência real de vida por que passou o autor de *Olho de rei*. Se eu disser que Edgard Telles Ribeiro é hoje uma das vozes mais altas de nossa ficção, não lhe estarei fazendo favor algum. Estou, isto sim, lançando-lhe um temerário (e talvez impertinente) desafio: ser melhor do que já é.

2005

Bilac e Schmidt

Dois livros lançados no fim do ano passado — *Olavo Bilac* (Col. Melhores Crônicas, São Paulo, Global, 2004) e *Um século de poesia* (antologia poética de Augusto Frederico Schmidt, São Paulo, Global, 2004) — nos dão conta de que, muitas vezes, é preferível revisitar as jóias do passado a garimpar as medíocres bijuterias que nos oferece a modernidade tardia. Autor cujas *Poesias* (1888) alcançaram em 1977 a 29ª edição e que foi, durante muitas décadas, um dos mais lidos poetas brasileiros — condição que divide apenas com Tomás Antônio Gonzaga, Castro Alves e Augusto dos Anjos —, Bilac distinguiu-se também na crônica que se escreveu entre nós em fins do século XIX e princípios do século XX. Bastaria dizer, como nos informa no excelente prefácio do volume esse infatigável Ubiratan Machado, também seu organizador, que Bilac foi escolhido como sucessor de Machado de Assis quando este, no início de 1897, deixou de escrever a crônica dominical da *Gazeta de Notícias*, o mais prestigioso jornal do país àquela época. E Bilac justificou plenamente essa escolha, esgrimindo seu talento de cronista com extrema finura de espírito, elegância de estilo, humor e fundo conhecimento da vida e da sociedade do Rio de Janeiro.

A crônica, aliás, era um dos gêneros literários mais em voga naqueles tempos. Que o digam, entre outros, Machado de Assis, Ferreira de Araújo, Medeiros e Albuquerque, Carlos de Laet, Raul Pompéia e Valentim Magalhães. Como sublinha Ubiratan Machado, ao contrário do autor de *Dom Casmurro*, Bilac não "era um analista, mas um impressionista", e seu "humorismo espontâneo e jocoso, com uma certa inclinação pela sátira, se diferenciava do humorismo amargo e intelectualizado de Machado". Algumas dessas crônicas são, como se quer no volume, antológicas, e entre elas não se podem esquecer "Marília", "A festa da Penha", "Santos Dumont", "O jogo dos bichos", "Um fantasma", "Menor perverso", "Lutécia", "Os pássaros de Paris", "O burro", "O vício literário", "As cartomantes", "Gramáticos", "Eça de Queirós", "Pianolatria" e, talvez mais do que estas, "O bonde", na qual, ressaltando o caráter democrático e nivelador do veículo, o cronista assim o exalta: "Tu és um grande apóstolo do Socialismo, ó bonde modesto! Tu destruíste os preconceitos de raça e de cor, tu baralhaste na mesma expansão de vida o orgulho dos fortes e a humilhação dos fracos, as ambições e os desinteresses, a beleza e a fealdade, a saúde e a invalidez..." A crônica de Bilac é um surpreendente e premonitório exemplo de refinado jornalismo literário e uma lição inesquecível da arte de nos contar, com simplicidade, picardia e agudo sentido poético, os acontecimentos que marcaram a vida carioca quase um século atrás. E lemo-lo como se o fizéssemos hoje.

Em termos estritos de antologia, já não se pode dizer o mesmo da coletânea poética de Augusto Frederico Schmidt organizada por Letícia Mey e Auda Alvim. Faltam diversos textos fundamentais deste singularíssimo poeta, entre os quais a obra-prima "Os príncipes", embora a obra do autor esteja muito bem analisada no prefácio de Heitor Ferraz Melo, que ali alinhava observações de extrema pertinência, como aquela em que sustenta que o poeta de fato muito bebeu na fonte da estética modernista, "e ela lhe trouxe, provavelmente, uma liberdade de expressão que Schmidt não teria se se recolhesse apenas às lições pré-modernistas". E tem ainda toda razão quando observa: "Não é exagerado dizer que ele se aproveitou, por exemplo, do fluxo por vezes onírico da poesia surrealista, mas sempre a seu modo, sempre seguindo suas próprias necessidades, pois para ele a poesia era uma necessidade vital."

Muito estimado por Manuel Bandeira, Dante Milano e Alceu Amoroso Lima, entre outros, Schmidt começou a produzir na década iconoclástica do Modernismo de 1922, pois seu primeiro livro, *Canto do brasileiro*, é de 1928. Mas a essência de sua poesia passa ao largo do ideário modernista, pois logo depois da estréia, aos 22 anos de idade, Schmidt declara que não quer mais o Brasil, a geografia e o pitoresco, e sim perder-se no mundo para evadir-se do mundo. Se formalmente assimilou os valores do Modernismo, rejeitou-lhe os cacoetes, a temática monotonamente nacionalista, as acrobacias verbais e as associações surrealistas. O que há de mais importante em sua poesia é um retorno ao eu, ao lirismo subjetivo e confessional que nos remete à tradição romântica brasileira. Seus ritmos largos, discursivos, grandiloquentes, às vezes de acentos bíblicos e amiúde elegíacos, evocam uma atmosfera apocalíptica e algo messiânica, na qual aflora um sentimento de libertação entranhado de apelos místicos e inquietações religiosas. Claro está que não é tarefa das mais fáceis garimpar o que há de melhor nessa poesia caudalosa e vincada de repetições retóricas, e esta é talvez a razão pela qual os cem poemas selecionados pelas duas organizadoras do volume não oferecem uma visão cabal da grandeza deste poeta único em nossas letras. Mas Schmidt, como todo grande autor, resiste a tudo. E, na pior das hipóteses, a antologia releva na medida em que, pelo menos, repõe seus versos em circulação, muito embora já o tivesse feito recentemente, e de forma definitiva, a Editora Topbooks, quando publicou, em 1995, a *Poesia completa (1928-1965)* de Augusto Frederico Schmidt, com organização e modelar estudo introdutório de Gilberto Mendonça Teles.

2005

JOSÉ VERÍSSIMO E A CRÍTICA[42]

Membro-fundador da Academia Brasileira de Letras, onde ocupou a cadeira nº 18, cujo patrono é João Francisco Lisboa, e secretário-geral da instituição entre 1911 e 1912, José Veríssimo Dias de Matos nasceu em Óbidos, no Pará, em 8 de abril de 1857, e faleceu no Rio de Janeiro em 2 de fevereiro de 1916, ano em que se publicou a sua *História da literatura brasileira*, que alguns consideram a maior obra do autor. Depois de deixar incompletos os estudos que realizou no Rio de Janeiro, Veríssimo regressou a Belém em 1877 e dedicou-se ao jornalismo, tendo fundado dois anos depois a *Gazeta do Norte*. Em 1889 viajou para a Europa, tendo apresentado em Paris, durante o X Congresso de Antropologia e Arqueologia Pré-Histórica, uma tese sobre *O homem de Marajó e a antiga civilização amazônica*. Foi sempre muito vivo, aliás, o interesse do escritor por sua terra natal, tanto assim que sobre ela escreveu ainda os estudos *Quadros paraenses* (1877),

---

[42]Conferência proferida na Academia Brasileira de Letras em 9 de maio de 2006.

Viagem no sertão (1878) e *Pará e Amazonas* (1899), além do volume de contos *Cenas da vida amazônica* (1886), que despertou significativo interesse nos círculos literários da época e que já preludia a ficção naturalista em nosso país.

Em 1891, dois anos depois de publicar seus louvados *Estudos brasileiros* e um após a publicação de *Educação nacional*, José Veríssimo transferiu-se em definitivo para o Rio de Janeiro, onde se tornou reitor do Externato do Ginásio Nacional (depois Colégio Pedro II) e onde também, em 1895, fundou a *Revista Brasileira*, a terceira deste nome e que foi, sob sua direção, a mais influente publicação literária e cultural do país àquela época. Como todos sabem, esta revista, apesar de alguns períodos de interrupção, voltou a circular trimestralmente entre nós desde 1994, sob os auspícios da Casa de Machado de Assis, tendo atualmente como seu diretor o acadêmico João de Scantimburgo, que, nesta sétima fase de existência da publicação, já editou 48 números. A propósito, recorde-se aqui que foi na sede da *Revista Brasileira* que tiveram lugar, ao longo de 1896, muitos dos encontros preparatórios da fundação da Academia Brasileira de Letras, cuja sessão inaugural se realizou em 20 de julho de 1897. José Veríssimo tem assim o seu nome indissoluvelmente associado à história desta Casa, da qual se afastou em seus últimos anos de vida em virtude de incompatibilidades com alguns de seus pares e de sua insubornável atitude como crítico literário.

Não cabe muito aqui esmiuçarmos os pormenores desse confronto de ânimos, pois o objetivo precípuo desta conferência é recordar a atividade crítica de Veríssimo. E essa atividade, se já é visível durante toda a última década do século XIX, pode-se dizer que se cristaliza com a publicação, no início do século seguinte, dos *Estudos de literatura brasileira*, cujos seis volumes, nos quais o autor reuniu seus artigos e ensaios escritos na imprensa, foram editados entre 1901 e 1907. São dessa época, também, *Que é literatura? e outros escritos* (1907) e *Homens e coisas estrangeiras*, onde Veríssimo coligiu os textos que escreveu, entre 1899 e 1908, sobre escritores e temas que decerto não pertenciam ao cardápio de leituras da maioria dos autores e leitores daquela já distante primeira década do século passado. Incluem-se entre estes textos as surpreendentes abordagens críticas do autor à retórica de Nietzsche, à filosofia de Victor Hugo, aos pontos de tangência entre Comte e Stuart Mill, ao mundo romano e ao cristianismo, à doutrina de Tolstoi, à situação de Petrônio na literatura latina, ao declínio do paganismo, a diversos aspectos da evolução alemã, à utilidade do mal, à concepção a um tempo idealista e realista de Cervantes, à estética de Ruskin ou ao pensamento crítico do dinamarquês Georg Brandes.

Não só a escolha desses temas mas também a maneira de tratá-los descortinam novas e insólitas dimensões do universo crítico em que se movia o pensamento de José Veríssimo, como o atestam essas poucas linhas nas quais tenta o autor esboçar o que seja o perfil de um verdadeiro intelectual: "Que é, porém, um intelectual? A coisa é mais fácil, como muitíssimas outras, de compreender que de definir. Não o tentarei, pois. Mas da palavra, nas suas diversas acepções e empregos, resultaria o sentido de um sujeito que, na vida, não tivesse outras preocupações que as da inteligência, e que todas as coisas submetesse ao critério dela." *Homens e coisas estrangeiras*, assim como as seis séries dos *Estudos de literatura brasileira*, comprovam o equívoco em que consiste avaliar a fortuna literária de José Veríssimo tomando-se por base apenas a sua conhecida *História da literatura brasileira*. Mas é que esta obra de fato ofuscou as demais que escreveu o autor, algumas delas só recentemente reeditadas, enquanto outras nem tanto, pois permanecem ainda em primeiras edições. O fato é particularmente lamentável no que se refere a *Homens e coisas estrangeiras*, somente reeditada em 2004, pois é nesta obra que o autor se revela como um assíduo leitor da literatura universal que, num trabalho sempre vinculado às exigências do jornalismo imediato, buscava atualizar-se, assim como ao leitor brasileiro, com o que de mais contemporâneo se fazia e se debatia no terreno das idéias e das letras. Ademais, esses textos configuram uma importante contribuição para o próprio estudo da época brasileira a que pertencem, pois são termômetros sensíveis de aspirações e circulações intelectuais.

Nutrido de leituras francesas, Veríssimo foi grandemente influenciado por Brunnetière, o que talvez explique sua seriedade de estudioso, mas também as suas limitações. Foi crítico conservador, algo desconfiado no que concerne às inovações literárias e inflexível em seus julgamentos. Não compreendeu a poesia simbolista, tendo chegado a afirmar que, "se há na história literária contemporânea um caso típico de *humbug*, de mistificação, consciente ou inconsciente, de uns e de esnobismo e paspalhice de outros, é de

Stéphanne Mallarmé", lamentando ainda que tenha escolhido para o príncipe da escola simbolista "o nebuloso, o oco, o vago Mallarmé". Veríssimo fez também sérias restrições ao romance naturalista, e preferiu os poetas românticos, já então em pleno declínio, aos parnasianos, entre os quais Bilac e Coelho Neto, estimadíssimos àquela época. É conhecida de todos sua sistemática oposição à crítica sociológico-filosófica de Sílvio Romero, com quem sustentou acirradas polêmicas, preferindo sempre a interpretação das obras literárias conforme critérios estéticos, o que o levou a ser o primeiro entre nós a compreender a grandeza de Machado de Assis, a cujos romances dedicou importantes estudos e todo o último capítulo de sua *História da literatura brasileira*, onde se revela sensível aos grandes problemas nacionais e onde há páginas de crítica áspera e amarga ao caráter nacional e às suas manifestações literárias.

Em seu *De Anchieta a Euclides. Breve história da literatura brasileira*, José Guilherme Merquior[43] observa que, embora sem o equipamento teórico alardeado por Sílvio Romero, Veríssimo "nos deu uma historiografia literária equilibrada e lúcida", conquanto admite que sua "sensibilidade estética não ia muito além do beletrismo meio parnasiano". Ao investir contra a truculência do sociologismo romeriano, Veríssimo compreendeu, em boa hora, que a literatura é, acima de tudo, uma estrita manifestação de arte literária, mas nem por isso esqueceu os seus efeitos e condicionamentos

---

[43]José Guilherme Merquior, *De Anchieta a Euclides. Breve história da literatura brasileira*, 3ª ed., Rio de Janeiro, Topbooks, 1996.

sociais. Algumas de suas melhores páginas se ocupam, com aguda penetração, da precariedade de nossos costumes literários, em particular da falta de vitalidade comunicativa, de tradição genuína, em nosso meio intelectual, povoado de "monólogos" sem respostas nem sucessão. "A literatura brasileira", diz ele, "é uma literatura de livros na máxima parte mortos". Foram afirmações como estas que talvez tenham levado seu arquiinimigo Sílvio Romero a referir-se, de forma sarcástica, àquelas "zeverissimações ineptas da crítica", cujo impressionismo batia de frente com os métodos objetivos da análise crítica romeriana, fundada no positivismo de Comte e no monismo evolucionista de Darwin e Spencer.

Diz Moisés Velinho no volume 3 de *A literatura no Brasil*, organizada por Afrânio Coutinho, que aquilo que mais impressiona na obra crítica de José Veríssimo, "quase toda realizada no âmbito movediço, resvaladio de nossa metrópole, é a constância de um espírito inflexível, sempre em guarda contra o jogo furta-cor das transigências",[44] acrescentando que seus "juízos e conceitos poderão ser contestados por diferentes razões, mas nunca por ceder a compromissos que não os de seu ofício". Isto nos permite compreender a sensação de mal-estar que sua prolongada atuação em nossa vida literária despertou junto aos seus contemporâneos, e a onda de ressentimentos que desencadeou. De natureza enfermiça e reservado por temperamento, Veríssimo não se abria nem mesmo com os amigos mais próximos, e era o

---

[44] Moisés Velinho, *A literatura no Brasil*, dir. Afrânio Coutinho, vol. 3, VII — José Veríssimo, 2ª ed., Rio de Janeiro, Editorial Sul-América, 1969.

primeiro a confessar suas escassas virtudes de sociabilidade, o que fazia sem o menor propósito de emendar-se. Sempre inabalável em suas atitudes e disposições, o crítico jamais se refugiou no comodismo do silêncio ou nas omissões deliberadas. Foi leitor incansável da literatura que se produzia em seu tempo e, ainda que a crítica que então se escrevia fosse quase sempre induzida "a operar no vácuo", como certa vez ironizou Sílvio Romero diante de tanta mediocridade, qualquer livro, por mofino que fosse, podia contar de antemão com a leitura de Veríssimo, muito embora nenhum escritor pudesse confiar na simpatia gratuita do crítico.

Foi o caso, por exemplo, de Medeiros e Albuquerque, cuja obra Veríssimo acusava de diletantismo e versatilidade infecunda, argüindo ainda contra o festejado escritor a mordaz observação de que tudo concebia sem esforço e paria sem dor. De Coelho Neto, louvado por seu castigado estilo em mais de uma centena de obras, disse que via apenas o vão empenho de escamotear a inocuidade que reinava por debaixo de tudo. Ou, numa palavra, "uma complicação sem complexidade". E a Afonso Celso condenou por excesso de timidez, fruto de sua "ingênua devoção", o que o levava a concluir que as aventuras da forma lhe cheiravam a "preocupações pecaminosas" e que era preciso fugir às "pompas diabólicas" do estilo. Nem os ídolos eram poupados das farpas do crítico. Como nos conta ainda Moisés Velinho, quando surgiram as primeiras reações ao parecer de Rui Barbosa sobre o projeto do Código Civil, foi nestes duros termos que Veríssimo comentou o episódio: "Passado o primeiro momento de estupefação causada pela queda daquele penedo filológico no charco da nossa ciência do vernáculo, começaram as primeiras vozes de desagravo." São de pura verve, aliás, as páginas escritas pelo crítico a propósito da polêmica desencadeada por Rui Barbosa. E foi num desabafo jovial que exclamou, já agora alfinetando o professor Carneiro Ribeiro: "Para escritores ignorantes como eu, esta briga é um consolo. Como erram os mestres! Como ignoram os sábios!"[45]

Mas Veríssimo sabia render-se também aos novos talentos. Assim, quando se publicou *Canaã*, deixou-se dobrar à novidade e ao ritmo impetuoso do romance: "Há em Graça Aranha excesso de viço, mas a exuberância é o vício dos fortes, e abençoados os defeitos que apenas são o exagero das qualidades." E se é verdade que negou aplausos às mediocridades de seu tempo, nunca passou sem o estímulo de seu louvor nenhum escritor que haja efetivamente contribuído para distender as fronteiras de nosso patrimônio literário, como foi o caso, já comentado aqui, de Machado de Assis. Pode-se dizer, a propósito, que Veríssimo madrugou no reconhecimento de sua crucial importância para os destinos de nossa literatura. Com relação aos valores brasileiros, são inúmeros os capítulos reveladores da sensibilidade e da astúcia exegética do autor, bastando lembrar aqui, além dos já citados, os que consagrou a Tomás Antônio Gonzaga, Basílio da Gama, Casimiro de Abreu, Gonçalves Dias, José de Alencar, Taunay, Joaquim Nabuco, Olavo Bilac, Euclides da Cunha, Alcides Maia e tantos outros quer nas séries dos *Estudos*, quer nos textos da *História da literatura brasileira*.

---

[45]*Apud* Moisés Velinho, op. cit.

Como sublinha Moisés Velinho, são "páginas que acusam, qualquer delas, estes atributos constantes na obra do escritor: lucidez, compenetração crítica, autonomia de julgamento".

Ao contrário de Romero, José Veríssimo não possuía nenhuma filiação filosófico-doutrinária que o confinasse neste ou naquele sistema, muito embora tenha ensaiado alguns passos na estreita clausura do comtismo. Chegou a reconhecer a legitimidade da reação metafísica sob a inspiração do intuicionismo de Henri Bergson, mas o racionalismo, vertente em que consolidara sua formação intelectual, haveria de satisfazer, até o fim, a modéstia de seu apetite filosófico. Foi, acima de tudo, um livre-pensador, refratário a todas as formas de opressão intelectual, e esta atitude o levaria, no âmbito da crítica, a um saudável e difuso ecletismo. Condenou abertamente as veleidades de uma crítica e de uma poesia científicas, como esteve em voga nas duas últimas décadas do século XIX, embora defendesse com bravura os foros da crítica relativamente aos gêneros literários. O certo é que seus juízos, muitas vezes inconcludentes, traíam o inevitável fundo impressionista nas elaborações do espírito. Mas nem por ceder ao impressionismo a crítica poderia ignorar o que ele mesmo definia como "o conjunto de princípios derivados da meditação da vasta obra literária de trinta séculos". Mesmo porque, como ainda uma vez sustenta Moisés Velinho, "entre esses princípios, produto de uma experiência multissecular, e o subjetivismo do crítico, não há conflitos nem incompatibilidades irremediáveis". E isto explica por que, ao tentar harmonizar os extremos, José Veríssimo pôde realizar uma obra doutrinariamente conciliatória, isenta de preconceitos.

Faltaria acrescentar, para que se compreenda melhor o caráter nacional de sua contribuição como crítico, que uma das constantes da obra de Veríssimo foi mesmo o reconhecimento da superioridade do Romantismo sobre as tendências literárias que se lhe seguiram e da legitimidade de sua inspiração estritamente brasileira. Embora denunciasse o equívoco ideológico do indianismo, o que Veríssimo enfatizou insistentemente na produção romântica foi sua funda vinculação com o meio, a plena correspondência de sua intenção emancipacionista com as aspirações gerais de uma pátria recém-nascida e que buscava sofregamente a contraprova espiritual de sua autonomia política. É impressionante a freqüência com que ele procurou estimular na criação literária o fermento brasileiro, pois, caso contrário, nossa literatura não chegaria a lugar algum. Para ele, a originalidade de nossos escritores estava na razão direta de sua fidelidade substancial à condição de brasileiros e de sua obediência às "imposições inconscientes de seu passado e de seu meio". Por isso, Veríssimo não cansava de condenar nosso espírito de imitação, o que se tornara visível após o advento do Naturalismo. Sem restringir a plenitude estética do fenômeno literário, o que Veríssimo pretendia de nossa literatura é que ela se erguesse, que se mantivesse fiel à memória de si mesma e com isso pudesse impor a sua identidade.

Apesar das considerações que acabamos de fazer no tocante à grandeza literária e aos pressupostos ideológicos que lhe embasam o pensamento crítico, ninguém poderá contestar os pontos vulneráveis da obra de José Veríssimo. E um deles é o estilo. Não é que ele não desse maior importância à arte da palavra, mas o fato é que Veríssimo jamais logrou dominar a língua como desejava. Sua dicção soa amiúde um tanto dura, e não o recomendam o apuro literário nem o bom gosto vocabular. É que a literatura, para ele, devia possuir o seu verbo próprio, uma tessitura na qual não coubessem senão as palavras que revelassem, tanto quanto possível, a frescura das fontes populares ou carregassem consigo a palpitação do uso corrente. Como observa Moisés Velinho, "o estilo costuma sair-lhe espesso e incolor, sem falar em certos deslizes que ele era o primeiro a condenar nos outros". Nada disso, entretanto, compromete a importância de sua perseverante atuação ao longo de quase trinta anos de crítica militante e atenta a tudo o que acontecia no mundo dos livros. E nem seria justo reconhecer que seu estilo, lado a lado com as deficiências apontadas, revela virtudes que não deixam de contribuir para o agudo e permanente interesse que seus estudos ainda nos despertam. E uma dessas virtudes, não muito comuns entre nós, é a ausência de inúteis efeitos verbais, é a expressão direta, a serviço de um pensamento que nos desvela um raro senso de disciplina interior, um pensamento enxuto e sem rodeios, que vai logo ferindo o assunto e desnudando a intenção viva do autor.

Causa até hoje certo espanto não apenas o que ele escreveu sobre as nossas letras, mas também, como aqui já se disse, sobre escritores e temas estrangeiros, pois tal atividade reflete um espectro cultural que supõe decerto um enorme acúmulo de leituras e de aturadas meditações sobre elas. Como observa João Alexandre Barbosa[46] no prefácio que

---

[46]João Alexandre Barbosa, prefácio à 2ª edição de *Homens e coisas estrangeiras*, Rio de Janeiro, Topbooks/ABL, 2004.

escreveu à segunda edição de *Homens e coisas estrangeiras*, "aquilo que, em primeiro lugar, e de um modo geral, chama a atenção na leitura desses textos é o fato de que, não obstante serem escritos sob a pressão da comum urgência jornalística, eles possuem um ritmo meditativo e uma tranqüilidade de exposição nada comuns nessa espécie de escrito, sobretudo se comparados com o que ocorre em nossos dias de textos jornalísticos apenas informativos". Exemplo disso são as páginas que dedicou a Tolstoi, Ruskin e Kropotkin, nas quais o autor discute os valores sociais e morais da literatura, que ele definia como estrita arte literária. Esses três escritores são exaltados por Veríssimo exatamente porque assumiram uma inédita perspectiva no tocante à literatura, à arte e à vida em que os elementos de ordem estética estão articulados e viabilizados por uma intensa preocupação moral e social.

Gostaria de concluir esta breve conferência sobre a contribuição crítica de José Veríssimo às nossas letras com uma referência àquilo que ele escreveu sobre a questão cultural, o que nos leva à sua análise da filosofia de Nietzsche em dois ensaios: "Um ideal de cultura" e "Retórica de Nietzsche". Naquele primeiro texto, Veríssimo apóia-se na definição nietzschiana de que "a cultura é, antes de tudo, a unidade do estilo artístico em todas as manifestações vitais de um povo", a que se segue o seguinte comentário do crítico brasileiro: "Essa idéia — talvez imprecisa e indefinida para os mesmos que se presumem nietzschianos — a tirou ele da sua concepção, insensata perante a melhor exigência da civilização grega, das origens da tragédia helênica." E acrescenta: "Como quer que seja, dessa criação da sua imaginativa formou um conceito de cultura que quisera aplicar a todas as nossas manifestações vitais; seria ele como o resíduo sublimado, a expressão última e sobreexcelente de todos os nossos progressos na ordem espiritual e ainda na ordem moral." É no âmbito dessa conceituação de cultura que Veríssimo elege um motivo para reverenciar a capacidade imaginativa do pensador alemão, a que, anteriormente, sempre definira mais como poeta do que como filósofo sistemático. Nesse sentido, ou seja, ao perceber uma aguda forma de coerência sob a aparente fragmentação da fulgurante sensibilidade do autor da *Origem da tragédia*, Veríssimo se desvencilha daqueles elementos naturalistas de sua formação inicial e recupera aquilo que, em Nietzsche, corresponde, como ele mesmo diz, a "momentos lucidíssimos, em que sua imaginação homérica, inquieta e desvairada, projeta clarões intermitentes, de intensidades diversas, mas freqüentemente vivíssimas e luminosas, nos problemas da cultura e da vida".

O segundo ensaio a que aludimos, "Retórica de Nietzsche", revela seu interesse ao apontar aquilo que, para o crítico, seria não um estilo de cultura, mas antes o estilo do próprio Nietzsche. E esse estilo é, segundo Veríssimo, caracterizado por uma ordem clássica em que a clareza e a impessoalidade são traços essenciais, se não de realização, do desejo ou da vontade. Escreve José Veríssimo: "Nietzsche é pela clareza. Ele adorava a clareza grega e a clareza francesa. A clareza era para ele a lealdade do filósofo, o que não é senão, em outros termos, o velho conceito francês: a clareza é a probidade do escritor." Essa mesma clareza que faltava à empolada e verbosa literatura que se escrevia entre nós nas duas primeiras décadas do século passado e da qual José Veríssimo foi um dos mais sensíveis, atentos e astuciosos intérpretes, sobretudo quando escreve, a propósito da adiposidade retórica de certos autores daquela época, desses "vômitos de erudição" que temos aqui, "como outro dia notei, um asqueroso exemplo nas citações intemperantes e despropositadas, puro, indiscreto e vaidoso alarde de conhecimentos e leituras, que só aos simples e aos parvos pode embair". É nessa feroz diatribe contra o hábito de falsear a cultura com fátuos adornos eruditos que Veríssimo dá o melhor de si, o melhor de quem sentiu e compreendeu a verdadeira literatura de seu tempo para além das tenazes doutrinárias que a estrangulavam. Em certo sentido, pode-se até dizer que José Veríssimo antecipa alguns aspectos do Modernismo de 1922. Sintoma disso é sua aguda compreensão da modernidade da obra de Machado de Assis.

Veríssimo dedica todo o último capítulo de sua *História da literatura brasileira*[47] à poesia, à ficção, ao teatro e à crítica machadianas, dando destaque muito especial aos romances do autor, entre os quais *Memórias póstumas de Brás Cubas*, que define como "a epopéia da irremediável tolice humana, a sátira da nossa incurável ilusão, feita por um defunto desenganado de tudo". E acrescenta: "Desta arriscada repetição do velho tema da vaidade de tudo e do engano da vida, a que o Eclesiastes bíblico deu a consagração algumas vezes secular, saiu-se galhardamente Machado de Assis", pois,

---

[47]José Veríssimo, *História da literatura brasileira*, 7ª ed., Rio de Janeiro, Topbooks/Fundação Biblioteca Nacional, 1998.

"transportando-o para o nosso meio, incorporando-o no nosso pensamento, ajustando-o às nossas mais íntimas feições, soube renová-lo pela aplicação particular, pelos novos efeitos que dele tirou, pelas novas faces que lhe descobriu e expressão pessoal que lhe deu". Veríssimo percebe de imediato a guinada literária a que corresponde este romance na trajetória ficcional de Machado de Assis, o que seria confirmado poucos anos depois por *Quincas Borba* e *Dom Casmurro*. Diz Veríssimo a propósito desse segundo nascimento do escritor: "As *Memórias póstumas de Brás Cubas* eram o rompimento tácito, mais completo e definitivo de Machado de Assis com o Romantismo sob o qual nascera, crescera e se fizera escritor." Enfim, Veríssimo compreende o que Romero jamais pudera admitir: que, com a segunda fase de produção desse autêntico *twice-born* que se chamou Machado de Assis, a literatura brasileira conseguira dar o seu mais extraordinário salto estético e histórico, deixando para trás os derradeiros espasmos do Romantismo e as distorções mórbidas do Naturalismo para enveredar nas sendas do Realismo e da análise psicológica das personagens.

É muito o que se poderia dizer ainda da obra crítica de José Veríssimo. O mais importante, porém — ou mesmo crucial —, é que ela seja vista, ou revista, à luz da crítica que se escreveu em sua época, e não daquela que começou a ser praticada entre nós a partir da década de 1950, quando se disseminam no país as grandes tendências do pensamento crítico moderno, como as do New Criticism e da Estilística, e quando o impressionismo já revela sinais inequívocos de esgotamento. A contribuição crítica de Veríssimo deve ser entendida como a única reação possível, naquele momento histórico, ao sociologismo cientificista de Sílvio Romero, bem como às correntes filosóficas da segunda metade do século XIX, como o comtismo e o monismo evolucionista, que dominaram ainda boa parte do século passado, quando aqui se cultivaram certas flores doentias do germanismo. É nesse sentido que, embora impressionista, a crítica de Veríssimo não deve ser compreendida como datada, pois há nela um notável e nobre esforço para privilegiar a sensibilidade e a intuição, e é isto o que faz com que seus textos possam ser lidos e estimados até hoje, não na medida em que o foram no princípio do século passado, mas naquela acepção eliotiana de que há certas contribuições artísticas e literárias que, embora já mortas, insistem em não morrer.

2006

As vozes de Ricardo Thomé[48]

A alma e a linguagem de qualquer poeta que mereça este nome envolvem um complexo (e amiúde contraditório) coro de vozes. É o que vemos, por exemplo, no caso dos heterônimos de Fernando Pessoa, e aqui mesmo, entre nós, com Aníbal Machado, que, no final de um dos poemas em prosa de *Cadernos de João*, escreve: "Meu duplo é insuportável!" O mesmo se dá com Ricardo Thomé em *Arranjo para cinco vozes*, no qual se digladiam, como numa frenética sarabanda de eus, a voz da voz, a voz confessional, a voz do outro, a voz solene e a voz dissonante ou, como ele próprio a define, "em falsete". Por detrás de todas essas vozes, entretanto, o que ouvimos é uma única voz, a do poeta, visível em suas metáforas, em seus lancinantes dilemas, em seu desenfreado ludismo, em sua irremissível angústia de estar no mundo, a sós consigo mesmo e com o absurdo em que se resume a vida, em seu sisífico afã de conciliar dentro de si essas vozes que

---
[48]Prefácio a *Arranjo para cinco vozes*, de Ricardo Thomé, Rio de Janeiro, Uapê, 2005.

se entredevoram, mas que, nessa autofágica partitura — perceba-se que o próprio título da obra nos remete a uma metáfora musical —, dão o testemunho de alguém que se pergunta sem cessar pelo sentido mais profundo da existência e que, como resposta, nos diz apenas, entre lacônico e aturdido, que ela não passa de uma cicuta "que nos cabe tomar sem mais perguntas".

A primeira dessas vozes, ou seja, a voz da voz, se confunde à da metalinguagem, à daquele exercício de refletir sobre o poema e o ofício do poeta, como se pode observar nas "Divagações sobre o ofício do poeta", cuja arte de fazer versos é aqui examinada a partir do que diriam do poema uma doceira, uma cabralina catadora de feijões ("Escolher palavras, ver as que servem,/ tirar do verso os carunchos, as pedras,/ para que, de tudo, fique só a pérola,/ a semente límpida, o grão mais belo."), um açougueiro, um garimpeiro, um modelista ("E nada teu exclui ou exagera:/ sê nu e transparente em tuas vestes.") e um poeta modernista. Para que se absorva bem o sumo dessa voz da voz é muito importante, também, a leitura de "Do sexo dos poemas", onde se antagonizam os pólos dilemáticos do processo poético do autor, que oscilam entre o masculino e o feminino no que toca à própria substância da poesia, que assume aqui a condição de hermafrodita, pois o poema, do papel e de si próprio prenhe, ou "prenhe de gêmeos", nada mais é que idéia e emoção que, "frente a frente, se enfrentam:/ a emoção que explode, rompe; a razão que prende/ nessa briga de idênticos, tão diferentes".

A segunda voz, dita também "confessional", articula-se a partir de outro claro antagonismo: o que subjaz na tensão seminal entre aquilo que se diz nos poemas "Mater'" e "Pater", visível demais para que se não a perceba. Como a primeira, essa segunda voz opera também nos termos de uma espécie de nervo do conflito, desse conflito em que se debate Ricardo Thomé desde a infância, quando se descobriu duplo e contraditório, como se pode inferir destes líricos, mas quase patéticos, "Jogos de criança", cuja sombria desolação nos encaminha para o niilismo suicida do poema "O polvo", onde, ao final, se lê: "Sou um polvo:/ mil e um pulsos para cortar." E nenhuma razão para viver.

Ricardo Thomé consegue escapar um pouco ao jugo do conflito que o dilacera graças à pálida objetividade expressiva da terceira voz, "a voz do outro", presente no belo e grave inventário poético "Das profissões", na melancólica "Ciranda regressiva", no tom sarcástico de "Vestibular", na imitação cabralina do "Diálogo a respeito de dois defuntos", no surpreendente e cornucópico "O cesto de frutas" e no relato de puro humor negro em que consiste "A fantástica e incrível história do gato voador", ao fim da qual um felino, como aquele polvo, também se mata:

> *E assim dizendo, a miar*
> *(com sete vidas vividas),*
> *pulou do décimo andar:*
> *era um gato suicida!*

E eis que chegamos à quarta voz, a "solene", ou "em tom maior", que reúne, talvez, a música mais alta deste concerto orfeônico, pois aqui a poesia de Ricardo Thomé adquire aquela *cadenza* sem a qual nenhum verso é digno deste nome. Avulta de pronto o poema "O menino e as sete respostas", que são dadas por outros tantos solistas aos quais se atribuem os papéis de operário, matemático, pescador, poeta, médico, hedonista e religioso. Cada um deles, a seu modo, define o que seria a vida, sempre fiéis a um sentido construtivista que se confunde com o princípio estrutural da própria linguagem poética. Assim, para o operário, a obra que ilustra a vida

> *É uma construção.*
> *Não pulsa ou sufoca*
> *mas, da vida, é imagem metafórica:*
> *um dia, acabada, fará história;*
> *além, demolida, será memória.*

Retruca-lhe drummondianamente o poeta que a vida é "luta vã", e remata: "É no ato de ousar o que não alcança/ que a resposta se dá — em língua estranha!" Já o médico observa: "Não há, pois, essenciais diferenças/ entre este que nasce e o que está morrendo." E conclui: "A vida é uma terrível doença/ que só se cura quando a morte vem." De sua parte, o matemático sentencia: "Assim, a vida, essa estranhíssima álgebra,/ é ciência exata, e inexplicável."

Há em todas essas respostas um laconismo taciturno e desesperançado em que, a rigor, se apóia toda a lírica de Ricardo Thomé. Um laconismo do qual o poeta busca esquivar-se pelo expediente do humor, ou mesmo do mais virulento sarcasmo, como se vê no poema "Os sete pecados capitais", em particular o da "Gula", que assim principia:

> *Gosto das guloseimas. Sou glutona,*
> *gorda, de pança cheia, uma matrona*
> *de glúteas bundas, roliças, redondas,*
> *que gingam qual gigantescas almôndegas,*
> *bambas, a bailar em anchas ondas.*

E que assim se finda:

> *Fome agônica, inscrita nas glândulas*
> *e que fica roncando, aqui, no estômago*
> *que não se engana, por mais que se coma.*
> *Fome que não some, de anteontem,*
> *fome que não míngua, e que me consome.*

A "voz solene" emudece com o "Soneto do agradecimento", no qual o poeta, utilizando como epígrafe um conhecido verso de Violeta Parra, nos diz que deixará este mundo "rico, apenas, do que me é devido", acrescentando: "darei graças *a la vida* por ter morrido/ nas graças de uma vida *que me hay dado tanto!*"

O volume se encerra com a "voz dissonante", ou "em falsete", que, ainda mais conflituosa e dilacerada do que as anteriores, entoa o que se poderia chamar aqui de uma suprema canção do dilema, do exílio de si mesmo, das duas partes irreconciliáveis em que se fragmenta a alma do poeta, dando origem àquela poesia hermafrodita a que já aludimos. Tudo isto está muito claro na imitação de Drummond que inerva o poema "Vestido de Geni (um outro caso)", no qual Genivaldo e Geni equivalem às metades que se digladiam e que só se conciliam após a morte por apedrejamento público, como ocorria na antigüidade quando se punia uma adúltera:

> *Exibido, eis que estava,*
> *mais que nunca, Genivaldo,*
> *metade ele, metade ela,*
> *ei-lo, afinal, integrado,*
> *ele mesmo, inteiro, uno,*
> *seus dois lados costurados*
> *(pois que a morte, minhas filhas,*
> *usa a linha da verdade).*

A "voz em falsete" se cala com um "Réquiem" no qual se exaltam "todos os excluídos" da sociedade, os marginais de toda têmpera e que assim se definem quer pelo vício ou pela miséria, quer pela loucura ou pelos desvios morais de conduta, quer, ainda, pela estranheza ou pelo desconforto que manifestam por estar no mundo. É esta, muito a propósito, uma das vertentes mais opulentas da poesia de Ricardo Thomé, que assim saúda seus irmãos de destino e de infortúnio:

> *Deus proteja todos os renegados:*
> *os mendigos e os doentes,*
> *os velhos e os dementes*
> *e os excomungados.*
>
> *Meu carinho a todos os perdidos:*
> *às putas e aos zumbis,*
> *aos viciados e travestis*
> *e aos suicidas.*

> *Minha homenagem a todos os grandes merdas:*
> *aos lunáticos e malditos,*
> *aos solitários e proscritos*
> *e aos poetas.*

Se aqui nos detivemos um pouco na análise de cada uma dessas cinco vozes, isto não significa que acreditemos na legitimidade ou na autonomia absoluta de nenhuma delas, pois quem as expressa é uma só boca, uma só e única alma, ainda que esquartejada. E diante de tamanha e tão intensa *disjecta membra*, é no mínimo surpreendente o sentido de construção que revela o poeta não apenas no que toca às peças que compõem *Arranjo para cinco vozes*, mas também no que se refere à própria partitura como um todo. Trata-se, é bem de ver, de obra coesa e inteiriça, medida e até mesmo calculada do ponto de vista da *gestalt* poemática. O leitor haverá também de perceber que Ricardo Thomé não oculta suas fontes, como tampouco as influências literárias que recebeu. Antes as ostenta sob a forma de um palimpsesto, deixando à mostra, na superfície de seu mosaico intertextual, os vestígios do que escreveram seus antecessores. Esta prática, quase consuetudinária entre os poetas da modernidade, remonta, como se sabe, aos princípios do século passado, quando T. S. Eliot publicou *The Waste Land* e revolucionou toda a poesia moderna. Assim como Eliot, Ricardo Thomé não é apenas poeta, mas poeta de poetas. Que Deus o tenha e o diabo o conserve. Amém.

2004

MACHADO DE ASSIS CRONISTA[49]

Do grego *chronikós*, "relativo ao tempo", derivado de *chrónos*, "tempo", que deu origem ao latim *chronica*, "crônica", a palavra "crônica" aparece nas línguas portuguesa e espanhola, sob formas arcaicas, desde o século XIII e ostenta, até o século XIX, com seus derivados imediatos, a acepção que a define como relato histórico ou para-histórico. O que aqui nos interessa, entretanto, é a acepção daquele último século, que a entende como gênero literário eminentemente jornalístico, ou seja, um artigo de jornal que, em vez de relatar ou comentar acontecimentos do dia, alinhava reflexões sobre literatura, teatro, política, acidentes, crimes ou escândalos, bem como os *faits divers* da vida cotidiana — enfim, sobre todos os assuntos. De um modo geral, a crônica está sempre associada à atualidade, mas não exclui a nostalgia do passado. Pode ser tendenciosamente crítica, mas sem agressi-

---

[49]Conferência proferida no Teatro Rubem Braga, em Cachoeiro do Itapemirim (ES), em 31 de maio 2006.

vidade, e costuma misturar sentimentalismo e humorismo. Mas nela, a rigor, cabe de tudo. Definida pelo crítico russo Viktor Chklovski como um "conto sem enredo", a crônica é um gênero que, embora jornalístico, pertence — ou pode pertencer — à literatura, e foi cultivado por um número tão grande de escritores que sua história completa equivaleria a um corte transversal na literatura que se escreveu no Ocidente entre os séculos XIX e XXI.

Examinando-se a sua evolução nos quadros da literatura contemporânea, pode-se ir além e dizer que a crônica passou a significar um gênero literário de prosa no qual, bem mais que o assunto — em geral efêmero —, relevam antes as virtudes do estilo, a variedade, a figura e a astúcia no desenvolvimento das idéias, a graça na análise de fatos miúdos e sem importância, ou na crítica de personalidades. No início do século XIX, as crônicas chamavam-se "folhetins", estampados quase sempre nos rodapés de jornais, mas, numa crônica datada de 30 de outubro de 1859, Machado de Assis, ao definir o folhetim e o folhetinista, fixou as características da crônica como hoje a entendemos. Diz ele que o folhetim, originário da França, acomodou-se "às conveniências das atmosferas locais" e assim o define: "(...) o folhetim nasceu do jornal, e o folhetinista por conseqüência do jornalista", acrescentando ainda: "O folhetinista é a fusão admirável do útil e do fútil, o parto curioso e singular do sério, consorciado com o frívolo. Estes dois elementos, arredados como pólos, heterogêneos como água e fogo, casam-se perfeitamente na organização do novo animal." E logo adiante conclui: "Efeito estranho é este, assim produzido pela afinidade entre o jornalista e o folhetinista. Daquele cai sobre este a luz séria e vigorosa, a reflexão calma, a observação profunda. Pelo que toca ao devaneio, à leviandade, está tudo encarnado no folhetinista mesmo; o capital próprio. O folhetinista, na sociedade, ocupa o lugar do colibri na esfera vegetal: salta, esvoaça, brinca, tremula, paira, espaneja-se sobre todos os caules suculentos, sobre todas as seivas vigorosas. Todo o mundo lhe pertence; até mesmo a política."

Machado de Assis nos deixou uma numerosa e instigante bagagem como cronista, já que dele se conhecem mais de setecentas crônicas escritas entre 1859 e 1900. Essas crônicas ou folhetins apareceram, sob diversos pseudônimos, em *O Espelho, Diário do Rio de Janeiro, O Futuro, A Semana Ilustrada, Ilustração Brasileira, O Cruzeiro* e *Gazeta de Notícias*. Em todas essas crônicas, o escritor revela a mesma finura de observação, a ironia piedosa e cética que caracterizam a sua visão do mundo, tal como a expressam seus contos e romances. Claro está que a crônica exigia uma participação direta e movimentada na vida mundana, de que era um eco ou o espelho na imprensa. Quando começou a exercê-la, aos vinte anos de idade, Machado de Assis freqüentava todos os círculos, nos quais ia colher a matéria-prima de suas crônicas: as reuniões da sociedade, o teatro, os debates parlamentares, os pregões da Bolsa, as casas de câmbio, a rua, as livrarias. Seus folhetins não diferiam muito do gênero tal como este era então geralmente praticado, a não ser pela qualidade do estilo e, também, por um certo torneio de pensamento e idéias que o distanciavam de seus confrades. E Machado cultivava ainda a nota lírica, mas de maneira mais discreta e comedida do que José de Alencar, embora fosse poeta, o que este último não foi.

Na época em que Machado de Assis começou a escrever suas crônicas predominava em nossos meios literários uma intensa e difusa francofilia, o que levou o escritor à confissão de que "escrever folhetins e ficar brasileiro é na verdade difícil". E ninguém — quer escritores, quer leitores — conseguia resistir à influência da língua e da literatura francesas. Veja-se o caso de José de Alencar, um dos fundadores do indianismo, que, censurado na imprensa por abusar de francesias em suas crônicas, rebateu de maneira irônica a idéia da nacionalização do idioma português, em atitude inteiramente oposta à que viria assumir algum tempo depois. O autor de *Dom Casmurro*, que também enxertara a crônica em alguns de seus romances, muito embora esta nunca tenha servido como texto-ponte para suas grandes obras ficcionais, consagrou-se ao gênero por cerca de quarenta anos, tendo contribuído de forma significativa para a sua evolução na literatura brasileira. Sua obra folhetinesca reflete discretamente as variações por que o gênero passou entre nós desde o Romantismo até o Realismo, com ramificações no Parnasianismo e no Simbolismo. Enfim, há um pouco de todas essas vertentes nas muitas crônicas que nos deixou o autor.

De um ponto de vista didático — e se lhe excluirmos as crônicas que depois foram reunidas sob o título de "Aquarelas"—, toda essa produção foi distribuída por Eugênio Gomes em quatro grupos caracterizados tanto pela tonalidade psicológica quanto pelo estilo: Grupo I: 1861-1867; Grupo II: 1876-1878; Grupo III: 1883-1889; e Grupo IV: 1892-1900. As do último grupo são as de "A Semana", publicadas sem assinatura na *Gazeta de Notícias* e que compreendem as mais notáveis escritas pelo autor, que foi ali substituído por Olavo Bilac, outro fino cronista, em 1897. É importante lembrar aqui o que sublinha Eugênio Gomes quanto aos múltiplos recursos de que se valia Machado de Assis nessa arte admirável: "A alusão histórica e literária; o epíteto imprevisto; a anedota; a citação erudita; algo que traía a curiosidade e a inteligência do leitor; as formas paradoxais e o trocadilho."[50] São esses os ingredientes com que o escritor difundia a sua essência espirituosa, a que não faltavam, como ainda uma vez observa Eugênio Gomes, "as imitações de estilo os mais díspares: o estilo dramático, o estilo axiomático, o estilo antitético, o estilo épico, o estilo maçônico e também outros". Com isso, Machado de Assis atingiu a mais alta perfeição no gênero, uma arte requintada e sutil que reflete o homem que ele era.

Como já dissemos, Machado de Assis escreveu as suas crônicas ao longo de quase toda a segunda metade do século XIX, período em que o gênero contou com diversos e hábeis cultores entre nós, e claro está que essa efervescência muito contribuiu não só para o seu desenvolvimento, mas também para a sua crescente aceitação junto ao público. Antes de Machado dedicaram-se à crônica, entre outros, Francisco Otaviano de

---

[50]Eugênio Gomes, "O testamento estético de Machado de Assis", em *Obra completa de Machado de Assis*, vol. III, Rio de Janeiro, José Aguilar, 1962.

Almeida Rosa, Ferreira de Araújo, Ferreira de Meneses, Josino Nascimento Silva, o padre Miguel do Sacramento Lopes Gama, Luís Carlos Martins Pena, Manuel Antônio de Almeida e José de Alencar, que conferiu à crônica sua mais alta categoria intelectual na década de 1850 e que substituiu Francisco Otaviano no *Correio Mercantil* em 1854. Publicadas sob o título de "Ao correr da pena", essas crônicas como que prepararam o terreno em que, a partir de 1860, haveria de florescer o talento do autor das *Memórias póstumas de Brás Cubas*. Afinal de contas, tanto quanto Machado de Assis era Alencar um escritor opulento e dono de um estilo vigoroso, embora sem a sutileza e a profundidade psicológica daquele. Muito distinto no estilo e na forma de seu sucessor natural como expoente da ficção brasileira, o autor de *O guarani* dava a impressão de só querer mostrar o lado amável da vida, mas na verdade possuía um espírito público resoluto demais para que não fizesse sentir, de vez em quando, a sua inconformidade com os desmandos da sociedade ou da política, os quais nunca foram denunciados por Machado com esse destemor cívico, mas antes com a pena sutil e ferina de sua ironia.

Não houve aspecto ou vertente da sociedade carioca na segunda metade do século XIX que escapasse ao olhar crítico e vigilante de Machado de Assis. Ao comentar o *engagement* machadiano, sustenta Gustavo Corção que "na própria obra está a prova de seu minucioso interesse por tudo o que relatavam os jornais da semana e por tudo o que vai acontecendo nos momentos do mundo",[51] advertindo,

---

[51]Gustavo Corção, "O cronista", em *Obra Completa de Machado de Assis*, vol. III, Rio de Janeiro, José Aguilar, 1962.

porém, que, logo adiante, o autor nos oferece, de modo paradoxal, "também a prova, não de um desinteresse, mas de um desapego" pelos acontecimentos. E acrescenta: "Os fatos são sérios, mas não podem ser levados a sério com aquele estilo solene e grave que falta, felizmente, ao escritor de coisas miúdas. A atualidade merece atenção curiosa, mas não merece todo o empenho da alma míope que vê coisas maiores nas coisas menores." Esta é a razão pela qual as crônicas machadianas mantêm até hoje a sua atualidade, como também é a mesma a razão pela qual envelhecem depressa aquelas que se submetem aos esplendores datados da época em que foram escritas. Observe-se ainda, como o faz John Gledson, que "o tom predominante destas crônicas é pessimista",[52] e causaria espanto se assim não o fosse, se levarmos em conta a natureza íntima de Machado de Assis. Mas não só, pois, como adverte este notável leitor da obra machadiana, os acontecimentos que essas crônicas retratam, "seja na esfera política, seja na economia ou até na militar, não são feitos para otimistas".

Machado de Assis teve o privilégio de testemunhar, no fim do século XIX, três acontecimentos histórico-sociais que mudaram para sempre a face do país: a queda da Monarquia, a Abolição da Escravatura e o advento da República. E as crônicas que escreveu sob os títulos de "Balas de Estalo" (1883-1886), "Bons Dias!" (1888-1889) e "A Semana" (1892-1900) nos oferecem uma visão oblíqua e desconfiada da at-

---

[52] John Gledson, "Machado de Assis. O Rio de Janeiro em vários tempos", em Aline Carrer, *Rio de Machado de Assis. Imagens machadianas do Rio de Janeiro*, Rio de Janeiro, Casa da Palavra, 1999.

mosfera social em que ocorreram tais episódios, que deveriam ter conduzido nosso país a uma solução institucional, mas que acabaram por levá-lo antes a mais um impasse, como logo se veria. Observa a propósito o crítico Roberto Schwarz que "a incrível estabilidade das relações — ou injustiças — de base no país contribuiu de modo decisivo para conferir alguma coisa irrisória às datas magnas que registram as mudanças em nossa política". E conclui: "O próprio Machado foi se dando conta disso e acabou fixando a irrelevância das datas políticas como sendo o dado decisivo do nosso ritmo histórico, num bom exemplo de dialética entre experiência social e forma."[53] Dessa maneira, pode-se dizer que o autor fará mais do que retomar a imagem da crônica como um colibri saltitante, pois, como sustenta Salete de Almeida Cara, que prefaciou e organizou em 2003 as *Melhores crônicas de Machado de Assis*, ele "está construindo uma visão complexa das relações sociais e do andamento histórico do Brasil, a partir da qual começava a armar um problema formal que irá tomando corpo dali para frente, e estará exposto na sua prosa madura".[54]

Como ainda uma vez observa Salete de Almeida Cara, o longo exercício da crônica acabou por tornar-se "fundamental no processo de perda das ilusões quanto a qualquer comunhão pública pelo diálogo no jornal, levando o escritor a dar um passo adiante no que seria uma fusão feliz entre o jornalista, paladino do bem, e o folhetinista, grande vilão".

---

[53]Roberto Schwarz, *apud* Salete de Almeida Cara, *Melhores crônicas de Machado de Assis*, São Paulo, Global, 2003.
[54]Salete de Almeida Cara, op. cit.

Com o correr dos anos, a crônica machadiana começa a distanciar-se da referenciação direta dos acontecimentos imediatos e, deslocando-se muito à vontade para o passado, continua ainda a alimentar uma imaginação sempre sustentada por aquele movimento abrangente e quase panorâmico de quem observa o que ocorre ao redor, e desse movimento periscópico é que depende a boa crônica. E assim foi capaz o escritor, como se vê nos textos de "A Semana", de perceber melhor do que ninguém o resultado lógico de uma experiência nacional singular que deságua na crise financeira dos governos Prudente de Moraes e Campos Sales. É o tempo da guerra de Canudos, pouco antes do empréstimo de 2 milhões de libras concedido ao país pela Inglaterra e da possibilidade de uma moratória em 1898.

Veja-se, a propósito, como é curioso o que ele escreveu sobre Canudos numa crônica de 31 de janeiro de 1897: "Os direitos da imaginação e da poesia hão de sempre achar inimiga uma sociedade industrial e burguesa. E em nome dele protesto contra a perseguição que se está fazendo à gente de Antônio Conselheiro." E adiante: "Se na última batalha é certo haverem morrido novecentos deles e o resto não se despega de tal apóstolo, é que algum vínculo moral e fortíssimo os prende até a morte. Que vínculo é esse?" Esse vínculo, para Machado, residia apenas no mistério da crença de mais de dez mil seguidores de Conselheiro numa doutrina sem nome que lhes infundia a esperança da riqueza. É bem verdade que o grande intérprete de Canudos, Euclides da Cunha, não havia ainda escrito *Os sertões*, mas em sua crônica Machado de Assis já antevira uma das muitas vertentes da tragédia em que se converteria o sonho messiânico de Antônio Conselheiro. E Canudos foi mais um episódio que se somaria àqueles três a que antes aludimos e que sacudiram as estruturas sociais do país no fim do século XIX.

Em outra crônica memorável, esta publicada em 4 de novembro de 1894, Machado, que era assíduo leitor de Montaigne, estabelece um preciso e irônico juízo histórico sobre um tópico de larga tradição humanista e liberal, a liberdade, comparando os fundamentos de uma antiga cena européia com os do cenário brasileiro contemporâneo. Observa o cronista: "A liberdade é um mistério, escreveu Montaigne, e eu acrescento que o monopólio é outro mistério, e, se tudo são mistérios neste mundo, como no outro, fiquem-se com seus mistérios que eu vou aos meus espinafres." Pois logo após a Abolição — e com a modernização dos bondes elétricos, como se pode ler em outra de suas crônicas —, os burros também tiveram a *liberdade de morrer* de fraqueza ou de fome, os escravos gozaram da *liberdade* de continuar a receber petelecos, pontapés e salários irrisórios, e os homens livres, como a engomadeira da rua Senhor dos Passos, da liberdade de se *oferecer em aluguel* ou, como aquele empregado doméstico, da *liberdade* de pronunciar ou não corretamente a palavra "debêntures", perdendo sempre todas as suas economias e, como consolo, traduzir quaisquer transações financeiras por "desventuras".

Graça, elegância, humor, sabedoria — tais são algumas das inigualáveis virtudes da crônica machadiana, que lembra às vezes uma partitura de Mozart, tamanhas são a leveza e a desenvoltura que a animam. São exemplares as palavras com que a define Gustavo Corção em "Machado de Assis cronista", texto introdutório às crônicas do autor na edição de sua *Obra completa*: "Sobre a técnica do desenvolvimento, direi que é nas crônicas, por causa de sua maior liberdade, que melhor se observa a tendência de Machado de Assis para o *divertissement* que toca as raias do delírio. Vai de uma coisa aqui para outra acolá, passa do particular para o geral, volta do abstrato ao concreto, desliza do atual para o clássico, galga do pequeno para o grandioso e volta do vultuoso para o microscópico, passa do real para o imaginário, e do imaginário para o onírico, às vezes numa progressão geométrica vertiginosa, outras vezes com um cômico aparato lógico, para rir-se da lógica, ou para mostrar que existe efetivamente uma esquisita lógica entre as coisas que o vulgar julga distantes e desconexas."[55] Pode-se dizer, como o faz Corção, que é nesse processo de ilação entretecida pelo riso, que é uma forma de contemplação, ou uma espécie de metafísica prática, que consiste, acima de tudo, a técnica da composição machadiana.

Outro notável crítico que se ocupou das crônicas de Machado de Assis foi Alceu Amoroso Lima,[56] segundo quem a primeira impressão que se colhe no humorismo que as embebe é a maneira leve de tratar as coisas graves, e a maneira grave de tratar as coisas leves. Pode-se dizer que o autor jamais leva a sério os acontecimentos que possuem dimensão nacional ou universal, e que não faz outra coisa, em suas crô-

---

[55]Gustavo Corção, op. cit.
[56]Alceu Amoroso Lima, "O crítico", em *Obra completa de Machado de Assis*, vol. III, Rio de Janeiro, José de Aguilar, 1962.

nicas semanais, senão divertir-se, ou molhar "a pena da galhofa na tinta da melancolia", sem se comprometer demais com o efêmero dos fatos que relata. É que ele sabia que não há nada mais velho do que a novidade de ontem, essa novidade que se transforma em papel de embrulho no dia seguinte. "E é desse rápido envelhecimento", como ensina Gustavo Corção, "dessa vertiginosa oxidação do metal das novidades que o cronista de 1892 desconfia", sendo esta a razão por que aplica às coisas o instrumento de um riso especial que delas extrai, por um processo peculiar de abstração, uma duradoura cintilação.

Diga-se ainda, como outra vez sublinha Corção, que Machado de Assis intuía, um pouco a seu modo, "o teor de eternidade escondido nas coisas efêmeras". É possível até que não tivesse plena consciência dessa forma de espiritualidade vestida de humorismo, ou talvez não tenha formulado, nos termos usuais dos pensadores místicos, a transcendência do homem com relação ao mundo em que vivemos e, por conseguinte, a transcendência do bom gosto e do estilo relativamente à matéria caduca e contingente. Por mecanismos de intuição que não cabe muito aqui esmiuçar, Machado de Assis sabia que o homem "está no mundo, mas não é do mundo". Ou por outra: o homem está engajado no fluxo dos acontecimentos, mas não é (ou não deve ser) necessariamente uma vítima dessa trama. Por isso, as suas crônicas, sobretudo as que escreveu em "A Semana", são mais frescas e atuais do que as que hoje se escrevem, pois que transcendem, graças ao sábio ceticismo com que o autor duvidava dos valores imediatistas de sua época, os fatos que lhe deram origem.

Tudo isto nos conduz, de um modo ou de outro, à questão da modernidade da crônica machadiana, pois sua linguagem coloquial e seu estilo envolvem mudanças que expressam uma nova forma de ver e de sentir a realidade. Assim, essas crônicas adquirem um caráter às vezes lírico, refletindo a subjetividade de um autor que se funde aos acontecimentos exteriores a ele, sem esquecer, porém, o tom da conversação que mantém com o leitor. O estilo do autor de *Quincas Borba* aponta desde o princípio para exigências formais intrínsecas à matéria difusa que tinha nas mãos, e isto impunha a mobilidade do cronista, induzido a todo instante, e a qualquer preço, a variar de perspectiva. Como salienta Davi Arrigucci Jr. em *Enigma e comentário. Ensaios sobre literatura e experiência* (1987), quem lê as crônicas machadianas "não pode deixar de espantar-se ainda hoje com aquela arte de desconversa: refinada, alusiva, muitas vezes maldosa e sempre irresistível", acrescentando ainda que "ninguém escapará a tanta movimentação e humor, mesmo depois de todos esses anos do desaparecimento dos fatos que motivaram aquelas páginas extraordinárias".[57]

Uma das novidades da crônica machadiana radica visceralmente na forma como o narrador nos apresenta os acontecimentos diários. E este narrador é sempre volúvel, de modo que sua estratégia se modifica a cada instante. Isto o leva a desenvolver seus temas de maneira hiperbólica, graças à qual alude aos assuntos sem nomeá-los explicitamen-

---

[57]Davi Arrigucci Jr., *apud* Salete de Almeida Cara, op. cit.

te, rodeando-os por meio de um insistente e instigante emprego de imagens e recursos cuja forma narrativa se caracteriza pela integração desta nas próprias personagens. Resulta daí um discurso leve e coloquial, ainda que culto, repleto de citações eruditas, mas sempre aberto a mudanças e associações de idéias. Neste sentido, há em suas crônicas algo que faz dele um escritor da brevidade, das elipses, das alusões, do incompleto, do fragmentário e das pistas enganosas. E isto dá ensejo a uma narração oblíqua, de tom humorístico, alegórico e dissimulado que, em alguns momentos, nos leva a crer que o escritor está falando de outro assunto. É que Machado de Assis, como pretende Sônia Brayner, "trata o fato com uma tonalidade desconcertante", revelando assim a "bipolaridade requerida por sua intenção estilística de inadequação entre a idéia e a expressão, entre o significante apontado e a significação escondida, o que aumenta sempre a impressão de 'descompasso' entre o mundo exterior e sua manifestação na subjetividade".[58]

Um outro fino intérprete da obra que nos legou o "bruxo" do Cosme Velho, Valentim Facioli, garante que as "crônicas de Machado são, no mínimo, surpreendentes pelo desvelamento do homem e do escritor, com o compromisso que implicam com o cotidiano da vida social, política e cultural do país, pela verdadeira militância que traduzem em face dos problemas da época, pela atualidade dos temas e

---

[58]Sônia Brayner, "Metamorfoses machadianas. O laboratório ficcional", em Alfredo Bosi *et alii*, *Machado de Assis*, São Paulo, Ática, 1982.

idéias e finalmente pelo trabalho formal de composição e escritura".[59] Segundo alguns, a crônica constitui para Machado de Assis um laboratório de sua ficção, muito embora, durante a primeira fase de produção do autor, a crônica não revele muitos pontos de tangência com os romances escritos naqueles anos de aprendizado. Isto só se torna mais nítido durante a segunda fase, a da maturidade, iniciada em 1881 com a publicação das *Memórias póstumas de Brás Cubas*. Do ponto de vista da crônica, são particularmente admiráveis as que assinou o escritor, como aqui já se disse, nas duas últimas séries: "Bons Dias!" e "A Semana". É isto, pelo menos, o que nos assegura Josué Montello nas *Memórias póstumas de Machado de Assis*, publicadas em 1997 e onde escreve: "Seu texto vale por uma tomada de posição polêmica. Mas ele próprio, andando o tempo, saberia estabelecer o equilíbrio entre a divergência e a crítica, até encontrar o tom superior com que escreveria, sobretudo a partir de 1892, na *Gazeta de Notícias*, os textos de 'A Semana', em que associaria às reminiscências pessoais os comentários da vida corrente, tanto nacional quanto internacional, sem esquecer a vida essencialmente carioca."[60]

A fragmentação da crônica, assim como a sua nova forma de escrever, foi transportada para o romance, razão pela qual, como outra vez observa Sônia Brayner, "a aparente desordem textual nada mais é do que uma nova estratégia

---

[59]Valentim Facioli, *Um defunto estrambótico. Análise e interpretação das Memórias póstumas de Brás Cubas*, São Paulo, Nankim, 2002.
[60]Josué Montello, *Memórias póstumas de Machado de Assis*, Rio de Janeiro, Nova Fronteira, 1997.

narrativa, agora centrada em um narrador consciente, que intervém com freqüência para falar da organização do livro sem intuitos morais ou didáticos, mas com uma produção literária em desenvolvimento".[61] O modelo narrativo que ele esgrima nas novelas da primeira fase de seu processo ficcional contrasta com o de suas crônicas, nas quais se pode perceber certo ensaio de uma nova linguagem. Em suma, pode-se dizer que Machado de Assis, em sua primeira fase de escritor, foi mais jornalista do que ficcionista, ou seja, as crônicas que escreveu em *O Espelho* ou no *Diário do Rio de Janeiro* são superiores à sua prosa de ficção e, certamente, à sua produção poética e teatral desse período. E mesmo na segunda fase, quando seus romances alcançam uma mestria narrativa insuperável, deve-se levar em conta que esse enriquecimento vem acompanhado de uma longa experiência do autor como cronista da *Gazeta de Notícias*, registrando-se uma alimentação recíproca entre ambos os gêneros. Além disso, é também importante assinalar que as obras da segunda fase envolvem uma notável transformação social e política no pensamento de Machado de Assis. Assim, o registro de fatos como o do Baile da Ilha Fiscal, que marcam o fim da Monarquia e a ascensão da República, surge mais vívido num romance como *Esaú e Jacó*, da mesma forma que o processo da emancipação dos escravos aflora com mais nitidez nas crônicas de "Bons Dias!".

Gostaria de concluir esta conferência observando que, talvez como nenhum outro antes dele — ou em sua época

---

[61] Sônia Brayner, op. cit.

—, Machado de Assis conferiu à arte da crônica uma dimensão e uma dignidade literárias que ela jamais conhecera entre nós, muito embora tenha sido o gênero profusamente cultivado aqui não apenas na segunda metade do século XIX, quando avultam ainda os nomes de Joaquim Manuel de Macedo, Quintino Bocaiúva, França Júnior, Melo Morais Filho, Araripe Júnior e Raul Pompéia, mas também durante todo o século seguinte, ao longo do qual são seus herdeiros imediatos, entre outros, Olavo Bilac, Constâncio Alves, Carlos de Laet, João do Rio, João Luso, José do Patrocínio Filho, Coelho Neto e Humberto de Campos. E o que ele semeou, há quase um século e meio, permanece vivo nas páginas de cronistas como Álvaro Moreyra, Rubem Braga, Paulo Mendes Campos, Joel Silveira, Rachel de Queiroz, Manuel Bandeira, Carlos Drummond de Andrade, Carlos Heitor Cony e tantos outros que nos trazem de volta à mente aquele colibri que "salta, esvoaça, brinca, tremula, paira, espaneja-se sobre todos os caules suculentos".

2006

A POESIA É TRADUZÍVEL?[62]

Gostaria de iniciar esta conferência com duas perguntas que me parecem cruciais: 1) em que consiste, exatamente, a arte de traduzir?; e 2) seria a poesia traduzível? Antes de respondê-las, porém, conviria tecer aqui umas tantas considerações que, de certa forma, já envolvem uma espécie de resposta. Os vocábulos "traduzir", "tradutor" e "tradução" têm sua origem no latim *traducere* ou *transducere*, ou *traductio* e *traductor*, que possuíam sentido diverso, mas continham a idéia fundamental de "fazer passar, pôr em outro lugar". Essas raízes são as mesmas que se encontram no francês, no espanhol e no italiano. Em nossa língua, além dos termos "traduzir", "tradução" e "tradutor", encontramos ainda "trasladar", "transladador" e "trasladação", como está registrado na edição de 1813 do velho Dicionário Moraes, com o mesmo sentido e idêntica origem dos equivalentes em língua inglesa: *transfero, transfers, transtuli* e *transfere*. Tais

---
[62]Conferência pronunciada na Academia Brasileira de Letras em 7 de outubro de 2006.

vocábulos chegaram por intermédio do francês arcaico *translater* àquele idioma, no qual tinham o sentido de "conduzir, levar através de", ou seja, "transferir", que ainda hoje se emprega para designar a transferência de um bispo de seu bispado. E veja-se que *translator, translatoris* já existam em latim com a acepção de "aquele que leva para outro lugar". Apenas em alemão a origem não é latina, mas o significado fundamental é o mesmo: o prefixo *über* ("além, noutra parte") + *setzen* ("pôr, colocar").

Como se pode ver, em todos esses casos o sentido capital é o de "transferir, transportar", isto é, "levar de um ponto para outro", e daí "passar de uma língua para outra", que é, ao fim de contas, "traduzir". Cabe agora dar uma resposta àquela primeira pergunta: em que consiste, exatamente, a arte de traduzir? Vou me valer neste passo das definições e conceitos que Abgar Renault, um de nossos mais notáveis tradutores de poesia, reuniu na "Introdução" que escreveu à sua obra *Poesia: tradução e versão* (Rio de Janeiro, Record 1994). Vale a pena recordar que muitos desses conceitos e definições tratam de traduções literárias, algumas especificamente da tradução de poesia. E observe-se que alguns dos autores aqui citados emitem opiniões sobre o valor e a possibilidade, que chegam a negar, da tradução. Vejamos então que opiniões contraditórias são estas.

Comecemos por Dante Alighieri: "Nada que seja harmonizado pelo vínculo das Musas pode ser passado do que lhe é próprio para outra língua sem destruir toda a sua doçura." Em seguida, Cervantes: "A tradução de uma língua para outra é como olhar pelo avesso de uma tapeçaria flamenga."

Mais adiante, Samuel Johnson: "A poesia não pode ser traduzida. Um tradutor tem que ser como o autor do original: não lhe cabe superá-lo." Já Horácio nos diz: "Como bom tradutor, não traduzirás palavra por palavra." Em seu ceticismo, sentencia Wilhelm von Humboldt: "Toda tradução parece-me simplesmente uma tentativa de levar a cabo uma tarefa impossível." O poeta romântico inglês Shelley o endossa: "Transportar de uma língua para outra criações de um poeta equivale a lançar uma violeta num cadinho para descobrir o princípio formal de sua cor e de seu odor." Mas Goethe dele discorda quando afirma: "Diga-se o que se quiser da inexatidão da tradução, ela continua sendo uma das ocupações mais importantes e dignas de todos os assuntos mundiais." Mais exigente, John Conington pondera: "Uma tradução deve esforçar-se não só por dizer o que disse o autor no original, mas também como o disse." Joseph Hilaire Belloc, por sua vez, aconselha: "Leia o original de modo cabal; transporte para a sua língua o efeito produzido em seu espírito; confira-o com o original para aproximar-se mais dele sem sacrificar sua pureza." E Croce, finalmente, observa: "Traduções não-estéticas são simples comentários. Há uma relativa possibilidade de traduções, não como reproduções, mas como produção de expressões similares. Uma boa tradução tem valor original como uma obra de arte."

À parte o ceticismo de alguns e a boa vontade de outros, a primeira exigência que se deve fazer a um tradutor de poesia é a de que ele seja um poeta, pois somente assim poderá enfrentar os desafios técnicos específicos desse gênero literário, como os do ritmo, da estrutura sintático-verbal, dos esquemas métricos e rímicos, da linguagem metalógica, do jogo de imagens e metáforas e de todos os outros elementos que constituem a retórica poética. Isto não quer dizer, necessariamente, que a tradução de poesia seja mais difícil que a dos textos em prosa, que têm também sua especificidade e suas armadilhas próprias. Lembro aqui a dificuldade que devem ter enfrentado os tradutores de Joyce ou Guimarães Rosa, para ficar apenas com estes dois. Mas há uma outra exigência, e não menos crucial: a do duplo domínio do idioma para o qual se irá realizar a tradução e do idioma em que se encontra escrito o texto a ser traduzido. São as assim designadas, respectivamente, língua de chegada e língua de partida. Talvez o erro capital neste ponto seja o fato de que, de um modo geral, saber o tradutor o seu próprio idioma nacional é considerado com o devido apreço, muito embora seja verdade que a ninguém é concedido o miraculoso privilégio de bem conhecer uma língua estrangeira sem conhecer a sua própria. Aliás, pelas oportunidades e confrontos vocabulares e sintáticos que oferece, a tradução transforma-se num veículo de notável eficácia para o conhecimento da própria língua nacional. E aqui caberia relembrar o que disse Goethe sobre o assunto: *"Wer nur eine Sprache Kennt, Kennt nichts. Eine Sprache ist ein neur Geist."* Em bom português: "Quem sabe somente uma língua nada sabe. Uma língua é um novo espírito."

Outra questão a ser abordada na tradução de poesia reside no fato de que, ao lidar com duas línguas, o tradutor está mais sujeito do que qualquer outro intelectual a contaminar-se e a contaminar o idioma para o qual está fazendo a tradução. Essa contaminação, ou estranhamento, pode ocorrer, sem dúvida, entre a língua do tradutor e qualquer outra com a qual esteja lidando, mas, nos tempos que correm, o idioma que envolve mais desafios é o inglês, por ser o veículo de expressão universal em razão de vários motivos, entre os quais o fato de ser a língua nacional de povos muito poderosos do ponto de vista cultural, literário, econômico, científico e tecnológico. Além de sua intrínseca e difusa polissemia, as palavras inglesas de origem latina enganam mais do que as outras exatamente por se assemelharem às da nossa língua procedentes da mesma fonte e que, em geral, não guardam nenhuma identidade de sentido entre si. São conhecidas como *faux amis*. Mas outra família muito numerosa de "falsos amigos" nada tem a ver com a língua latina: são apenas palavras que enganam amiúde por seu aspecto morfológico falsamente português.

Problema também delicado na tradução de poesia é o da literalidade, que não deve ser confundida com aquilo que costumamos definir como tradução isotópica. Se partirmos do princípio de que não há — e não pode haver — traduções estritamente literais, pois não apenas a forma, mas também, e principalmente, o conteúdo são irredutíveis a um traslado literal para outra língua, concluiremos que toda tradução é uma busca de equivalências entre aquilo que escreveu o *homo faber* no original e aquilo que resgatou o *homo ludens* em sua tradução, ou seja, aquele que nos serve a poesia "alheia". A rigor e sem exagero, a tradução exige esforço mais extenso e intenso do que a criação propriamente dita, sobretudo quando se trata do traslado de textos poéticos, nos quais, além de todas as especificidades a que já aludimos, resta ainda ao tradutor o desafio de interpretar o pensamento do autor, sem falar nos problemas de atmosfera poética, que é necessário recriar em outra língua, e, intimamente vinculado a estes, o da escolha do vocabulário, pois há palavras que podem suscitar uma sugestão poética em determinada língua e em outras, não, caso se trate de uma tradução literal. É nesse resgate de equivalências que reside o mérito de qualquer tradução. E pode-se dizer até que a maior virtude de qualquer espécie de tradução é não dar nunca a impressão de que o foi.

Há uma outra questão sobre a qual eu gostaria de me deter aqui. Trata-se do papel histórico exercido pela tradução em certas literaturas, em especial a nossa, já que o leitor brasileiro é essencialmente monoglota. A literatura alemã, por exemplo, não seria o que é sem o Homero de Voss ou o Shakespeare de Schlegel. As traduções de Sêneca e Lucano desempenharam um papel fundamental na formação das línguas poéticas inglesa e espanhola. E as traduções do grego, do alemão e do inglês, realizadas por Chukovski, são a base da moderna literatura russa, que deve muito, ainda, ao Shakespeare de Pasternak. Em nossos dias, poetas de todas as nações competiram em traduzir *Le cimetière marin*, de Valéry, e não foram poucos os que traduziram, inclusive em nosso país, a poesia completa de Baudelaire, Rimbaud, Verlaine, Leopardi, Eliot, Pound, Yeats, Montale, Ungaretti, Quasimodo, Saint-John Perse e Kaváfis, além de traduções ocasionais ou incompletas de vários outros poetas de língua estrangeira que compõem hoje o cânone da literatura ocidental. Entre nós, por exemplo, não se podem esquecer as monumentais traduções que se fizeram, durante as décadas de 1940 e 1950, de autores tão cruciais quanto Balzac, Proust, Virginia Woolf, Thomas Mann, Joyce, Fielding, Somerset Maugham, Dickens e tantos outros. Pode-se dizer assim que, no decurso dessas duas décadas, o grande volume de traduções dava consistência à vida literária e, além da receptividade no que toca aos livros brasileiros, assegurava a consolidação da indústria editorial. Sem essas traduções, assim como as que viriam depois, sobretudo a partir da década de 1980, o leitor brasileiro jamais poderia ter acesso aos clássicos da literatura ocidental.

E aqui chegamos à segunda questão que propusemos no início desta palestra. Seria a poesia traduzível? Para Manuel Bandeira, segundo penso o maior tradutor de poesia entre nós, não. Mas sua resposta envolve uma irônica contradição, pois Bandeira traduziu poesia praticamente durante toda a vida, tendo vertido para o nosso idioma poetas de várias línguas. A poesia é intraduzível na medida em que, como sublinha Dante Milano, tradutor exemplar de Dante Alighieri, Baudelaire e Mallarmé, "a linguagem de um poeta não pode ser trasladada a um outro idioma; pode-se traduzir o que ele *quis* dizer, mas não o que ele *disse*".[63] É claro que o que ele disse em sua língua irá perder-se na tradução para qualquer outra, o que estaria de acordo com um conceito do poeta inglês Robert Frost, segundo o qual a poesia

---

[63]Dante Milano, introdução à tradução de "Três Cantos do *Inferno*", de Dante Alighieri, em *Obra reunida*, organização de Sérgio Martagão Gesteira, Coleção Austregésilo de Athayde, vol. 21, Rio de Janeiro, ABL, 2004.

"é tudo o que se perde na tradução". E com ele concordariam, entre outros, Voltaire, Heine, Auden e Kaváfis. Auden, por exemplo, distingue muito claramente entre os elementos traduzíveis e intraduzíveis em poesia. Para ele, traduzíveis seriam os símiles e as metáforas, porque derivam "não de hábitos verbais locais, mas de experiências sensoriais comuns a todos os homens". E intraduzíveis haveriam de ser, por inseparáveis de sua expressão verbal, as associações de idéias que se estabelecem entre as palavras de som semelhante mas de significado diverso (homófonas) e, no caso dos poemas líricos, seu próprio sentido quando indissoluvelmente ligado "aos sons e valores rítmicos das palavras".

Embora concorde com quase todas essas ponderações, e talvez com outras mais que porventura se façam, não consigo filiar-me àqueles que proclamam a sagrada intraduzibilidade dos textos poéticos. Penso até, servindo-me aqui de um paradoxo, que a poesia é traduzível justamente por não sê-lo. E sou de opinião que se poderá sempre traduzir, como quer Dante Milano, o que um poeta quis dizer. E o que significa isto? Significa, em termos genéricos, fazer com que ele consiga falar no idioma para o qual foi traduzido mediante uma trama de operações que privilegiem as correspondências sintático-verbais, que resgate a música das palavras e das idéias do autor traduzido e que, afinal, transmita a atmosfera e, mais do que isto, o espírito da obra que se trasladou para a outra língua. Os inimigos da tradução poética devem lembrar-se de que, diferentemente de um leitor que se põe a sonhar com o eventual sentido de uma palavra, o tradutor não opera no plano da ortonímia, e sim no da sinonímia, buscando menos a nomeação absoluta do que a nomeação aproximativa, razão pela qual o seu estatuto é, não o de criador, mas antes o de recriador. E a recriação — ou transcrição, como pretendia Haroldo de Campos — é a fórmula a que o lingüista Roman Jakobson recorre para explicar o paradoxo da tradução poética, caracterizando-a nos termos de uma transposição interlingual, ou seja, de uma forma poética para outra. É esse sentido de aproximação e de parentesco semântico-fonológico que deve presidir a operação de traduzir poesia.

A tradução de poesia é também, sob certos aspectos, um proveitoso exercício de crítica paralela, pois a todo instante esse *homo ludens* em que consiste o tradutor — ou o recriador, como aludimos há pouco — está diante do complexo e prismático problema da escolha, dessa escolha que se processa no plano do significado e do significante, o que envolve, como já se disse aqui, opções semânticas, fonéticas, morfológicas, sintáticas, prosódicas, rítmicas, métricas, rímicas, estróficas — enfim, um espectro ambíguo e infinito constituído pelas chamadas figuras de linguagem. E tudo isto se assemelha um pouco àquilo que poderíamos chamar de uma equação poética, o que nos lembra o paralelo proposto por Wittgenstein entre a tradução de poesia e a solução de problemas matemáticos. Diz ele: "Traduzir de uma língua para outra é uma tarefa matemática, e a tradução de um poema lírico, por exemplo, numa língua estrangeira, tem grande analogia com um *problema* matemático. Pode-se muito bem formular o problema de como traduzir (isto é, substituir) este jogo de palavras por um jogo de palavras equivalentes em outra língua, problema esse que poderá ser resolvido, embora não exista nenhum método sistemático de resolvê-lo." Como observa José Paulo Paes,[64] um dos mais notáveis tradutores de poesia em nosso país, a "relevância desse símile para uma teoria da tradução de poesia está em que o conceito de equação envolve as noções complementares de equivalência e correlação de valores". Assim, "quando se concebe o poema como equação verbal, está-se apontando, creio eu, para uma correlação entre a semântica do significado e a semântica do significante cuja soma algébrica equivale à semântica global de todo o poema".

Numa sociedade como a nossa, onde existem hoje apenas 12% de pessoas letradas, é preciso que se acredite no êxito da tradução poética, mesmo sabendo que ela não passa de uma operação de tangenciamento, pois será desse êxito que irá depender o conhecimento dos clássicos por parte do grande público, o qual, em sua esmagadora maioria, domina apenas — e precariamente — a sua própria língua. É preciso recorrer um pouco àquele conceito coleridgiano da *suspension of disbelief*, ou seja, abolir a descrença na impossibilidade de que a poesia possa ser venturosamente traduzida. Claro está que determinadas experiências de poetas que escreveram em outras línguas não podem ser reproduzidas no idioma de chegada. Os *Four Quartets*, de T. S. Eliot, por exemplo, são inspirados por experiências místicas cuja raiz o poeta acreditava ter descoberto em recorda-

---

[64]José Paulo Paes, *Tradução: a ponte necessária*, São Paulo, Ática / Secretaria de Estado da Cultura, 1990.

ções ancestrais de sua raça inglesa. E experiências como estas não se podem repetir em nós, que pertencemos a outra língua e a outra cultura. São elas a rigor *inimitáveis*, e um homem de outra estirpe, de outros antecedentes históricos e de outras experiências pessoais não poderia chegar a *fabricá-las*, nem para si nem para os outros. Mas é aqui que intervém aquele *homo ludens* a que já nos referimos, e o *ludus* que ele pratica é o elemento de livre-arbítrio na poesia. *Ludens*, o poeta, nos impõe a sua poesia; *ludens*, o tradutor, nos impõe poesia alheia. E é esse *alheio*, carregado de estranhamento e de equivalências, que nos fará reviver em nossa língua boa parte daquilo que alguém nos *quis* dizer em outra.

A PAIXÃO SEGUNDO DORA[65]

Appassionata é bem o título que poderia ser dado a toda a obra de Dora Ferreira da Silva, poeta paulista que deixou o nosso convívio em 2006, aos 87 anos de idade. Se o digo assim, é porque sua poesia sempre se moveu sob o signo da paixão, não a do comum dos mortais, caduca e transitória, mas antes a daqueles que se entregaram à vertigem do infinito e permaneceram fiéis à perenidade da beleza. Por isso mesmo é que a poesia da autora jamais se atém à realidade imediata, ou seja, fenomênica, alimentada pelos sentidos, e sim à dimensão extrema da realidade, vale dizer: numênica e escatológica. Em suma: Dora Ferreira da Silva se debruça sobre a coisa em si da palavra e da expressão poética, de modo que sua linguagem está de tal forma aderida à emoção e ao pensamento que nela se torna impossível vislumbrar quaisquer suturas operacionais. Trata-se, por assim dizer, de uma linguagem inconsútil, tamanha é nela a fusão

---

[65]Prefácio a *Appassionata*, de Dora Ferreira da Silva, São Paulo, Odysseus, 2008.

entre a forma e o fundo, o que a torna desde logo imune a qualquer decodificação que tente eviscerá-la como se fosse um animal de laboratório. E é nessa linguagem, na qual não se percebem as *emendas* formais ou estilísticas, que reside o segredo maior da poesia da autora, cujo ritmo semântico, "guiado não pelo ouvido apenas, mas também, e principalmente, pelo sentido", como certa vez observou Sérgio Buarque de Holanda a propósito da poesia de Dante Milano,[66] a conduz à sua vertente particular de lirismo meditativo.

É surpreendente como a expressão da autora se mantém fiel às próprias origens da poesia, quando canto e ritual eram indestrinçáveis um do outro, levando-a a tangenciar, com ininterrupta assiduidade, as fronteiras do sagrado. É claro que o caráter hierofânico de seus versos deve muito às raízes gregas de que sempre ela se nutriu. O seu recente *Hídrias* (2004) atesta-o à saciedade, mas o fato é que essas matrizes estão à mostra desde as primeiras obras de Dora Ferreira da Silva. Do ponto de vista estrito da construção do discurso, caberia dizer ainda que a poesia da autora se estrutura a partir de uma linguagem sem voz para nos transmitir o indizível, estabelecendo assim aquele difícil e secreto matrimônio entre o *que* e o *como* da expressão verbal, entre um pensamento que se emociona e uma emoção que pensa, tal como o vemos, pela primeira vez na literatura ocidental, nos textos dos grandes poetas metafísicos ingleses do século XVII, de Richard Crashaw e Andrew Marvell a John Donne,

---

[66] Sérgio Buarque de Holanda, "Mar enxuto", em *Cobra de vidro*, São Paulo, Perspectiva, 1978.

que já preludiam o ritmo semântico de Gerard Manley Hopkins. Exímia tradutora das *Elegias de Duíno*, de Rainer Maria Rilke, Dora Ferreira da Silva cultiva uma lírica órfica e celebratória que corresponderia, como pretende José Paulo Paes, àquele "vislumbre rilkiano do visível no invisível como um *continuum* sem hiatos nem compartimentações".[67]

Todas essas virtudes estão sem dúvida presentes na obra de despedida (e de publicação póstuma) da autora, *Appassionata*, que envolve uma série de variações sobre a sonata de mesmo nome de Ludwig van Beethoven, comprovando-nos mais uma vez que, em suas origens, a poesia mantinha com a música vínculos indissociáveis. Não é à toa que Orfeu, o primeiro dos poetas de nossa tradição literária, é sempre representado empunhando uma lira (daí, aliás, a expressão "poesia lírica"). *Appassionata* é uma obra de puro arrebatamento, calcada naquele *enthousiasmós* (ou transporte divino) de que nos falam os antigos gregos. É também, como se vê no orfismo, uma tentativa no sentido de que as palavras possam transformar-se em música, embora a música da poesia, como a entendia T. S. Eliot, seja definida a partir de critérios bastante distintos, os quais ensinam que ela não seria algo que existisse à margem do significado. Mas a verdade é que, nos poemas de *Appassionata*, cumpre-se à risca aquele conceito eliotiano de que a música de uma palavra está, por assim dizer, num ponto de interseção, já que ela "emerge de sua relação, primeiro, com as palavras que imediatamente a antecedem e a ela se seguem, e indefinidamente

---

[67]José Paulo Paes, apresentação a *Poemas da estrangeira*, São Paulo, T. A. Queiroz, 1995.

com o restante do contexto; e de outra relação, a de seu imediato significado nesse contexto com todos os demais significados que haja possuído em outros contextos, com sua maior ou menor riqueza de associação".[68]

E é isto o que se percebe quando *ouvimos* o poema de Dora Ferreira da Silva, sobretudo quando *lemos*, como se lê as notas de uma partitura, que

> *Sucumbo a essa linguagem*
> *que ultrapassa a palavra, silêncio*
> *e é vida.*

Ou quando ela nos diz, diante da irrefreável torrente de sons que percorre a sonata do mestre Bonn:

> *Tudo arrebatas — corpo, alma —*
> *para torná-los êxtase*
> *alheio a tempo e medida.*
> *Ouço-te a sós,*
> *numa concha marinha.*

Ou ainda quando, aprisionada entre as vertiginosas escalas da partitura, nos pergunta:

> *Acaso me encerraste na partitura*
> *para que, além de ouvi-la,*
> *nela me transforme?*

---

[68]T. S. Eliot, "A música da poesia", em *De poesia e poetas*, trad. Ivan Junqueira, São Paulo, Brasiliense, 1991.

Ou, finalmente, quando a situa no limiar do divino, onde cabem todos os excessos:

> *Tão perto estás de Deus:*
> *todos os nomes em ti resvalam.*
> *Só a sala do silêncio*
> *podes habitar numa fração de tempo*
> *que se agita e consome: és demasiada,*
> *nenhuma finita moldura te convém.*
> *Já é demais ouvir-te sem sucumbir*
> *e nos transformas em confidentes*
> *de teu excesso.*

Tendo o longo poema "Appassionata" como núcleo irradiante, o volume inclui ainda duas outras partes: "O leque" e "Transpoemas". A primeira é um conjunto de variações sobre a arte da dança, a cuja prática Dora Ferreira da Silva se dedicava na intimidade. E ainda aqui são flagrantes as suas relações com a cultura grega, já que a dança fazia parte obrigatória do espectro de manifestações artísticas da sociedade helênica, estando diretamente associada ao culto a Dioniso e às festas organizadas por ocasião da colheita da uva e do preparo do vinho. Vale a pena lembrar aqui que a deusa da dança, Terpsícore, era de origem grega, muito embora os primórdios dessa arte remontem há 15 mil anos. O que Dora põe em relevo nesses poemas é o desenho imaterial dos gestos de uma dançarina ao mover o seu leque:

> *O que eu daria*
> *para ser leque em suas mãos.*
> *O que eu seria — trêmula pérola —*
> *junto a um coração.*

Ou, então, sua imobilidade, quando, ao abandono entre os dedos da dançarina adormecida, este leque parece lembrar um deus:

> *O leque pousado*
> *no abandono.*
> *ao lado ela dorme calma*
> *e nem sonhar parece.*
> *O leque imóvel: um deus*
> *do instante negro-cintilante.*

A terceira parte do livro reúne as últimas composições metalingüísticas da autora, ou seja, aquilo que entendemos como a "poesia da poesia". E aqui, ainda uma vez, pode-se observar como Dora Ferreira da Silva insiste em associar a poesia às manifestações da música e da dança. O poema seria assim, em última análise, um amálgama de sons, movimentos e palavras, um inesperado e extremo

> *milagre das coisas*
> *nunca vistas*
> *que o olhar distante*
> *súbito avista.*

Mas, apesar de sua imaterialidade, esse mesmo poema teria um "retrato falado":

> *usava roupas largas*
> *ou nada. Ia nu*
> *por entre a folhagem*
> *sem mala para viagem*
> *renunciara à demasia*
> *e tudo era demais.*
> *Ficou só com a poesia*
> *achou-a em si*
> *por si.*

Esta noção do poema que se basta a si mesmo e que não depende de nada para realizar-se, salvo as tramas que o entrelaçam à música, à dança e às reminiscências do próprio poeta, consubstancia-se, em sua manifestação mais visceral, no "Transpoema", onde se lê:

> *De onde vens, quem sabe,*
> *quem te sopra ao meu ouvido?*
> *E o transpoema e seu ressaibo*
> *é lembrança e olvido.*
> *(...)*
> *É a curva de um caminho*
> *é a urze, o rosmaninho*
> *é o amor mais esquecido*
> *que se sabe o mais querido.*

Ao fim de sua longa vida, Dora Ferreira da Silva sabia que o ofício de escrever leva o poeta a caminhos imprevisíveis, a um misterioso percurso que incorpora todo um tempo que já foi e que, simultaneamente, se abre para todo um tempo que está vindo a ser. Já se disse que os grandes poetas vivem na interseção do tempo passado e do tempo presente, e que ambos talvez estejam presentes no tempo futuro. O tempo de um grande poeta é antes um pantempo, onde passado, presente e futuro se misturam naquela *durée* de que nos fala Henri Bergson. Dora nos deixou sem saber ao certo aonde a levariam esses transpoemas, mas ainda teve tempo de nos insinuar que a "poesia da poesia" brota de um paradoxal vazio pleno de sons e significados indecifráveis, e que o poema é um fruto que germina

> *de algum ser — o mais profundo —*
> *entre mim e tudo o mais.*

2006

Quatro faces de Jorge de Lima[69]

A publicação, em um único volume, de quatro coletâneas poéticas de Jorge de Lima — *Novos poemas* (1929), *Poemas escolhidos* (1932), *Poemas negros* (1947) e *Livros de sonetos* (1949) — dá bem uma idéia da diversidade instrumental e do impulso lírico do poeta antes do aparecimento de sua obra suprema, *Invenção de Orfeu* (1952), na qual se cristalizam, de forma definitiva e exemplarmente coesa, a sua concepção de poesia e o seu engajamento religioso. Jorge de Lima percorreu muitos caminhos, desde o neoparnasianismo dos *XIV alexandrinos* (1914) e do regionalismo dos *Poemas* (1927) até a experiência religiosa (leia-se: católica) de *Tempo e eternidade* (1935), *A túnica inconsútil* (1938) e *Anunciação e encontro de Mira-Celi* (1943) e a consumação épico-biográfica da *Invenção de Orfeu*, que poderia ser definido também como a epopéia interior do poeta, visto como herói diante das vicissitudes do mundo através do tempo e

---

[69]Prefácio a *Poemas negros*, de Jorge de Lima, Rio de Janeiro, Record, 2007.

do espaço e envolvido pela idéia da Queda. Pode-se até dizer que o ano de 1952 na literatura brasileira passou a ser conhecido como o ano da *Invenção de Orfeu*. Mas o que aqui nos interessa mais de perto são aqueles quatro livros a que acima aludimos. Vamos a eles.

Publicados dois anos depois dos *Poemas*, os *Novos poemas* pertencem ainda à primeira fase de produção do poeta, caracterizada não só pelo regionalismo de inspiração folclórica e pelas recordações da infância, mas também por uma catolicidade provinciana, paupérrima e tipicamente neogótica, que nos remete, como sugere o crítico Luís Santa Cruz, à "realidade religiosa de uma espiritualidade popular e que, embora tenha certos traços regionalistas, é uma renovação neogótica do Catolicismo".[70] Caberia dizer, portanto, que o regionalismo modernista de Jorge de Lima foi, em sua enraizada ingenuidade, religioso e popular. Decorre daí, muito provavelmente, o uso que faz o autor do vocabulário corrente em sua terra, valendo-se de versos em linguagem coloquial, no ritmo dos cantos populares nordestinos e sempre marcados por um anseio de mestiçagem cultural com base no sincretismo religioso da raça negra. São exemplos característicos dessa fase, entre outros, poemas como "Essa negra Fulô", que deu ao autor uma estrondosa notoriedade, "Serra da Barriga", "Inverno", "Modorna de iaiá" e "Diabo brasileiro". E não há que procurar em nenhum deles quaisquer traços de preocupação metafísica ou de teodicéia, pois

---

[70]Luís Santa Cruz, Nota Preliminar a *Novos poemas*, em *Obra completa de Jorge de Lima*, Rio de Janeiro, José Aguilar, 1958.

são todos antes, e tão-somente, a expressão cabal do catolicismo ingênuo e provinciano do interior brasileiro ou, mais precisamente, nordestino.

Como não poderia deixar de ser, os *Poemas escolhidos* recolhem parte do que Jorge de Lima escreveu de 1925 a 1930, ainda que deixem de fora os poemas que assinalam a sua adesão ao movimento modernista, entre os quais o emblemático *O mundo do menino impossível*, publicado sob forma de plaquete em 1927. Mas, ao contrário dos idealizadores dos grupos Pau-Brasil, Verde e Amarelo, da Anta e da Antropofagia, a poesia de Jorge de Lima não se pretendia haver nascido para mudar o curso das coisas. O que há de novo e perturbador nos *Poemas escolhidos* é sua vivacidade, sua força de imaginação e movimento, seu desdém pelo anedótico e sua pulsação lírica, que jamais sucumbe ao apelo dramático, tão comum entre os poetas modernistas. Em suma, são poemas que não gritam nem exclamam, como tampouco armam emboscadas para fazer correr as lágrimas do leitor. Tudo neles é liberdade de movimentos e simplicidade de expressão, além de uma constante e calorosa exaltação à vida, à cultura e ao homem do Agreste, como se vê logo nas duas primeiras composições da coletânea, "Nordeste" e "Enchente", bem como em outros dois, "O filho pródigo" e "Volta à casa paterna", inervados por um sentimento de exílio de quem momentaneamente se ausentara de sua terra natal para uma breve temporada no Rio de Janeiro.

O caso dos *Poemas negros*, publicados quinze anos depois do livro anterior, traz um dado novo na obra de Jorge de Lima, cujo verbo se fez carne no sentido de que sua poesia afro-nordestina é de fato a expressão carnal do Brasil mais adoçado pela influência do africano. Como lucidamente observa Gilberto Freyre em Nota Preliminar ao volume, "Jorge de Lima não nos fala de seus irmãos, descendentes de escravos, com resguardos profiláticos de poeta arrogantemente branco, erudito, acadêmico, a explorar o pitoresco do assunto com olhos distantes de turista e de curioso".[71] Esse verbo torna-se carnalmente mestiço quando o poeta nos fala de democracia, de culinária, de convívio multirracial, de sincretismo religioso ou de "Nosso Senhor do Bonfim". E Gilberto Freyre faz ainda uma outra observação pertinente: a de que não há no Brasil aquela "poesia africana" crispada e agressiva que se escreve nos Estados Unidos. Diz ele: "O que há no Brasil é uma zona de poesia mais colorida pela influência do africano: um africano há muito dissolvido em brasileiro." Graças à expressão de sua experiência de nordestino que nasceu num bangüê e que foi criado perto daqueles últimos "pombais negros" a que alude Joaquim Nabuco é que Jorge de Lima pôde enriquecer o brasileiro das áreas menos coloridas pela influência africana. E isto é visível em poemas "negros" como "Ancila negra", "Democracia", "Benedito Calunga", "Exu comeu tarubá, "Janaína", "Quando ele vem", "Xangô", "Olá Negro" e, mais do que qualquer outro, "Bangüê", cujos nostálgicos e doloridos últimos versos nos dizem:

---

[71] Gilberto Freyre, prefácio a *Poemas negros*, Rio de Janeiro, José Olympio, 1947.

*E você, bangüezinho que faz tudo cantando
foi cantar nos ouvidos do defunto:
"Totonho! Totonho"
Ouve a voz de quem te chama
vem buscar aquela alma
que há três dias te reclama!"
Bangüê! E eu pensei que estavam
cantando nos ouvidos de você:
"Bangüê! Bangüê!
Ouve a voz de quem te chama!"*

Anteriormente aos *Poemas negros* e ao *Livro de sonetos*, entretanto, há uma coletânea poética, *Anunciação e encontro de Mira-Celi* (1943), povoada de assombros e mistérios que poderiam explicar, ainda que de modo vago, não apenas uma profunda mudança de rumo no comportamento religioso de Jorge de Lima, mas também um extraordinário salto de qualidade em sua poesia. Do ponto de vista estilístico e temático, o *Livro de sonetos* já preludia as culminâncias da *Invenção de Orfeu*. O que teria em mente o autor ao escrevê-lo? Estaria nos intimando a um retrospecto de toda a poesia que até então compusera? Por que regressou à origem de uma forma, o soneto, depois de haver percorrido todos os caminhos literários? Tê-los-ia exaurido e retornado à disciplina formal, já que, do ângulo religioso, transitara do misticismo para a liturgia? Ou seria o *Livro de sonetos* uma aventura espiritual? Assegura Fausto Cunha que, ao lermos o volume, tais perguntas perdem a sua razão de ser, pois chegamos à conclusão de que se trata apenas de uma obra literária realizada enquanto tal. Mas o *Livro de sonetos* aponta para uma transformação crucial: é que nele o misticismo ingênuo e provinciano que se percebe nas obras anteriores do autor adquire, como acima se insinuou, um sentido mais próximo do litúrgico. E aqui vale a pena recordar, ainda uma vez, as sábias e oportunas palavras de Fausto Cunha: "O misticismo requer certa ingenuidade ou, antes, uma ingenuidade total, um estado de inocência comparável ao da infância. O santo é um ingênuo. O religioso é litúrgico por excelência, compreende o significado temporal das cerimônias, das preces, é objetivo. O místico passa depressa da ortodoxia à heresia", enquanto o religioso, "ao contrário, jamais seria capaz de alterar uma letra do missal, de transcender do ritualismo".[72]

Assim, a forma do soneto, aqui explorada à saciedade de quase todas as combinações possíveis de rimas e assonâncias, sem falar nos hibridismos, corresponderia a esse processo ritualístico, e a tal ponto se exacerba a ourivesaria do autor que, em determinados momentos, tem-se a impressão de que o artista ultrapassou o poeta. Mas não é bem assim. E não o é porque o que nos transmitem esses sonetos está indissoluvelmente vinculado a uma experiência vital e ao aprofundamento da fé religiosa do poeta, mais do que nunca assombrado diante da vertigem abissal do mistério. Já num dos primeiros sonetos do livro lê-se:

---

[72]Fausto Cunha, Nota Preliminar ao *Livro de sonetos*, em *Obra completa de Jorge de Lima*, Rio de Janeiro, José Aguilar, 1958.

Não procureis qualquer nexo naquilo
que os poetas pronunciam acordados,
pois eles vivem no âmbito intranqüilo
em que se agitam seres ignorados.

E tudo se renova no trato do soneto: a linguagem, que se obscurece até a fímbria do hermetismo expressivo, as imagens e as metáforas, que se distendem e se retorcem para tentar nos dizer o indizível, o ritmo, que se torna abrupto ou mesmo anfractuoso, e a própria palavra, que adquire foros de uma magia encantatória jamais vista nos versos do autor.

Há no volume um punhado de sonetos por assim dizer antológicos e cuja vertente expressiva é particularmente rara em nossa poesia, tamanho o seu nível de concreção verbal, a sua pulsação onírica, a sua altíssima voltagem lírica e a sua comovida religiosidade. É como se estivéssemos diante de uma realidade ainda desconhecida, primordial e vertiginosa, arrancada aos estratos mais profundos do subconsciente ou, como diria São João da Cruz, àquela "*noche oscura del espíritu*". Há, enfim, qualquer coisa de assombrado nestes poemas, como se a linguagem do autor surpreendesse a palavra em seu estágio larvar, para aquém e além de seu registro categorial de dicionário. Exemplo disso são os dois sonetos em que Jorge de Lima evoca aquela camoniana "defunta infanta", reiterada depois no Canto IX da *Invenção de Orfeu*, ou aquele em que nos fala do "marinho e primitivo galo", ou os dois em que traz à tona da memória as "donzelas suicidas nos sobrados", ou, enfim e ao cabo, o misterioso e indecifrável soneto, um dos mais belos jamais escritos em nossa língua, em que descreve o sortilégio daquelas cinco crianças em torno de uma esfera armilar, antigo instrumento astronômico em cuja constituição entram seis anéis metálicos que simbolizam círculos da esfera celeste:

> *Éramos seis em torno de uma esfera*
> *armilar. Um candeeiro antigo diante*
> *de seus olhos. E súbito se gera*
> *o vácuo na memória bruxuleante.*
>
> *Procuro relembrar-me: seu nome era...*
> *não sei se Abigail ou se Violante.*
> *Sei que nos seres houve longa espera:*
> *que ela não fosse estrela tão distante.*
>
> *Passa-se o século; ignoro outros aspectos*
> *do minuto que passa e do milênio.*
> *Indo a uma feira vi num palco um gênio*
>
> *com uma esfera armilar cheia de insetos*
> *cedê-la a cinco crianças em disfarce,*
> *e houve uma delas que se pôs a alar-se.*

2006

O LUGAR DO COLIBRI[73]

Em uma de suas primeiras crônicas, mais precisamente a que publicou em 30 de outubro de 1859, Machado de Assis, como já assinalei num dos ensaios deste volume, define o folhetinista, termo que designava o cronista em sua época, como "a fusão admirável do útil e do fútil, parto curioso e singular do sério, consorciado com o frívolo", acrescentando que estes "dois elementos, arredados como pólos, heterogêneos como água e fogo, casam-se perfeitamente na organização do novo animal". E em seguida observa: "Pelo que toca ao devaneio, à leviandade, está tudo encarnado no folhetinista mesmo", que ocupa na sociedade "o lugar do colibri na esfera vegetal: salta, esvoaça, brinca, tremula, paira, espaneja-se sobre todos os caules suculentos, sobre todas as seivas vigorosas. Todo o mundo lhe pertence; até mesmo a política". De lá para cá, o conceito de crônica poderá ter sofrido algumas modificações, mas nenhuma tão

---

[73]Prefácio a *À procura de um cânone*, de Luiz Paulo Horta, Rio de Janeiro, Topbooks, 2009.

substancial que levasse à diluição daquela imagem do cronista como alguém que "brinca" e "esvoaça" ao redor da seiva que nos é servida pela sociedade. E tanto isso é verdade que, em tempos recentes, um dos maiores mestres do gênero entre nós, Rubem Braga, foi cognominado o "Sabiá da Crônica". Como se vê, à agilidade e à leveza do vôo agregou-se a sonoridade do canto. E foi só, pois a crônica, em sua essência, continua a ser aquele "conto sem enredo" a que se referia o crítico russo Viktor Chklovski.

O intróito tem como propósito lembrar que essa tradição permanece viva entre os nossos grandes cronistas, e não só com aqueles que se tornaram os herdeiros imediatos de Alencar e Machado, como Olavo Bilac e Raul Pompéia, além de muitíssimos outros, mas também com os que os sucederam em data mais próxima à nossa, como o já citado Rubem Braga, e mais Paulo Mendes Campos, Lêdo Ivo, Álvaro Moreyra, Joel Silveira, Rachel de Queiroz, Manuel Bandeira, Carlos Drummond de Andrade, Otto Lara Resende ou Carlos Heitor Cony, os quais mantiveram em seus textos aquela dignidade literária que conferiu ao gênero o autor de *Dom Casmurro*. E isso a um tal ponto que a crônica se tornou, cada vez mais em nossa imprensa, uma alta manifestação de discurso literário, mas sem perder, claro está, sua fundamentação e compromisso eminentemente jornalísticos, pois seu primeiro estágio é o da publicação diária ou semanal nos periódicos. Somente depois é que, acaso reunidas, alcançam a condição de volume, mais comumente sob a forma de coletâneas.

E é de uma dessas coletâneas — de uma esplêndida coletânea, diga-se logo — que se ocupa este breve e canhestro prefácio. Refiro-me aqui a *À procura de um cânone*, de Luiz Paulo Horta, à leitura de cujos textos sobre música, política, literatura, religião e outras vertentes do espírito humano já nos habituamos nas páginas de *O Globo* e dos livros que publicou. Se é verdade que uma das searas mais características e rentáveis do cronista seja a do *faits divers*, é bem de ver que o autor dessas crônicas não a freqüenta com a mesma assiduidade de outros cultores do gênero, o que se deve, pelo menos em parte, ao fato de que, por não assinar nenhuma coluna diária ou de periodicidade mais regular, não está obrigado ao estrito registro dos acontecimentos cotidianos. E aqui ele foge um pouco ao conceito do cronista *tout court*, sempre faminto das novidades do dia-a-dia. Pode-se dizer que o vôo deste colibri tem outra trajetória e outras preocupações, muito embora tudo o que se lê de sua pena obedeça às exigências jornalísticas da crônica: brevidade, humor, coloquialismo e aquele tom de conversa (ou desconversa) que, refinada, culta e às vez alusiva, foi sempre uma arte nos textos ambíguos e maliciosos de Machado de Assis.

Dividido em seis partes — "Perfis", "Éticas", "Políticas", "Gente da música", "O outro lado" e "Epílogos" —, o volume ostenta um riquíssimo e multitudinário espectro temático, sendo de louvar-se a inteligência crítica, a cultura humanística, o pendor à reflexão filosófica, o conhecimento histórico, a verve literária e a lição de contemporaneidade que inervam a análise dos diversos — e amiúde complexos — assuntos de que trata o autor. Na seção dos "Perfis", por exemplo, são lucidíssimos e oportunos os que ele traça de Joaquim Nabuco, D. João VI (que "não tinha nada de idiota" e de quem o grande Napoleão, já no exílio, dizia ter sido uma das duas pessoas que "lhe tinham passado a perna"), Alceu Amoroso Lima, Gustavo Corção, Augusto Frederico Schmidt, Sobral Pinto, Luiz Camillo de Oliveira Netto, o Papa Pio XII e, *last but not least*, Jesus Cristo, aqui evocado através de algumas intrigantes e instigantes "visões" contemporâneas. Há nesses perfis algo que não lhes podia faltar: empatia, compreensão (que é atributo da alma, e não do espírito, quase sempre preocupado em explicar o que às vezes é inexplicável), largueza de vistas, *finesse* analítica e um viés redentor que busca ver em cada um deles o que possuíam antes de grandeza e perenidade. E também de humano, de demasiadamente humano. De D. João VI, por exemplo, nos diz o cronista: "É verdade que ele não era o Belo Brumel; que dificilmente tomava banho; que hesitava na hora das decisões. E, no entanto, ele mudou de tal modo a nossa história, que quase se poderia dizer que o Brasil, como país, começa com ele."

Essa mesma agilidade de análise e a correta interpretação dos fatos estão presentes em "Éticas" e "Políticas", revelando-nos quão lúcido e atento se mantém o cronista no que toca às vicissitudes e aos dramas dos dias em que vivemos, como, entre outros, os da ameaça ética que envolve as conquistas genéticas, da devastação ambiental, da degeneração dos valores contemporâneos, da urgente necessidade de um cânone para as ações humanas, das sutilíssimas distinções entre o amor e a paixão, dos conflitos entre a força e o direito e de um certo patrulhamento que tanto atormentou — e às vezes volta a fazê-lo — a vida profissional em nosso país. Ao condenar a arrogância dos cientistas na questão das infinitas possibilidades que nos abrem as recentes descobertas no terreno da genética, Luiz Paulo Horta pede um pouco de humildade aos pesquisadores, e os adverte: "A ciência moderna é algo de admirável; mas ela trata de fatias específicas da realidade. A realidade como um todo, esta, foi deixada a si mesma — até o pesadelo que agora precisamos enfrentar." Ao esquartejar o objeto de suas investigações, o cientista esquece essa noção crucial do todo e concentra os seus interesses nas partes analisadas, subestimando com isso o papel fundamental da intuição que nos conduz ao retrato do homem inteiro. Em seu comentário à decisiva contribuição de Freud para a compreensão do homem como um todo psíquico, escreve o cronista: "Foi através da intuição (e não dissecando pererecas) que ele chegou a estruturar o seu método de cura das doenças psíquicas. E só depois é que chegaram uns freudianos chatos que quiseram reduzir tudo aquilo a um sistema."

É muito aguda, por outro lado, a noção que tem Luiz Paulo Horta daquilo que entendemos por fato político, sobretudo quando passa em revista a nossa história mais recente, ou seja, a que começa com o retorno à normalidade das instituições democráticas em 1985 e que alcançou sua plenitude com a eleição de Fernando Henrique Cardoso em 1993, após o *impeachment* de Collor de Mello. E aqui ganham corpo as justas críticas que urde o cronista contra certas atitudes e bravatas do governo Lula, como, entre outras, a de desdenhar de tudo o que fez o seu antecessor ao longo de oito anos, quando o processo institucional e o sistema econômico-financeiro (do qual Lula é herdeiro) ganharam "carne e músculo" como anteriormente jamais se vira. Sustenta Luiz Paulo Horta que, "ao apresentar com o raiar absoluto de uma nova era, o presidente Lula faz um mal enorme a si mesmo e ao país. A si mesmo, porque ele pode vir a acreditar no que está dizendo (...). Ao país, porque a idéia da continuidade é essencial a uma construção democrata". Em sua arrogância e seu vicioso autoritarismo, que sempre foram os traços dominantes do fascismo petista, Lula se esqueceu de que, se hoje temos uma moeda cada vez mais valorizada, essa conquista teve início no governo de seu antecessor. A cada dia mais poderoso e contemplado com formidáveis índices de aprovação popular, Lula deveria meditar um pouco sobre as armadilhas que costuma engendrar o poder. Como escreveu o autor em uma crônica de janeiro de 2006, "o poder pelo poder não é um bom caminho. No final, só traz amarguras". Richelieu e Bismark o sabiam.

Como dissemos acima, todos os que apreciam música clássica (é especioso e até incorreto o uso de expressão "música erudita", tanto assim que ninguém diz, em sã consciência, que vai assistir a um balé erudito) se habituaram à leitura dos artigos de Luiz Paulo Horta. Concordes ou não com o que ele escreve, sempre se aprende algo mais sobre este ou aquele compositor, este ou aquele intérprete que nos visita. Infelizmente, cada vez menos. E é de música clássica que se ocupa o cronista na quarta parte do volume: "Gente da música". Gente como Carlos Gomes, para cuja música, de forma incompreensível, ainda hoje se torce o nariz. E, no entanto, como sublinha Luiz Paulo Horta, "Carlos Gomes não é só o maior compositor de ópera das Américas, no século passado: é o maior compositor que o continente produziu no século XIX", tendo escrito "com uma desenvoltura fascinante — uma melodia solta, uma espécie de leveza que o distingue de contemporâneos europeus". Gente como Hans-Joachim Koellreuter, um alemão que se naturalizou brasileiro em 1948 e que nos apresentou as técnicas do dodecafonismo de Schönberg, desenvolvendo no país uma ciclópica atividade musical ligada ao ensino e à divulgação de idéias e teorias. Gente como Tchaikovski, Wagner, Beethoven ou o menino prodígio Felix Mendelssohn, que Schumann reverenciava. Gente como Bach, Johann Strauss Jr., Dvorak, Mahler, Rimski-Korsakov, Brahms e Rossini, que parou de compor aos 37 anos, mas que viveu até os 76 entregue aos prazeres da mesa (atribui-se-lhe, se não sabem, a invenção do "Tournedos Rossini").

Gente, afinal, como esta prodigiosa Anna Netrebko, a soprano mais disputada no circuito operístico atual, a quem a natureza contemplou não apenas com uma voz extraordinária, mas também com uma estonteante beleza. Aos 16 anos, ela encerava e lavava os assoalhos do lendário Teatro Mariinski, até que um dia o diretor da instituição ouviu-a cantarolar uma ária e convidou-a para um teste. Estava inventada Anna Netrebko, e sua fábula de Cinderela dos tempos modernos (que ela, evasiva, às vezes desmente nas entrelinhas de sua deliciosa desconversa) correu o mundo. Hoje, aos 36 anos, tem contratos milionários em todos os grandes centros musicais, e cantará onde bem entender e quando quiser. Mora em Nova York, mas, sempre que pode, dá um pulinho a São Petersburgo, onde teve início a mais espantosa carreira lírica de nossos dias. Em tempo: a voz de Anna Netrebko foi-me apresentada no ano passado justamente por Luiz Paulo Horta em memorável serão musical na sua residência.

Na quinta parte da coletânea, "O outro lado", talvez a mais grave de todas, o cronista aborda os problemas daquela região da qual nunca mais se volta e que ninguém sabe exatamente o que é. Talvez ele, católico fervoroso, saiba. Luiz Paulo Horta nunca escondeu de ninguém a sua filiação ortodoxa à Igreja de Roma, e é a partir desse compromisso que se estrutura a sua visão cristã do mundo. Notável e assíduo estudioso das questões teológicas, sua atitude diante da vida levou-o, em alguns casos, a situações, se não polêmicas, algo incômodas. É sempre incômodo, ainda que glorioso, defendermos aquilo em que acreditamos. Como católico, não poderia, por exemplo, apoiar de forma aberta a utilização, para pesquisas, de células-tronco embrionárias, pois esta prevê a destruição do'embrião, ou seja, do óvulo fecundado, ou seja, enfim e ao cabo, da vida como a entende a Igreja. Trata-se, como se vê, de uma questão de princípios. Sustentam os pragmáticos que a vida humana somente tem início "a partir do décimo dia da fecundação, quando, aparentemente, se formam os centros nervosos do feto". Mas os idealistas, segundo o autor, teriam o direito de pôr em dúvida essa tese, e perguntariam: "Por que só no décimo dia, e não no quinto, ou no décimo quinto?" Fiel aos princípios da Igreja, que define como vida um processo que se inicia com a fecundação do óvulo, o cronista observa: "Cientistas adoram uma experiência — digamos que seja a sua deformação profissional. Justamente por isso, o direito de interferir ou não na vida humana não pode ser um espaço entregue ao pensamento científico. E muito menos ao jogo das emoções sociais." E de minha parte pondero: pode-se clonar um organismo, mas seria possível fazê-lo no que toca à alma?

Luiz Paulo Horta também não poderia furtar-se a alguns temas de abordagem e controvérsia recente, os quais vêm alcançando repercussão midiática por assim dizer espetacular, entre eles o do mito cristão visto à luz de evangelhos apócrifos, como ocorre no *best-seller* de Dan Brown, ou o do Evangelho de Judas, ou, ainda, os do preocupante crescimento das seitas evangélicas e das discussões acerca da divindade de Jesus Cristo. O cronista enfrenta-os não apenas com sua vasta cultura humanística e sua refinada sensibilidade, mas também com os dons naturais de sua reflexão filosófica e aquela sólida visão de mundo ancorada no pensamento dos padres da Igreja, em especial Santo Agostinho, Santo Ambrósio e São Jerônimo, que expandiram as doutrinas de Clemente de Alexandria, Basílio o Grande, Gregório de Nazianzo, Gregório de Nissa e Tertuliano. Não seria bem o caso de esmiuçar aqui cada uma das argumentações católicas de Luiz Paulo Horta, mas algumas delas, talvez por sua atualidade, demandariam uma reflexão mais atenta e aturada da parte do leitor, que as poderia avaliar com um mínimo de empatia.

Por isso mesmo, chamo-lhe a atenção para crônicas como "O senso do mistério", "Cristo em novas versões", "O nervo oculto de Roma", "Exercícios de teocracia", "Teologia eleitoral", "Jesus Cristo era divino ou humano?", "O terceiro segredo", "Novas bancadas", "Um rebanho perplexo" ou "O que é um santo?" São crônicas estupendas e que nos dão a medida de como num gênero ligeiro e quase leviano se podem abordar os temas da transcendência divina, ou seja, aqueles que gravemente nos instigam a meditar no mistério do "outro lado". É muito o que aí se aprende, inclusive — e muito a propósito, já que em breve o país assistirá à canonização de seu primeiro santo — o que seja, exatamente, um santo: "O santo (ou o 'iluminado') é aquele no qual" o centro divino e o outro que somos nós próprios, com nossas idéias, nossos projetos pessoais de vida, nossas noções de conforto, bem-estar e sucesso, "finalmente coincidiram", ou seja, nas palavras de São Paulo: "não sou mais eu que vivo, mas o Cristo que vive em mim".

O que talvez confira a essas crônicas o seu grau de superlativa excelência está não apenas na amplitude do pensamento e na fina sensibilidade de quem as escreveu, mas também em seu contínuo exercício de sedução e de urbanidade (que os ingleses chamam às vezes de *wit*). Ao contrário da fúria ou do sarcasmo de alguns cronistas da atualidade, Luiz Paulo Horta jamais agride o leitor ou dele desdenha: antes o convida para uma conversa cordial e bem-humorada, para uma hábil (e, não raro, persuasiva) exposição de motivos, para um convívio, em tom de doce coloquialismo, com as idéias e os sentimentos de que se nutre o homem do nosso e de todos os tempos, o que nos remete, de certa forma, à atmosfera daqueles colóquios e diálogos a que se entregavam os filósofos da antiga Grécia. É possível que para tudo isso tenha também contribuído a sua condição de católico, pois a principal arma deste é (e sempre foi) a arte do convencimento. O que são os sermões senão o supremo exercício da persuasão? Só não sei mesmo, como insinua o autor na última de suas crônicas exemplares, se o Brasil "vale a pena". Do jeito que vai, acho que não. Mas quem sabe ele não me convence do contrário?

2007

ARTE DO PIANO: SABEDORIA E OPULÊNCIA

O piano incorporou-se em definitivo à nossa vida social durante a segunda metade do século XIX, quando chegou a tornar-se quase uma febre entre as jovens de família que o martelavam para o deleite dos pais e dos amigos. Em uma de suas crônicas do início do século passado, publicada sob o título de "Pianolatria" na revista *Kosmos*, Olavo Bilac observa: "O Rio de Janeiro é a cidade dos pianos. (...) Saí por aí afora, ide de bairro em bairro, de rua em rua, de casa em casa, — e não encontrareis uma só casa em que não haja um piano, pelo menos. Porque há casas que têm dois: um, de cauda, para as pessoas grandes, e outro, de meio armário, para as crianças principiantes." E adiante comenta: "Admitida essa pianolatria carioca, não admira que o Rio de Janeiro seja o melhor mercado do mundo para os fabricantes de piano, e para os compositores de música fácil." Mas não é desse piano, como tampouco de nenhuma "música fácil", que nos ocuparemos aqui, e sim de uma obra monumental e indispensável àqueles que prezam a fina interpretação dos virtuoses do instrumento e o gênio dos compositores que a ele se consagraram desde o século XVIII: *Arte do piano*, do ensaísta e musicólogo Sylvio Lago.[74]

Há algo de beneditino e miraculoso no trabalho do autor, que nos oferece não apenas um gigantesco painel da arte do piano, mas também um punhado de análises nas quais aflora uma aguda sensibilidade e um ciclópico conhecimento do assunto. Ficamos assim sabendo, nos primeiros capítulos da obra, de todos os antecedentes que preludiam o advento do piano como hoje o conhecemos, ou seja, aquele *pianoforte* que começou a ser fabricado pelo italiano Bartolomeu Cristofori a partir de 1698 e que foi desenvolvido na Alemanha por Gottfried Silbermann em torno de 1776, até chegar ao chamado *hammerklavier* (piano com martelos), o qual, com o crescente abandono do cravo, foi adotado por Beethoven, Schubert, Mendelssohn e Weber no decorrer do século XIX. Cumpre lembrarmos aqui, todavia — e assim também o faz Sylvio Lago —, que o piano jamais existiria sem as contribuições técnicas do órgão, do clavicórdio, da espineta e, sobretudo, do cravo, cuja produção foi depois incorporada à literatura pianística. Seria ocioso recordar que foi para o cravo que escreveram compositores tão seminais quanto Couperin, Clérambault, Rameau, Marchand, Haendel e, acima de todos, Bach, que, com *O cravo bem temperado*, *A arte da fuga* e as *Variações Goldberg*, instaura o supremo cânone da música clássica ocidental.

---

[74]Sylvio Lago, *Arte do piano*, São Paulo, Algol, 2007.

O piano alcança extraordinário desenvolvimento artístico durante o século XVIII graças às partituras de Carl Philip Emanuel Bach, o segundo filho de Bach, bem como às de Haydn e Mozart, com o qual, como salienta Sylvio Lago, o piano "incorpora-se definitivamente às formas concertantes, abrindo um novo caminho para as transformações que ocorrerão do ponto de vista das relações do instrumento e da orquestra, da profundidade da expressão, do maior equilíbrio e o rigor da forma". Mas será apenas com Beethoven, em fins do século XVIII e inícios do século XIX, que se poderia falar de uma nova linguagem pianística, já antecipada, é bom que se diga, por Clementi. E na origem dessa nova linguagem, que coincide com os recentes aperfeiçoamentos mecânicos logrados pelo piano, está a Sonata *Hammerklavier*, op. 106, a partir da qual, como sustenta Sylvio Lago, "as composições mudam de conteúdo emocional, penetradas pela introspecção, pelas inovações e pelos arrojos de uma nova linguagem pianística".

O legado pianístico de Beethoven marca profundamente tudo o que se escreveu para o instrumento durante o Romantismo, como o atestam as obras de Field, Schubert, Mendelssohn, Schumann, Brahms, Tchaikovski, Franck e Saint-Saëns, às quais devem ser acrescentadas as dos grandes compositores-pianistas, como Liszt e Chopin. Convém ainda, como lembra o autor da *Arte do piano*, não esquecermos a pródiga contribuição dos representantes dos nacionalismos europeus, como o russo Balakirev, o norueguês Grieg e o espanhol Albéniz, e mais os dois grandes russos do Romantismo tardio: Rachmaninov e Medtner. Ao lado destes, cumpre registrar aqui o papel que desempenharam alguns notáveis pianistas da época, em particular Ferruccio Busoni, que, como sublinha Sylvio Lago, "foi um dos pianistas que mais se preocuparam com a reflexão a respeito das questões interpretativas apresentadas pelo compositor". Busoni constitui, por assim dizer, um divisor de águas nas práticas pianísticas na passagem do século XIX para o século XX, "expurgando da execução todo maneirismo remanescente dos tempos românticos".

A arte pianística da segunda metade do século XIX já reflete, aliás, a dissolução da doutrina romântica, o que ocorre, segundo Sylvio Lago, graças às "transformações com significação estética e formal diversas". Pondera ainda o ensaísta que essa dissolução "caracteriza-se pelas inovações harmônicas, sobretudo nos cromatismos e novos vocabulários da harmonia, complexos e pessoais, com a música apresentando sonoridades únicas e inusitadas, sobretudo nos tipos de acorde que exploram intervalos incomuns e inovadoras combinações sonoras". Percebe-se assim que a música romântica dá origem a obras pianísticas estritamente poético-literárias que não definem o seu caráter programático. É a hora de compositores como Fauré, Debussy, Satie, Scriabin e Ravel, que revelam uma aguda compreensão dos destinos da música no século XX, concebendo, como adverte Sylvio Lago, certas particularidades da linguagem musical que irão alcançar uma repercussão tão vasta como poucas vezes se viu na evolução dos estilos e estéticas da história da música.

A leitura do capítulo "O piano no século XX" é decisiva para a compreensão cabal do esforço de pesquisa do autor da *Arte do piano* não só pela profusa galáxia de nomes de pianistas que nos encantaram com suas admiráveis execuções, mas também pelas oportunas análises que alinhava a propósito da crucial distinção que se deve fazer entre o virtuose do passado e o intérprete da atualidade. Diz ele: "O virtuose continuará a existir, não mais como o executante que busca o efeito e o deslumbramento, e sim como o intérprete que procura a recriação pela fidelidade ao estilo e a correta estruturação técnica da obra musical." Paralelamente à contribuição desses pianistas é que floresce o talento de alguns grandes compositores de nosso tempo, como Schönberg, Stravinski, Berg, Bartók, Prokofiev, Poulenc, Shostakovich, Messiaen e Boulez, aos quais Sylvio Lago dedica breves e argutos comentários, sempre acompanhados da citação das obras principais desses compositores e de seus intérpretes mais consagrados, os quais são contemplados com verbetes individuais impecáveis seja pela análise técnica, seja por suas especialidades ou preferências musicais, seja, ainda, pelo rendimento pianístico que alcançam quando interpretam este ou aquele compositor.

Mas o volume não pára por aí, pois há ainda substanciosos e abrangentes capítulos dedicados à história do piano no Brasil, aos pianistas mais representativos do *jazz* e aos métodos de ensino do instrumento no país, além de uma bem selecionada bibliografia. Enfim, tem aí leitor a sua Bíblia no que toca aos mistérios e à técnica da arte do piano, esmiuçados com a paixão e a competência de quem sabe o que diz, mas sem nenhum preconceito relativamente a este ou àquele compositor, a esta ou àquela vertente musical, seja a clássica, seja a popular. Sylvio Lago informa e, quando é o caso, analisa. E analisa sempre bem. Não se trata, graças a Deus, de uma obra concebida estritamente para especialistas ou musicólogos, mas sim, como afirma o próprio autor, de um livro que "foi escrito pensando nos que se relacionam com a música pelo prazer da contemplação sonora e nos que estão nos estágios mais aprofundados da apreciação musical". Por isto será lido e estimado. Com ele, Sylvio Lago presta uma contribuição inestimável ao conhecimento (e à fruição) musical de todos nós. E aqui seria o caso de repetir o que escreve Per Johns nas últimas linhas de seu esplêndido prefácio: "Pedir mais de um livro sobre a música é pedir o impossível."

2007

ÍNDICE ONOMÁSTICO

Abelardo, Pedro 28
Abreu, Casimiro de 175-177, 236
Accioly, Marcus 134
Adams, Robert M. 68
Afonso Celso (de Assis Figueiredo Júnior), conde de 235
Agostinho, são 307
Albéniz, Isaac 313
Alighieri, Dante 36, 52, 67, 71-73, 114 142, 207-210, 272, 277
Almeida Garrett, João Batista da Silva Leitão de 181
Almeida, Manuel Antônio de 258
Alonso, Dámaso 203
Álvares de Azevedo, Manuel Antônio 175-177
Alves (de Oliveira), Francisco 213-216
Alves, Constâncio 269
Alves, Nicolau Antônio 214
Alvim, Auda 227
Alvim, Maria Lúcia 135

Ambrósio, santo 307
Anacreonte 16
Andrade Muricy, José Cândido de 162
Andrade, Carlos Drummond de 20, 82-83, 135, 149, 151-156, 201, 203-205, 248-249, 269, 300,
Anjos, Augusto dos 225
Araripe Júnior, Tristão de Alencar 269
Archanjo, Neide 135
Arezzo, Guittone d' 166
Aristóteles 105, 113
Arrigucci Jr., Davi 265
Ascher, Nelson 145
Asin Palacios, Miguel 31
Astrana Marín, Luis 31
Auden, Wystan Hugh 278
Autran Dourado, Valdomiro de Freitas 19
Ayala, Francisco 59
Azamôr, Vania 193-195
Azevedo, Carlito 145
Azorín (José María Ruiz, dito) 31

Bacellar, Luiz 134
Bach, Carl Philip Emanuel 313
Bach, Johann Sebastian 60, 75, 166, 305, 312-313
Balakirev, Mily 313
Balzac, Honoré de 59, 121, 277
Bandeira, Manuel 20, 61, 70-71, 84, 108, 135, 144, 160, 165, 173, 185, 227, 269, 277, 300
Barbosa, Francisco de Assis 36
Barbosa, João Alexandre 239
Barbosa, Rui 18, 235-236
Barbosa Filho, Hildeberto 134
Barros, Manoel de 135
Barroso, Gustavo 215
Bartók, Béla 315
Basílio o Grande 307
Baudelaire, Charles 67, 83, 112-113, 142, 166, 195, 197, 218-219, 276, 277, 185
Beça, Aníbal 134
Beckett, Samuel 110
Beethoven, Ludwig Van 60, 75, 285, 305, 312-313
Belo Brumel 302
Bellini, Giovanni 59
Belloc, Joseph Hilaire 273
Benavente, Jacinto 31
Benengeli, Cide Hamete 25
Benjamin, Walter 50
Berg, Alban 315
Bergson, Henri 190, 237, 290
Berlioz, Héctor 75
Bilac, Olavo 18, 215, 225-226, 233, 236, 257, 269, 300, 311
Bioy Casares, Adolfo 125
Bismark, Otto von 304

Bloy, Léon 218
Bocaiúva, Quintino 269
Bonilla y San Martín, Adolfo 30
Bonvicino, Régis 145
Borges, Jorge Luis 31, 125, 130, 143
Bosi, Alfredo 266
Boswell, James 200
Boulez, Pierre 315
Braga, Rubem 253, 269, 300
Brahms, Johannes 75, 305, 313
Brandes, Georg 231
Braun, Maria Dolores 216
Brayner, Sônia 266-268
Breton, André 112, 116, 218
Britto, Paulo Henriques 145
Broch, Hermann 121
Brown, Dan 307
Browning, Elizabeth Barrett 33
Browning, Robert 33
Brunetière, Ferdinand 232
Bueno, Alexei 145-146
Bunyan, John 120
Busoni, Ferruccio 314
Buss, Alcides 135
Butler, Samuel 14
Byron, lord (George Gordon Noel) 175

Cabral, Astrid 135
Cáccamo, Xosé Maria Alvarez 180
Calderón de la Barca, Pedro 49
Callado, Antonio 34
Calvino, Italo 121
Câmara, Ruy 217, 219-220
Câmara Cascudo, Luís da 18
Camillo (de Oliveira Netto), Luiz 302
Camões, Luís de 16, 18, 34, 114

Campos (Veras), Humberto de 269
Campos Sales, Manuel Ferraz de 261
Campos, Augusto de 135
Campos, Francisco 19
Campos, Geir 36
Campos, Haroldo de 135, 279
Campos, Paulo Mendes 269, 300
Camus, Albert 52, 223
Cara, Salete de Almeida 260, 265
Cardoso, Fernando Henrique 303
Cardozo, Joaquim 135, 171-173
Carneiro, Levi 215
Carneiro Ribeiro, Ernesto 236
Carpeaux, Otto Maria 19, 33-80, 207-208
Carrer, Aline 259
Carvalho, Francisco 134
Carvalho, Olavo de 39, 57
Casalduero, Joaquim 13, 30
Casanova, Carlos 36
Cassas, Luís Augusto 134, 197-198
Castilho, Antônio Feliciano de 72, 121
Castro Alves, Antônio de 37, 176, 225
Castro, Améric 11, 31
Castro, Nei Leandro de 134
Cavalheiro, Edgard 176
Cejador y Frauca, Julio 30
Cervantes Saavedra, Miguel de 9-27, 30, 52, 61, 63-64, 78, 114-117, 120, 128, 209, 231, 272
Cézanne, Paul 60
Chagas, José 134
Chamie, Mário 135
Chaplin, Charles (Spenser) 23
Chapman, George 65
Chardin, Jean-Baptiste 60
Charles de Orleans 172

Chaucer, Geoffrey 10, 21, 115
Chesterton, Gilbert Keith 55
Chklovski, Viktor 254, 300
Chopin, Frédéric François 60, 166, 313
Chukovski, Vassili Andreievitch 276
Cicero, Antonio 145
Claudiano 69
Clemencín, Diego 30
Clemente de Alexandrina 307
Clementi, Muzio 313
Clérambault, Louis Nicolas 312
Coelho Neto, Henrique Maximiano 233, 235, 269
Coleridge, Samuel Taylor 72, 107, 186, 208
Collor de Mello, Fernando 303
Colombo, Cristóvão 115
Comte, Auguste 231, 234
Conington, John 273
Conrad, Joseph 119, 121
Conselheiro, Antônio (Antônio Vicente Mendes Maciel, dito) 261-262
Cony, Carlos Heitor 269, 300
Copérnico, Nicolau 115
Corbière, Tristan 155
Corção, Gustavo 258, 263-264, 302
Corrêa, Oscar Dias 207-210
Correas, Gonzalo 30
Costa, Alcir Henriques da 38
Costa, Bolívar 34
Costa, Cláudio Manuel da 16
Couperin, François 312
Coutinho, Afrânio 201, 234
Covarrubias, Alonso 30
Crashaw, Richard 284
Cristofori, Bartolomeu 312

319

Croce, Benedetto 49-50, 52, 61-63, 67, 72, 140, 208, 273
Cunha, Euclides da 214, 236, 261
Cunha, Fausto 295-296
Cunha, Renato Pontes 167

Damasceno, Darcy 161, 163
Darwin, Charles 234
Debussy, Claude 314
Degas, Edgard 60
De Quincey, Thomas 185
De Sanctis, Francesco 63
Descartes, René 12, 101
Díaz de Benjumea, Nicolás 30
Dickens, Charles 121, 277
Dinesen, Isak (pseud. de Karen Blixen-Finecke) 121
Domingues, Edmir 134
Doré, Gustave 18
Dostoievski, Fiodor 14, 56, 116, 121
Dryden, John 67
Ducasse, François 217
Ducasse, Isidore-Lucien (v. Lautréamont, conde de) 218-220
Dürer, Albrecht 60, 172

Eckermann, Johann Peter 24
El Greco (Domenikos Theotokopoulos, dito) 59
Eliot, George (pseud. de Mary Ann Evans) 119, 121
Eliot, T. S. 30, 45, 59, 61, 66-67, 82, 95, 97, 104. 112, 138, 142, 149, 155, 180, 186, 190, 197, 244, 251, 276, 280, 285-286
Éluard, Paul (pseud. de Eugène Grindel) 112

Emmer, Denise 145
Empson, William 69, 180
Erasmo de Rotterdam (Erasmus Desiderius Rotterdamus) 11
Erzensberg, Hans Magnus 121
Espinheira Filho, Ruy 134
Espínola, Adriano 134
Espronceda (y Delgado), José 175
Ésquilo 66

Facioli, Valentim 266-267
Faguet, Émile 68
Fagundes Varela, Luís Nicolau 175-176, 178
Fauré, Gabriel 314
Felício, Brasigóis 135
Félix (de Oliveira), Moacyr 94, 134
Ferreira de Araújo, José 226, 258
Ferreira de Meneses, José Inácio Gomes 258
Ferreira Gullar (José Ribamar Ferreira, dito) 82, 94, 134, 168, 198
Fidelis, Otto Maria (pseud. de Otto Karpfen) 42
Field, John 313
Fielding, Henry 14, 115, 121, 277
Fischer, Ernest 60
Flaubert, Gustave 14, 116, 119, 121
Floro, Nicolas Ángel 123
Foscolo, Hugo 121
Foucault, Michel 14, 116-117
Fraga, Myriam 134
França Júnior, Joaquim José da 269
France, Anatole 22
Franck, César 313
Freitas, José Itamar de 204
Freyre, Gilberto 294

Fróes, Leonardo 176
Frost, Robert 277
Fuentes, Carlos 10-11, 23, 31, 53, 114-115, 117

Galdós, Perez 59
Galvão, Donizeti 145
Gama, Basílio da 236
Gama, Mauro 34
García Lorca, Federico 97, 189
García Morales, Pedro 30
García Soriano, Justo 30
Gesteira, Sérgio Martagão 277
Gide, André 27, 218-219, 121
Giorgione (Giorgio da Castelfranco, dito) 59
Gledson, John 259
Goethe, Johann Wolfgang von 14, 24, 27, 61, 71-75, 116, 121, 273-274
Gogol, Nikolai Vassilievitch-Bielinski 14, 76, 116, 121
Gomes, Carlos 304-305
Gomes, Eugênio 256-257
Gómez de la Serna, Ramón 31
Gonçalves Dias, Antônio 176, 197-198, 236
Góngora (y Argote), Luis de 16, 70
Gonzaga, Tomás Antônio 16, 225, 236
González Palencia, Angel 31
Gorki, Maksim 121
Gourmont, Rémy de 218
Gower, John 21
Goya (y Lucientes), Francisco de 59
Graça Aranha, José Pereira da 236
Gracián, Baltasar 13, 16, 49, 112
Gramsci, Antonio 60
Gregório de Nazianzo 307

Gregório de Nissa 307
Grieg, Edvard 313
Guillén, Jorge 31, 143
Guimaraens, Alphonsus de 18, 20, 160
Guimarães, Alberto Passos 36
Guimarães Rosa, João 143, 274

Haecker, Theodor 28
Haendel, Georg Friedrich 60, 312
Hardy, Oliver 23
Hardy, Thomas 121
Nas páginas 23 e 121
Hatzfeld, Helmut 203
Haydn, Joseph 313
Hebreo, Leone 11
Hegel, Georg Wilhelm Friedrich 49, 52, 63
Heine, Heinrich 14, 69, 116, 278
Heloísa 28
Hemingway, Ernest 61, 77-80
Heráclito de Éfeso 90, 139, 180, 191
Herbert, George 67
Heródoto 105, 113
Herrera y Reissig, Julio 203
Heywood, Thomas 65
Holanda, Sérgio Buarque de 36, 284
Holbein, Hans 60
Homero 59, 69, 106-107, 112, 182, 276
Hopkins, Gerard Manley 285
Horácio Flaco, Quinto 16, 273
Horozco, Sebastian de 120
Horta, Anderson Braga 135
Horta, Luiz Paulo 299, 301, 303-308
Houaiss, Antônio 34-35, 37-38, 40, 152-153, 172-173, 201-202, 205
Houssay, Bernardo 124, 126

Hoyos, Juan López de 11
Hugo, Victor 83, 231
Huizinga, Johan 58
Humboldt, Wilhelm von 273
Hurtado, Luis 31
Hurtado de Mendonza, Diego 120
Huxley, Julian 126

Ibsen, Henrik 66
Ionesco, Eugène 110

Jaime I 55
Jakobson, Roman 279
James, Henry 119
James, William 70
Jeremias 60
Jerônimo, são 307
Jesus Cristo 177, 302, 307-308
Jiménez, Juan Ramón 30, 148
João da Cruz, são 48, 166, 297
João, são 71
João VI, dom 302
Johns, Per 48, 103, 183, 316
Johnson, Samuel 273
Jovellanos, Gaspar Melchior de 59
Joyce, James 121, 197, 274, 277
Juan Carlos, rei 128
Judas Iscariotes 307
Júlia (de Almeida), Francisca 215
Junqueira Freire, Luís José 175
Junqueira, Ivan 7, 286

Kafka, Franz 56-57, 61, 75-77, 121, 132
Kant, Immanuel 12, 191
Karpfen, Otto (nome de batismo de Otto Maria Carpeaux) 42

Kaváfis, Konstantinos 276, 278
Keaton, Buster 23
Koellreuter, Hans-Joachim 305
Kokoschka, Oskar 59
Konder, Leandro 44
Konder, Valério 44
Kreisler, Fritz 75
Kropotkin, Piotr Alekseievitch 240
Kyd, Thomas 65

Lacerda, Carlos 204
Laet, Carlos de 226, 269
Lafayette ou La Fayette (Marie-Madeleine Pioche de la Vergne, madame de) 31, 116, 120
Laforgue, Jules 155
Lago, Sylvio 312-316
Lago Burnett, José Carlos 39
Lamartine, Alphonse 83
Landeira Yrago, Francisco 30
Laurel, Stan 23
Lautréamont (Isidore-Lucien Ducasse, dito conde de) 217-219
Lawrence, David Herbert 121
Leal, César 134
Leal, Cláudio Murilo 185-186
Leal, Weydson Barros 189-191
Leão, Manuel Pacheco 214
Lêdo, Ivo 81-91, 93-97, 99, 101-104, 135, 168, 300
Leite, Sebastião Uchoa 36, 40-41
Leopardi, Giacomo 142, 166, 175, 276, 333
Levin, Harry 14, 116
Liebermann, Max 60
Lima Barreto, Afonso Henriques de 197

Lima, Alceu Amoroso 40-41, 201, 227, 263, 302
Lima, Jorge de 202, 291-297
Lima, Luiz Costa 36
Lins, Álvaro 167
Lins do Rego, José 19, 83
Lisboa, João Francisco 229
Lisboa, José Carlos 201
Liszt, Franz 313
Loanda, Fernando Ferreira de 168
Lopes Gama, padre Miguel do Sacramento 258
Louzeiro, José 34
Lubbock, Percy 119
Lucano (Marco Aneu) 276
Lucas, Fábio 180
Lucas, são 199
Lula (Luiz Inácio da Silva, dito) 303-304
Luso, João 215, 269
Lyra, Pedro 136, 330

Macalé, Jards 41
Macedo, Joaquim Manuel de 269
Machado, Aníbal 45, 100, 150, 188, 202, 245
Machado, Nauro 134
Machado, Ubiratan 225-226
Machado de Assis, Joaquim Maria 17, 20, 61, 70-71, 116, 151-152, 154-157, 162, 197, 202, 215, 222, 225-226, 230, 233, 236, 242-243, 253-264, 266-269, 299, 301
Madariaga, Salvador de 31
Madeira, Marcos Almir 151-152, 156-157
Maeterlink, Maurice 161

Magalhães, Joaquim Ribeiro de 214
Magalhães, Valentim 226
Mahler, Gustav 60, 75, 305
Maia, Alcides 236
Maia, Luciano 134
Máinez, Ramón Leon 30
Maistre, Xavier de 181
Mallarmé, Stéphane 112-113, 233, 277
Malory, Thomas 120
Malraux, André 31, 116, 121
Mann, Thomas 52, 61, 75, 121, 223, 277
Mannheim, Karl 60
Mantegna, Andrea 59
Marchand, Louis 312
Marías, Julian 31
Marín, Francisco Rodríguez 18, 30
Marot, Clément 21
Marston, John 65
Martins Pena, Luís Carlos 258
Martins, Floriano 134, 331
Martins, Hélcio 34, 152, 201-205
Martins, Tancredo 209
Martorell, Johanot 120
Marx, Karl 62-63, 126, 129
Matos, Florisvaldo 134
Matos, Gregório de 15
Maupassant, Guy de 78
Medeiros e Albuquerque, José Joaquim de Campos da Costa de 215, 226, 235
Médici, Emílio Garrastazu 47
Medtner, Nikolai 313
Meireles, Cecília 82, 159-163
Melo, Alberto da Cunha 134
Melo, Heitor Ferraz 227

Melo Morais Filho, Alexandre José de 269
Melo Neto, João Cabral de 82-85, 135, 147, 167-168
Mendelssohn-Bartholdy, Felix 305, 312-313
Mendes, Álvaro 34, 40-41
Mendes, Murilo 82, 86, 135
Menéndez Pidal, Ramón 30
Menéndez y Pelayo, Marcelino 11, 30
Menezes, Lu 145
Merquior, José Guilherme 172-173, 233
Messiaen, Olivier 315
Mey, Letícia 227
Meyer, Augusto 18, 70, 151, 155, 201-202
Middleton, Thomas 65, 67
Milano, Dante 148-149, 171, 227, 277-278, 284
Millé y Jiménez, Juan 30
Mitterrand, François 128
Montaigne, Michel de 85, 114, 262
Montale, Eugenio 276
Monteiro, Ângelo 134
Monteiro Lobato, José Bento 18
Montello, Josué 19, 162, 198, 267
Moraes (Barros), Prudente (José) de 261
Moraes, Vinicius de 82, 86
Moreyra, Álvaro 269, 300
Mota, José Américo Peçanha da 36, 38
Mota, Mauro 165-169
Mourão, Gerardo Mello 135
Moutinho, Rita 145

Mozart, Wolfgang Amadeus 60, 166, 262, 313
Musil, Robert 121
Musset, Alfred de 83, 175
Mussolini, Benito 68

Nabuco, Joaquim 236, 294, 302
Nascente, Gabriel 135
Naud, Santiago 135
Navarro y Ledesma, Francisco 30
Negreiros, Sanderson 134
Nejar, Carlos 135
Nerval, Gerard de 218
Netrebko, Anna 305-306
Nicodemus 71
Niemeyer, Oscar 172
Nietzsche, Friedrich 53, 231, 240-241
Nobre, Antônio 161
Nogueira, Lucila 134
Novalis (Friedrich von Hardenberg, dito) 107, 139, 182

Ocampo, Victoria 125
Ochoa, dom Eugenio de 17
Offenbach, Jacques 60
Oliveira, Franklin de 41, 198
Oliveira e Silva, Francisco de 18
Orico, Osvaldo 18
Ortega y Gasset, José 25, 30
Otaviano (de Almeida Rosa), Francisco 257-258
Otávio (Langaard de Meneses), Rodrigo 215-216
Ovídio (Publius Ovidius Naso) 16

Pachá, Sérgio 34
Pacheco, Halley 205

Paganini, Niccoló 60
Palestrina, Giovanni Pierluigi da 60
Pallotinni, Renata 135
Parra, Violeta 249
Pascal, Blaise 76, 114
Pascoli, Giovanni 62
Pasternak, Boris 276
Patrocínio Filho, José do 269
Paulo, são 308
Pavese, Cesare 121
Pellicer, Carlos 30
Perón, Juan Domingo 126
Pessoa, Fernando 245
Petrarca, Francesco 16, 114
Petrônio (Caius Arbiter Petronius) 20-21, 231
Pignatari, Décio 135
Píndaro 16
Pinto, Antístenes 134
Pinto, José Alcides 134
Pinto, Milton José 34
Pinto, Sérgio de Castro 134
Pinto do Carmo, José 18
Pio XII, papa 302
Pirandello, Luigi 22, 78
Platão 105-106, 113
Poe, Edgar Allan 112, 166
Pompéia, Raul 81, 226, 269, 300
Portella, Eduardo 144
Portinari, Cândido 20
Poulenc, Francis 315
Pound, Ezra 61, 68-69, 156, 276
Prado, Adélia 135
Prado, conde do 15
Prado, Guilherme do (pseud. de Francisco Alves) 215

Prévost, abade (Antoine-François Prévost d'Exiles) 121
Prokofiev, Sergei 315
Proust, Marcel 121, 277, 333
Psellos, Miguel 69
Pucheu, Alberto 140

Quasimodo, Salvatore 276
Queirós, Eça de 121, 226
Queiroz, Rachel de 83, 269, 300
Quevedo, Francisco 13, 16, 120, 172
Quijano, Alonso 24

Rabelais, François 10, 21-22, 120, 115
Rachmaninov, Sergei 313
Rameau, Jean-Philippe 312
Ramos, Graciliano 83, 143
Ramos, Luís Antônio Cajazeira 134
Ravel, Maurice 314
Rembrandt, Hermenszoon van Rijn 60
Renault, Abgar 272
Reyes, Afonso 31
Ribeiro, Darcy 204-205
Ribeiro, Edgard Telles 221-223
Ricardo (Leite), Cassiano 162
Richards, Ivor Amstrong 69
Richardson, Samuel 115, 121
Richelieu (Armand Jean du Plessis, cardeal e duque de) 304
Richter, Matilde Kusminsky 125
Rico, Francisco 31
Rilke, Rainer Maria 86-87, 90, 169, 285
Rimbaud, Jean-Arthur 86, 92, 112, 276
Rimski-Korsakov, Nikolai 305

Rio (Paulo Barreto, dito João do) 269
Robbe-Grillet, Alain 121
Rocha, Cláudio Bueno 204
Romero, Silvio 233-235, 237, 243-244
Rónai, Paulo 204
Ronsard, Pierre de 21
Roquette-Pinto, Cláudia 145
Rossini, Gioacchino 305
Rulfo, Juan 31
Ruskin, John 231, 240

Sabato, Ernesto 123-132
Sá-Carneiro, Mário de 102
Sainte-Beuve, Charles-Augustin 67
Saint-John Perse (Marie-René-Auguste-Alexis Saint-Léger, dito) 276
Saint-Saëns, Camille 313
Salgari, Emilio 85
Salomão, Waly 145
San Tiago Dantas, Francisco Clementino de 21, 24-29
Sannazaro, Jacopo 16
Sant'Anna, Affonso Romano de 134, 144
Santa Cruz, Luís 292
Sardinha, dom Pero Fernandes 84
Sarmiento, Domingo Faustino 131
Sarraute, Nathalie 121
Sartre, Jean-Paul 52, 110-111, 129, 223
Satie, Erik 314
Scantimburgo, João de 230
Scheller, Max 28
Schlegel, August Wilhelm 14, 116, 276
Schmidt, Augusto Frederico 20, 225, 227-228
Schönberg, Arnold 305, 315
Schopenhauer, Arthur 53

Schubert, Franz 60, 312-313
Schumann, Robert 75, 305, 313
Schwarz, Roberto 260
Scriabin, Alexander 314
Secchin, Antonio Carlos 139-142, 145-147, 176, 178
Sena-Lima, Pedro 183
Sêneca (Lucius Annaeus Seneca) 49, 54, 276
Shakespeare, William 10, 26, 61, 64-65, 53-55, 67, 114-115, 118, 276
Shelley, Percy Bisshe 175, 273
Shostakovich, Dimitri 315
Silbermann, Gottfried 312
Silva, Alberto da Costa e 135
Silva, Antônio José da (o Judeu) 16
Silva, Dora Ferreira da 135, 283-289
Silva, Josino Nascimento 258
Soares, Maria Nazareth Lins 36, 203
Sobral Pinto, Heráclito Fontoura 302
Sófocles 54
Sollers, Philippe 121
Somerset Maugham, William 277
Sousa, Afonso Félix de 134
Spencer, Herbert 234
Spitzer, Leo 203
Starobinski, Jean 173
Steen, Edla van 176
Stendhal (Henry Beyle, dito) 14, 116, 121
Strauss Jr., Johann 305
Stravinski, Igor 315
Stuart Mill, John 231
Suassuna, Ariano 19
Sue, Eugène 218
Svevo, Italo 121
Swift, Johathan 120

Taunay, Alfredo d'Escragnolle (visconde de) 236
Tchaikovski, Piotr Ilitch 305, 313
Tavares, Ildásio 134
Tchekhov, Anton 78
Teles, Gilberto Mendonça 134, 228
Teresa de Ávila, santa 48
Tertuliano, Quinto Septímio Florente 307
Thomas, Dylan 189, 333
Thomé, Ricardo 245, 247-248, 250-251, 330
Tolentino, Bruno 146
Tolstoi, Lev Nikolaievitch 231, 240
Tourneur, Cyril 65, 67
Trevisan, Dalton 19
Trilling, Lionel 14, 116
Turgueniev, Ivan Sergueievitch 11, 14, 116, 121

Unamuno, Miguel de 11, 30, 54
Ungaretti, Giuseppe 276
Ureña, Pedro Henríquez 125, 127, 131
Utrillo, Maurice 59

Valéry, Paul 34, 83, 110, 276
Van Dyck, Anthons (ou Anton) 59
Van Gogh, Vincent 59
Vargas, Getúlio 42, 44
Vargas, Suzana 135
Vega (Carpio), Lope de 16
Velinho, Moisés 234-237, 239
Ventura, Mauro 42, 48-51, 53-57
Ventura, Zuenir 204
Verdi, Giuseppe 60
Veríssimo, José 229-238, 240-244
Verlaine, Paul 112-113, 161, 276

Vermeer van Delft, Jan 59
Viana, Fernando Mendes 135
Vianna Moog, Clodomir 20-24
Vico, Giambattista 63
Vieira, Antônio (padre) 60
Vieira, Vergílio Alberto 179-183
Vigne, Piero delle 166
Vilaça, Marcos Vinicios 171
Vilar, Mauro 34
Villanova, Antonio 31
Villon, François 21
Virgílio (Publius Virgilius Maro) 16, 36, 69, 142, 209-210
Voltaire (François-Marie Arouet, dito) 219, 278
Voss, Johann Heinrich 276

Wagner, Richard 60, 75, 305
Weber, Carl Maria von 312
Webster, John 65, 67
Whately, Maria Celina 201
Whately, Maria Helena 201
Wiessinger, Leopold (pseud. de Otto Karpfen) 42
Wilde, Oscar 23-24
Wittgenstein, Ludwig 279
Wolf, Friedrich August 106
Wolf, Hugo 75
Woolf, Virginia 277

Xenofonte 105, 113

Yeats, William Butler 142, 276
Yrigoyen, Hipólito 124

Zola, Émile 59, 121
Zweig, Stefan 44

DO AUTOR

POESIA

Os mortos. Rio de Janeiro: Atelier de Arte, 1964. Menção honrosa no Concurso Jorge de Lima, 1965.
Três meditações na corda lírica. Rio de Janeiro: Lós, 1977.
A rainha arcaica. Rio de Janeiro: Nova Fronteira, 1980. Prêmio Nacional de Poesia, do Instituto Nacional do Livro, 1981. Edição portuguesa: Fundação das Casas de Fronteira e Alorna, Lisboa, 1994.
Cinco movimentos. Rio de Janeiro: Gastão de Holanda Editor, 1982. Estes poemas foram musicados por Denise Emmer no CD *Cinco movimentos & um soneto* (Rio de Janeiro: Leblon Records, 1997).
O grifo. Rio de Janeiro: Nova Fronteira, 1987. Finalista do Prêmio Jabuti, da Câmara Brasileira do Livro, 1988. Tradução dinamarquesa, *Griffen.* Copenhague: Husets Forlag, 1994.
A sagração dos ossos. Rio de Janeiro: Civilização Brasileira, 1994. Prêmio Jabuti, da Câmara Brasileira do Livro, 1995. Prêmio Luísa Cláudio de Sousa, do PEN Club do Brasil, 1995.
Poemas reunidos. Rio de Janeiro: Record, 1999. Prêmio Jorge de Lima, da UBE, 2000.

Os melhores poemas de Ivan Junqueira. Organização e introdução de Ricardo Thomé. São Paulo: Global, 2003.
Poesia reunida. São Paulo: A Girafa, 2005. Finalista do Prêmio Jabuti, da Câmara Brasileira do Livro, 2006.
O tempo além do tempo (antologia). Organização e prefácio de Arnaldo Saraiva. Vila Nova de Farmalicão: Edições Quasi, 2007.
O outro lado. Rio de Janeiro: Record, 2007. Prêmio Jabuti, da Câmara Brasileira do livro, 2008.

EM ANTOLOGIAS

A novíssima poesia brasileira, II. Organização de Walmir Ayala. Rio de Janeiro: Cadernos Brasileiros, 1965.
Antologia da poesia brasileira contemporânea. Organização de Carlos Nejar. Lisboa: Imprensa Nacional/Casa da Moeda, Coleção Escritores dos Países de Língua Portuguesa, nº 6, 1986.
Palavra de Poeta. Organização de Denira Rozário. Rio de Janeiro: José Olympio, 1989.
Antologia da poesia brasileira. Organização de Antônio Carlos Secchin, tradução de Zhao Reming. Pequim: Embaixada do Brasil/Fundação Biblioteca Nacional, 1994.
Sincretismo. A poesia da geração 60. Introdução e antologia de Pedro Lyra. Rio de Janeiro: Topbooks/Fundação Cultural de Fortaleza/Fundação RioArte, 1995.
Modernismo brasileiro und die Brasilianische Lyric Gegenwart. Organização e tradução de Curt Meyer-Clason. Berlim: Druckhaus Galrev, 1997.
Poesia fluminense do século XX. Organização de Francisco Assis Brasil. Rio de Janeiro: Imago/Fundação Biblioteca Nacional/Universidade de Mogi das Cruzes, 1998.

41 poetas do Rio. Organização de Moacyr Félix. Rio de Janeiro: Funarte, 1998.

Antologia de poetas brasileiros. Organização de Mariazinha Congílio. Lisboa: Universitária Editora, 2000.

Literatura portuguesa e brasileira. Organização de João Almino e Arnaldo Saraiva. Porto: Fundação Calouste Gulbenkian, 2000.

Antologia da poesia brasileira contemporânea. Organização de Álvaro Alves de Faria. Coimbra: Alma Azul, 2000.

Santa poesia. Organização de Cleide Barcelar. Rio de Janeiro: Casarão Hermê/MM Rio, 2001.

Poesia brasileira. Organização de Floriano Martins e tradução de Eduardo Langagne. Cidade do México: Alforja, XIX, Invierno, 2001.

Os cem melhores poemas brasileiros do século. Organização de Ítalo Moriconi. Rio de Janeiro: Objetiva, 2001.

Os cem melhores poetas brasileiros do século. Organização de José Nêumanne Pinto. São Paulo: Geração Editorial, 2001.

Cem anos de poesia. Organização de Claufe Rodrigues e Alexandra Maia, 2 vols. Rio de Janeiro: O Verso Edições, 2001.

Poesia brasileira do século XX. Dos modernos à actualidade. Organização de Jorge Henrique Bastos. Lisboa: Antígona, 2002.

Scrittori Brasiliani, a cura di Giovanni Ricciardi. Nápoles: Tullio Pironti Editore, 2003.

Perfil da Grécia em poetas do Brasil. Seleção de Stella Leonardos. Organização e notas bibliográficas de Teresa Cristina Meireles. Rio de Janeiro: Consulado Geral da Grécia/Francisco Alves, 2004.

Pescando peixes graúdos em águas brasileiras. Organização de Geraldo Pereira. Goiânia: s/ed., 2004.

Antologia comentada da literatura brasileira. Poesia e Prosa. Organização de Magaly Trindade Gonçalves, Zélia Thomas de Aquino e Zina C. Belody. Petrópolis: Vozes, 2006.

ENSAÍSMO

Testamento de Pasárgada (antologia crítica da poesia de Manuel Bandeira). Rio de Janeiro: Nova Fronteira, 1980. 2ª ed. revista. Rio de Janeiro: Nova Fronteira/ABL, 2003.

Dias idos e vividos (antologia crítica da prosa de não-ficção de José Lins do Rego). Rio de Janeiro: Nova Fronteira, 1981.

À sombra de Orfeu. Rio de Janeiro: Nórdica/INL, 1984. Prêmio Assis Chateaubriand, da Academia Brasileira de Letras, 1985.

O encantador de serpentes. Rio de Janeiro: Alhambra, 1987. Prêmio Nacional de Ensaísmo Literário, do Instituto Nacional do Livro, 1988.

Prosa dispersa. Rio de Janeiro: Topbooks, 1991.

O signo e a sibila. Rio de Janeiro: Topbooks, 1993.

O fio de Dédalo. Rio de Janeiro: Record, 1998. Prêmio Oliveira Lima, da UBE, 1999.

Baudelaire, Eliot, Dylan: Três visões da modernidade. Rio de Janeiro: Record, 2000.

Escolas Literárias no Brasil (coord.). Rio de Janeiro: ABL, Col. Austregésilo de Athayde, 2t., 2004.

Ensaios escolhidos. São Paulo: A Girafa, 2005. 2 vols.

Roteiro da poesia brasileira. Anos 30 (Seleção e prefácio). São Paulo: Global, 2008.

TRADUÇÃO

Quatro quartetos, de T. S. Eliot (com introdução e notas). Rio de Janeiro: Civilização Brasileira, 1967.

T. S. Eliot. Poesia (com introdução e notas). 8ª edição. Rio de Janeiro: Nova Fronteira, 1981.

A obra em negro, de Marguerite Yourcenar. 6ª edição. Rio de Janeiro: Nova Fronteira, 1981.

Como água que corre, de Marguerite Yourcenar. Rio de Janeiro: Nova Fronteira, 1982.

Prólogos. Com um prólogo dos prólogos, de Jorge Luis Borges. Rio de Janeiro: Rocco, 1985.

As flores do mal, de Charles Baudelaire (com introdução e notas). Ed. bilíngüe. 10ª edição. Rio de Janeiro: Nova Fronteira, 1985.

Albertina desaparecida, de Marcel Proust. Rio de Janeiro: Nova Fronteira, 1988.

Ensaios, de T. S. Eliot (com introdução e notas). São Paulo: Art Editora, 1989. Finalista do Prêmio Jabuti, da Câmara Brasileira do Livro, 1990.

De poesia e poetas, de T. S. Eliot (com introdução e notas). São Paulo: Brasiliense, 1991.

Poemas reunidos 1934-1953, de Dylan Thomas (com introdução e notas). Rio de Janeiro: José Olympio, 1991. Prêmio da Associação Paulista de Críticos de Arte (1991) e da Biblioteca Nacional (1992). 2ª edição revista: Rio de Janeiro: José Olympio, 2003.

Doze tipos, de G. K. Chesterton (com introdução e notas). Rio de Janeiro: Topbooks, 1993.

Poesia completa. T. S. Eliot (com introdução e notas). Ed. bilíngüe. São Paulo: Arx, 2004. Prêmio Jabuti, da Câmara Brasileira do Livro, 2005.

Suas traduções dos poemas de Baudelaire e Leopardi constam das edições das obras reunidas desses dois autores, publicadas, respectivamente, em 1995 e 1996 pela Nova Aguilar.

Este livro foi composto na tipologia Minion
em corpo 12/16,5, e impresso em papel off-white
80g/m² no Sistema Cameron da Divisão Gráfica
da Distribuidora Record.

Seja um Leitor Preferencial Record
e receba informações sobre nossos lançamentos.
Escreva para
RP Record
Caixa Postal 23.052
Rio de Janeiro, RJ – CEP 20922-970
dando seu nome e endereço
e tenha acesso a nossas ofertas especiais.

Válido somente no Brasil.

Ou visite a nossa *home page*:
http://www.record.com.br